¡Vamos a Aprender!
A Practical Approach to Spanish

Second Edition

Carlos Zacarías Gómez

Palamor College

In collaboration with:
John Erickson • Joel Rivera • Eduardo Peixoto
Martha Evans • Gladys E. Gómez

KENDALL/HUNT PUBLISHING COMPANY
4050 Westmark Drive   Dubuque, Iowa 52002

Copyright © 2000, 2006 by Kendall/Hunt Publishing Company

ISBN 10: 0-7575-2684-5
ISBN 13: 978-0-7575-2684-8

Printed in the United States of America
10 9 8 7 6 5 4 3 2 1

CONTENTS

CAPÍTULO OCHO 151

CAPÍTULO NUEVE 169

CAPÍTULO DIEZ 183

CAPÍTULO ONCE 199

CAPÍTULO DOCE 217

CAPÍTULO TRECE 231

To the Teacher

Estimado profesor o profesora,

Es de suma importancia leer el prefacio, la nota a los estudiantes y la sección titulada THE STUDENT, THE TEACHER AND THE INTERNET. Es importante también leerles a los estudiantes los puntos sugeridos en la sección *To the students.* Repase con ellos los consejos dados bajo el título HINTS ON HOW TO BE A MORE SUCCESSFUL FOREIGN LANGUAGE STUDENT.

Este texto contiene bastante espacio para que Ud. use su propia creatividad, más allá de los ejercicios sugeridos por este libro. Aquí empieza la aventura con sus estudiantes. ¡Buena suerte!

PREFACE

This is a first year Spanish textbook. With its companion workbook, *VAMOS A PRACTICAR,* it is a complete beginning course with the following features:

ATTAINABLE GOALS

One of the main features of this textbook is that it establishes attainable goals for the students. Each chapter offers a variety of oral and written exercises on one specific subject to insure mastery before adding new materials. The text does not overwhelm the student with information, text, or activities that are beyond the scope of a first year course.

COMMUNICATIVE APPROACH

This text emphasizes spoken communication in a cross-cultural setting. Most sentences used to illustrate grammatical points and oral and written activities are based on contexts established by the **Conversación Simulada** and narratives. The context of the **Conversación Simulada** features real life situations and problems. Most of this text is based on the premise that language and communication occur within a context. **The text itself is just a guide. It is the teacher who will bring it to life by establishing practices and activities to make the language alive and relevant.**

GRAMMATICAL EXPLANATIONS

Grammatical explanations are comprehensive within the limits of a course for beginners. The explanations are in English, with structural contrasts between Spanish and English.

CLASSROOM ACTIVITIES

Classroom activities are mostly in Spanish, avoiding translations. The use of English is avoided by the introduction of contexts to aid the students in manipulating the language from these contexts rather than from translations. The oral and written activities are clearly noted with the following symbols: ✍ for written activities, 🗣 and for oral activities. These activities encourage working in small groups.

PRE-CLASS PREPARATION

This text, as part of its comprehensive program, requires that each student read the grammar and vocabulary previews for each lesson. Additionally, the **Conversación Simulada** must be read before class and in class to give students a common ground for meaningful written and oral exchange during class sessions. The teacher must emphasize that to begin communicating in the target language there must be something to speak about. This is especially important for beginning students because they are forced, at first, to communicate constrained by a limited vocabulary and basic knowledge of the grammar. The students, however, should not be discouraged from using the language to communicate about subjects on their area of personal interest.

THE WORKBOOK

The workbook, *Vamos a practicar,* is an integral part of the program. The teacher must encourage each student to bring to class his/her completed assignment. This would allow the teacher to offer meaningful feedback to the whole class.

READINGS AND NOTES

Readings and notes about the Spanish culture must be read before class. These readings and notes are written to encourage each teacher to expand with examples and comments on the differences and similarities of Spanish and English speakers. It is recommended that every quiz contain some testing about student knowledge of the cultural references.

VOCABULARIO FUNCIONAL Y PRÁCTICO

The VOCABULARIO FUNCIONAL Y PRÁCTICO are sections that expand the basic vocabulary introduced in each lesson. They should be included in the overall learning assignment of each student at the discretion of the instructor.

JUST FOR THE FUN OF IT

This section includes games of critical thinking for the student's enjoyment and for additional exposure to the language.

TAPES AND CD-ROMS

You may access through the Internet recorded portions of the **Conversaciones Simuladas** and narratives, to provide listening and comprehension activities.

ACKNOWLEDGMENTS

This book would have not been possible without the support of the faculty of the Foreign Languages Department of Palomar College. Each contributor offered invaluable assistance, suggesting corrections, additions and deletions. The combined experience of the foreign language teachers at Palomar College amounts to an incredible number of years and background.

Additionally, Palomar College has been offering for several years a successful overseas program for its foreign language students. Palomar College's foreign language students have participated yearly in programs based in several cities in México, Spain, Costa Rica, South America, China and France. This fact has created an environment of immediacy and reality to the study of a foreign language

I gratefully acknowledge the contribution of the following professors:

John Erickson, Eduardo Peixoto, Joel Rivera, Gladys E. Gómez and Martha Evans.

Invaluable editorial support was provided by Claire Langlois and Martha Velasco

¡Ojo!

THE STUDENT, THE TEACHER AND THE INTERNET

THE World Wide Web (www) has virtually brought the world to foreign language programs. Through the Internet, a foreign language student can have instant access to a wealth of information about the language and culture targeted. He can actually access the "real people", images, and real context of the people of the target language.

The WWW as a student and teacher's tool can be used to provide the following:

1. To gain access to information about all aspects of the culture and its people.
2. To give the language student a proactive role on his learning, and to allow him/her to develop independent learning skills.
3. To establish a line of actual interaction between the student and the people whose language he is studying.

Some of the activities that can be used to expand the capabilities of the textbook to teach language and culture with the Internet are:

1. Assign the students to find specific information about specific countries. For example:

   TASK: Visit Argentina and find out the following: population, race composition, holidays, current political system, typical food, etc.

   TASK: Visit Spain and copy the headlines of the major newspapers. Identify two or three major concerns of the Spanish people through the editorial pages or headlines.

   TASK: Name at least five movies currently shown in Mexico City. Access a newspaper to find this information.

2. Assign students to create a visual portfolio of some aspects of the culture of a given Spanish-speaking country.

   TASK: Present a four page photographic narration of bullfighting in Spain.

   TASK: Create a three-page brochure for tourists who wants to visit Venezuela.

   TASK: Create a two page report about Evita Perón from Argentina. Include text and graphics.

3. Assign students to contact a Spanish speaking person in Spanish:

   TASK: Find a pen pal to exchange letters with, in Spanish, through the e-mail, using such programs as Webspañol@Yahoo.com or AOL International.

   TASK: Join a Spanish speaking chat-room for students of Spanish.

4. Assign tasks in which the student must do something to share with her/his classmates:

   TASK: Choose a country, copy a recipe and prepare the food to bring to class to share with other students.

   TASK: Make a selection of the type of music being played in a particular country and share it with classmates.

The web offers unlimited creative possibilities for the student and the teacher. The list above gives just a few examples of the type of activities that students can perform to expand their contact with the language and culture beyond the classroom.

HOW TO FIND THE SITES TO DO THE ACTIVITIES

The Web has kept expanding with new sites. One can access information in almost any language on innumerable subjects. For the student of Spanish, the main input in a Web address is the word "Spanish." Some search engines, such as Yahoo, AOL International, offer immediate access to sites in Spanish, or in English about Latin America and Spain. Some Web addresses, like **Spanishlanguagelessons.com,** offer many links to other sites for the student of Spanish. Other sites include:

Internet Resources for Latin America, Spain, and Portugal
(http://www.dizy.library.arizona.edu/users/ppromis/patricia.htm)

Webspañol.Spanish Language Resources on Line
(http://www.cyberramp.net/~mdbutler/)

Yahoo! En Español
http://espanol.yahoo.com

Para estudiar Español
(http://www.studyspanish.com)

TO THE TEACHER

The Web contains an immense amount of information. When you assign your student a "task", make sure that it is specific and that it is clearly stated as an attainable behavioral or performance objective.

To the Student

The next page contains some suggestions on how to become a more effective foreign language learner. Read it carefully.

¡Buena suerte en tus estudios!

HINTS ON HOW TO BE A MORE SUCCESSFUL FOREIGN LANGUAGE LEARNER

Learning a new language can be challenging, and very rewarding. There are, however, some basic steps you must follow to be a successful foreign language learner. Even though they appear to be very simple steps, they have helped many successful foreign language learners achieve their goals. Do the following:

1. Attend class regularly.
2. Pay close attention to what the teacher is saying.
3. Take brief notes, but do not disengage yourself from the classroom participation required. The teacher may be providing important clues and the chance to interact with other students.
4. Read the material before each class that the teacher is going to cover. Use the resources of the textbook to prepare you for active participation in class.
5. Complete all assignments. Do your homework on time.
6. Be proactive. Take active participation in your own learning by asking questions, asking for help when it is necessary, and by utilizing the resources offered you outside the class: tutors, video programs, the Web, music in the target language, and any activity that may expose you to the language. Watch movies made in Spain or Latin America, even if they have subtitles in English.
7. Learn to say something that is of personal interest to you in Spanish. For example, if you work in a market, restaurant, or school, learn some phrases and vocabulary related to your work.
8. Get 3×5 flashcards and write new vocabularies and phrases on them. Write in Spanish on one side and in English on the other side. Have some of the flashcards with you all the time. Look at them frequently during the day.
9. Don't try to memorize words by themselves. Learn them in context. Most words have more than one meaning. Context is extremely important. The best way to learn new words is to write them down within a sentence you can understand. It is even more effective if the sentence contains something outrageous or memorable.

   For example:

   El perro maneja el coche. The dog drives the car.

   El chico bebe cerveza en la iglesia. The boy drinks beer at church.

   El estudiante tiene un gato en su bolsillo. *The student has a cat in his pocket.*

10. Remember that you are in charge of your own learning, and that you must be in charge of doing what it is necessary to be a successful student.
11. Be creative and playful in the new language.
12. Use every chance you have to speak Spanish.
13. Memorize the "*dichos*" and insert them even when the conversation is in English. For example, say "*En boca cerrada no entran moscas*" when someone is being indiscreet or putting his foot in his mouth.
14. Participate in civic or cultural activities organized by Spanish speakers.
15. Take a vacation in Spain or Latin America.

① (yo) me llamo Carin — ⟩ my name is
② Mi nombre es Carin — ⟩

        ̲Familiar
① ¿ Como te llamas (tu)? ⟩ what is
② ¿ Como se llama usted? ⟩ your name
                          \
                           Formal

Mucho gusto
El gusto es mio

THE SPANISH ALPHABET

Letter	Name	Example	English
A	a	Argentina	*arms*
B	be	Bolivia	*bomb*
C	ce	Colombia, casa, ciudad	*cent*
Ch	che	Chile	*child*
D	de	dinero	*dominoe*
E	e	Ecuador, elefante	*elegant*
F	efe	fábrica	*fabric*
G	ge	Guatemala, gente	*game*
H	hache	Honduras (*the "h" is always silent*)	
I	i	imagen	*meek*
J	jota	jalar, José	*José*
K	ka	kilómetro	*kilo*
L	ele	Lola	*line*
Ll*	elle	llama	
M	eme	México	*American*
N	ene	Nicaragua	*never*
Ñ	eñe	año	*canyon*
O	o	oso	Orlando; *coke*
P	pe	Perú	*Pedro*
Q	cu	queso	*quit*
R	ere	pero	
Rr*	erre	Carro	
S	ese	soy	*soybean*
T	te	teléfono	*time*
U	U	música	*moon*
V	Ve	Venezuela	*vent*
W*	doble ve **or** u doble		*Wash*
X	equis	éxito	*vex*
Y*	y griega	yo	
Z	Zeta	Zebra	

Observaciones

a. The letter **c** has the **s** sound only before the **e** and **i.** Before an **a, o** and **u** it is pronounced like **k,** as in *Colombia* or *Kansas.*

b. The letters **k** and **w** appear mostly in words from another language: kilo, Washington.

c. The pronunciation of the Spanish vowels: *a, e, i, o, u* never changes regardless of the position of the letter.

d. In parts of Spain the *ce, ci* and *za, ze, zi, zo, zu* are pronounced almost like **th,** as in *thee* or *thou.*

e. There are twenty-eight letters in the Spanish alphabet.

f. After 1994 the letters **ch, ll,** and **rr** are listed as part of **c, l, r.** Before that dictionaries counted them as separate letters.

Descanso - Break

g. The double **rr** at the beginning of any word, is always written as a single **r**. When the double **rr** sound occurs after the beginning of a word both letters (**r**) are written: **R**ata, per**r**o. Notice, however, that the sound of the single **r** never occurs at the beginning of a word, so it is always pronounced like a trilled **r** (**rr**).

h. The letter **g** followed by the vowels **e** and **i** is pronounced like the letter **j**.

i. The English **h** is the closest equivalent of the sound of the Spanish **j** (la jota), but not exactly the same.

j. The letter **g** is pronounced like the **g** in *game* in the following combinations: **ga, gue, gui, go** and **gu**.

k. The vowel **u**, in the combination **gue** and **gui** is pronounced after the letter **g**, only when a dieresis (**ü**) is added. For example: bilingüe, vergüenza.

l. There are regional variations in the pronunciation of the letters **ll** and **y**.

m. When the **y** appears alone or at the end of a word it is pronounced like the Spanish **i**: Ella **y** nosotros; so**y**, esto**y**. When the **y** appears at the beginning or within a word it is pronounced almost like the **y** in *yet*.

n. The letters **d**, **g**, have slightly different pronunciations when they are intervocalic or when they follow a consonant: an**d**o – a**d**e**m**ás; tan**g**o - a**g**otar.

o. There are regional variations in the pronunciation of the letters **ll** and **y**.

p. When the **y** appears alone or at the end of a word it is pronounced like the Spanish **i**: Ella **y** nosotros; so**y**, esto**y**. When the **y** appears at the beginning or within a word it is pronounced almost like the **y** in *yet*.

q. The letters **d**, **g**, have slightly different pronunciations when they are intervocalic or when they follow a consonant: an**d**o – a**d**e**m**ás; tan**g**o - a**g**otar.

Note: The examples in English give only an approximation of the Spanish pronunciation. The best source of pronunciation is your teacher.

Stress Marks

a. Words that **end** in **a, e, i, o, u** and **n** or **s** are normally stressed in the next to the last syllable, and do not require a stress or accent mark:

    me-sa   **si**-lla   Ma-**no**-lo   **pe**-rros   pa-**ra**-da   ma-**ne**-jas

b. Words that **do not** follow the rule stated above, require a written accent mark to show the exception:

    cá-ma-ra   can-ción   te-lé-fo-no   rá-pi-dos   ma-má

c. Words that end in a consonant, other than **n** or **s** are normally stressed on the last syllable:

    ha-**blar**   hos-pi-**tal**   a-mis-**tad**   pro-fe-**sor**   ac-**triz**

d. Words that do not follow the rule stated in section **c**, require a written accent mark to show the exception:

    ár-bol   lá-piz   Ló-pez   néc-tar

e. When two words are spelled the same way, but have different meanings, a stress mark is written to differentiate them:

    sí - *yes*   si - *if*   el - the   él - he   tu - *your*   tú - *you*

f. Question words and exclamations carry an accent mark on the stressed syllable:

    ¿cuándo?   ¿cómo?   ¡qué!   ¿dónde?

L-C-N-ER-S = gender male

PRIMER PASO

Basic classroom expressions
Naming objects in the classroom
Greetings and farewells
Cardinal numbers
Days of the week
Months and seasons of the year

Hay un dicho que dice. . .

El hambre es la mejor salsa del mundo. (Cervantes)
Hunger is the best salsa (dressing) in the world.

Mi libro de español 📖

Me llamo _____

Mi profesor(a) se llama _____

Es mi primer semestre ❑
Es mi segundo semestre ❑

Mi correo electrónico es: _____
Soy de _____
Mis padres son de _____
Mi padre se llama _____
Mi madre se llama _____

Tengo amigos que hablan español. Uno se llama _____
El otro se llama _____

No tengo amigos que hablen español: _____

Tengo clases los: lunes ❑ martes ❑ miércoles ❑ jueves ❑ viernes ❑
(Mark the appropriate square) _____

Mi grupo musical favorito es _____
Mi música favorita: tango ❑ rock ❑ bolero ❑ salsa ❑ tejano ❑

Mi deporte favorito es: fútbol ❑ fútbol americano ❑ básquetbol ❑
 tenis ❑ béisbol ❑ voleibol ❑

Mi comida favorita: comida mexicana ❑ comida italiana ❑
comida china ❑ comida americana ❑ comida japonesa ❑

Vocabulario bilingüe: *sport* – **deporte** * *soccer* – **fútbol** * *basketball* – **básquetbol o
baloncesto** * *baseball* – **béisbol** *or* **pelota** * *ski* – **esquiar** * *food* – **comida**

¡Qué te vaya bien!

Have a good day!

OBJECTIVES: The Preliminary Steps introduce basic vocabulary and sentences that are needed for interaction between teacher and students. These words and phrases should be used routinely to encourage realistic language exchange between the teacher and students. It also introduces some basic vocabulary to establish a foundation for expansion into basic structures.

BASIC CLASSROOM EXPRESSIONS

1.	Buenos días.	*Good morning.*
2.	Buenas tardes.	*Good afternoon.*
3.	Buenas noches.	*Good evening.*
4.	Vamos a empezar la clase.	*We're going to begin the class.*
5.	Vamos a terminar la clase.	*We're going to finish the class.*
6.	Repita, por favor.	*Repeat it, please.*
7.	No entiendo.	*I don't understand.*
8.	No lo escuché (oí).	*I didn't hear it.*
9.	¡Muy bien!	*Very good!*
10.	¡Bien hecho!	*Well done!*

11.	Es correcto.	*It is correct.*
12.	No es correcto.	*It is not correct.*
13.	Hable más despacio, por favor.	*Speak more slowly, please.*
14.	Tenemos tarea para mañana.	*We have homework for tomorrow.*

15.	De nada.	*You're welcome.*
16.	Abran el libro de ejercicios en la página 10.	*Open your workbook to page 10.*
17.	Abran el libro de gramática en la página 7.	*Open your grammar book to page 7.*

18.	Repitan después de mí.	*Repeat after me.*
19.	No sé.	*I don't know.*
20.	Con permiso.	*With your permission **or** Excuse me!*
21.	Tengo una pregunta.	*I have a question.*
22.	Cierre su libro.	*Close your book.*
23.	¿Cómo se deletrea?	*How do you spell it?*
24.	¿Cómo se escribe?	*How do you write it?*

Cultural Note

Spanish speaking students tend to be very respectful toward their teachers. You must learn the formulas for courtesy to interact with your teacher. Call your teachers *profesor* or *profesora*. In certain situations an informal "*profe*" may be used. *Señor profesor, señora profesora,* or *señorita profesora* are also very polite forms of address.

NOTE: Notice that in Spanish you pronounce every letter, except the *b*. The **u** after "q" (q**u**e) and after the "g" as in g**u**itarra is always silent. Pay attention also to the stress marks. They tell you where to place the emphasis on the spoken word: *página*.

Match the following with the English equivalent:

a.	Vamos a empezar la clase.	B	I don't know. 1
b.	No sé.	F	I didn't hear it. 2
c.	Repita, por favor.	I	Open the book to page 10. 3
d.	¡Bien hecho!	A	We're going to begin the class. 4
e.	Es correcto.	C	Repeat, please. 5
f.	No lo escuché (oí).	G	I don't understand. 6
g.	No entiendo.	J	Speak more slowly, please. 7
h.	Vamos a terminar la clase.	H	We're going to finish the class. 8
i.	Abran el libro en la página 10.	E	It's correct. 9
j.	Hable más despacio, por favor.	d	Well done! 10

Hola! ¿Cómo estás?

Muy bien, gracias. ¿Y tú?

NAMING OBJECTS IN THE CLASSROOM

¿QUÉ ES ESTO? *What Is this?*

Los Nombres de las Cosas en el Salón de Clase

TO THE TEACHER: Point at or hold the following objects normally found in a classroom. Name them. Ask the students to repeat after you. Don't use any English.

1. el borrador ✓
2. la pizarra o pizarrón
3. la tiza o gis
4. el libro
5. los libros
6. el escritorio
7. la persona
8. el lápiz
9. los lápices
10. la pluma
11. las plumas
12. el papel

13. los papeles
14. la pared
15. la ventana
16. las ventanas

17. la puerta
18. la luz
19. el cielorraso (*the ceiling*)
20. los anteojos o lentes

Naming people: ¿Quién es?

21. la chica
22. el chico
23. el **or** la estudiante

24. el hombre
25. la mujer
26. el profesor o la profesora

Actividad 1

 A TO THE TEACHER: Ask your students to point at or hold something and name it in Spanish. Repeat these activities until you are satisfied that everyone can do it. You may also hold something or point at it and ask, **"¿Qué es esto?"** or **"¿Qué es eso?"**

B Draw a picture of the following (just a sketch):

un, una are the indefinite article *a* or *an*. **Un lápiz** is **a pencil; una mesa** is **a table**

1. _____
   un lápiz

2. _____
   una mesa

3. _____
   dos sillas

4. _____
   una casa

5. _____
   un borrador

6. _____
   dos plumas

7. _____
   un hombre

8. _____
   dos mujeres

9. _____
   una puerta

10. _____
    una ventana

11. ___pensils___
    tres lápices

12. _____
    un escritorio

13. ___glasses___
    un par de anteojos

14. _____
    una chica

15. _____
    dos chicos

16. _____
    un carro

17. _____
    un profesor

18. _____
    un estudiante

 C TO THE TEACHER: Ask some students to come to the blackboard and draw different objects or persons. The class as a group must name in Spanish what the student or students drew.

TO THE TEACHER: Continue using the *Classroom expressions* as you interact with your students.

Estamos en el salón de clase

el mapa

el televisor

la bandera

los pupitres

Estamos en la cocina

1   2   3   4   5   6

Name these things. Include the definite article.

1.   2.   3.   4.

5.   6.

Which of the following is a (*write the name by the object*)?:

1. un cuchillo
2. un tenedor
3. un sacacorchos
4. una espátula
5. una cuchara

Find out how to say the following:

napkin, tray, teaspoon, tablecloth, pot, table, chair.

Más vocabulario de la cocina: horno—*oven*   cocina a gas—*gas range*   cocina eléctrica—*electric stove*   refrigeradora—*refrigerator*   sartén—*frying pan*   piso—*floor*   jabón—*soap*   detergente—*detergent*

Datos: En el mundo hispánico la cena se sirve mucho más tarde que en los Estados Unidos. En algunos países la gente cena entre las nueve y las diez de la noche. Después de cenar muchas personas van a dar un paseo por las calles.

Cultural Note

The Spanish Language

More than 400,000,000 people speak Spanish. Each country where Spanish is used gives the language a unique regional flavor. The differences are found in intonation, vocabulary and the pronunciation of some letters of the alphabet. These differences are similar to those encountered by the regional uses of English. In the same way that the English spoken in England may be different from the English spoken in the United States, the Spanish spoken in Puerto Rico differs from the Spanish spoken in Argentina or Mexico.

Variations in language used by one group or another are called *dialectical variations.* So, we may say that there are many dialects of Spanish, and in English for that matter. The Spanish taught in the United States is normally called Standard Spanish. It is understood everywhere Spanish is spoken, but contains very little of the regional variations or dialects. This is due mainly to the fact that there are 21 countries using Spanish. Actually, twenty-two countries, if you include the United States. There are nearly 30 million speakers of Spanish in the USA.

Each country gives the language its own flavor. Because of that, the Spanish language is very rich and varied. The *Standard Spanish* used to teach Spanish in the United States is adequate for any country where Spanish is spoken.

Within the dialectical differences that exist in the Spanish spoken in a variety of countries we must also take into consideration the pre-Columbian or Indian languages. Many of these languages, such as Mayan, Quechua, Guaraní, Nahuatl and others have given special flavor and intonation to the Spanish of many Latin American countries. The influence of these languages is especially evident in the name of plants and native foods of many Central and South American regions.

Datos: El día de la independencia de México se celebra el 16 de septiembre. La celebración empieza en la noche del 15 con el "grito". Este grito conmemora la exclamación *¡Viva la independencia!,* hecha por el padre Hidalgo en el pueblo de Dolores in 1810. Este grito inició una larga lucha para liberar México del poderío de España.

SALUDOS Y DESPEDIDAS *Greetings and Farewells*

Because of the geographical and cultural diversity of the Spanish-speaking world there are many ways to greet or to take leave in Spanish. Here we list some of those most common:

1. **Buenos días**   *Good morning*
2. **Buenas tardes**   *Good afternoon*
3. **Buenas noches**   *Good evening or Good night*
4. **señor**   *Mr., sir*
5. **señora**   *Mrs., madam*
6. **señorita**   *Miss*

> **NOTE:** The abbreviation for **señor** is **Sr.**; for **señorita** is **Srta**; for **señora** is **Sra.**

> **NOTE:** *Don* and *doña* may be used before the first name of a person to show respect. Thus, you can say:
>
> **Buenos días, don Pedro.** Good morning, (Mr.) Pedro.
> **Buenas tardes, doña Griselda.** Good afternoon, Mrs. Griselda.

7. **Adiós** ✓ — *Good bye*
8. **Hasta luego** ✓ — *Until later* **or** *See you later*
9. **Hasta mañana** — *Until tomorrow*
10. **Nos vemos** ✓ — *See you later*
11. **¿Qué tal?** — *How it's going? / What's up?*
12. **¿Cómo está Ud.?** ✓ — *How are you? (formal)*
13. **¿Como estás tú?** — *How are you? (informal)*
14. **Muy bien.** ✓ — *Very well*
15. **No muy bien.** ✓ — *Not very well.*
16. **¡Hola!** ✓ — *Hello!*

Usted vs. Tú

Note that in Spanish there are two ways to address a person using "you." *Usted* is used to address someone older or someone you are not familiar with, people you don't know well or are authority figures.

Tú is used to address someone you are familiar with. The differences between *tú* and *usted* will be discussed later. Notice that *usted* may be abbreviated as **Ud.** *Ustedes* changes to *Uds. Ustedes* is the plural form of *usted*, and we may say that *Uds.* is the equivalent of **you-all** in English.

EN CONTEXTO

CONVERSACIÓN *Conversation*

Read the following simulated conversation:

Formal with "Ud."

Juan: Buenos días, don José. ¿Cómo está Ud.?
José: Muy bien, gracias. ¿Y Ud., señor López?
Juan: Bien, gracias.
José: Hasta luego.

Informal with "tú"

Pedro: ¿Qué tal, María?
María: Bien. Gracias. ¿Y cómo estás tú?
Pedro: Muy bien, gracias.
Maria: Nos vemos. Hasta Luego.
Pedro: Adiós,* María.

*****Notice** People sometimes say "*adiós*" *to each other as they pass each other by.*

Actividad 2

✏️   A   Fill in the lines with the appropriate response:

Pedro: ¡Hola! ¿Cómo estás?
Student: _Muy Bien, gracias, ¿y tu?_
Pedro: Muy bien, también. _(also)_
Student: _Adiós_.
Pedro: Adiós.

✏️   B   Match the following:

a. Good morning.	_d_	¿Qué tal? 1
b. Good night.	_F_	Hasta luego 2
c. Goodbye.	_H_	¿Cómo estás? 3
d. What's up!	_G_	Muy bien. Gracias. 4
e. How are you, Mr. Sanchez?	_I_	¿Cómo está, señorita Rivera? 5
f. See you later.	_A_	Buenos días. 6
g. Very well. Thank you.	_B_	Buenas noches. 7
h. How are you (*to your best friend*)?	_C_	Adiós. 8
i. How are you, miss Rivera?	_E_	¿Cómo está, señor Sánchez? 9

PARA EMPEZAR *To Begin With*

Functional Communicative Vocabulary and Phrases

¡Conozcámonos!

TO THE TEACHER: Give your name and then ask each student hers/his. Encourage students to use the *tú* form when they are talking to each other.

¿Cómo se llama Ud.? (*formal*)   Me llamo _CARIN_
¿Cómo te llamas tú? (*informal*)   Me llamo _Caren_

Review the following orally:

¿Cómo se llama Ud.?   *What is your name?*
Me llamo <u>Juan</u>.   *My name is Juan.*

¿Cómo te llamas tú?   *What is your name?*
Me llamo _Carin_   *My name is _____*

¿Cómo se llama él?   *What is his name?*
Él se llama _Carin_   *His name is _____*

¿Cómo se llama ella?

Ella se llama _susy_

What is her name?

*Her name is _susy_*

¿Cómo se llama el señor?

Se llama _graham_

What is the man's name?

*His name is _graham_*

¿Cómo se llama la señorita?

Se llama _Sarah_

What is the young lady's name?

Her name is _Sarah_ .

Actividad 3

   Ask your students to work in small groups and ask each of the following questions:

1. ¿Cómo te llamas?
2. ¿Cómo estás?
3. ¿Cómo se llama el profesor?
4. ¿Cómo se llama la señorita?
5. ¿Cómo se llama la señora?
6. ¿Cómo se llama la profesora?
7. ¿Cómo se llama el señor?

Un Poquito Más

Conversation

1. ¿Cómo te llamas?
2. Me llamo José. ¿Y tú?
3. Yo me llamo Marisa. Mucho gusto José.
4. El gusto es mío, Marisa.

What is your name?
My name is José. And you?
My name is Marisa. Nice to meet you, José.
The pleasure is mine, Marisa.

Mucho gusto, José.

El gusto es mío, Marisa.

If you want to introduce one person to another you begin with:
Quiero presentarte a (un amigo/a; al profesor; a mi novio/a, etc.)

5. Pedro, ¿cómo se llama el profesor?
6. Se llama Pablo Gutiérrez.
7. Hasta luego, Marisa.
8. Nos vemos, José.

Pedro, what's the professor's name?
His name is Pablo Gutierrez.
Until later, Marisa.
See you later, José.

In many countries in Latin America **"chao"** or *"chau"* (*ciao*) is used instead of **"adiós"** or **"hasta luego"**. Most Spanish speaking men and women normally shake hands when they meet. Ladies also exchange quick kisses on each other's cheeks. Men who are close friends pat each other on the back.

Hand gestures for good-bye in Spanish are different. The person saying good-bye lifts his hand, palm face out, and moves his fingers up and down.

"Tengo una pregunta."

La estudiante tiene una pregunta.

REVIEW

¿Cómo se dice en español?

1. What is your name? *¿Cómo se elamas?*
2. How are you (familiar)?
3. Good morning.
4. I don't understand.
5. We are going to begin the class.
6. Open your book to page 10.
7. We are going to finish the class.
8. Repeat after me.
9. See you later.

OTHER FORMS

There are other expressions for greetings and farewells commonly used:

1.	¿Cómo te va? (*tú* form)	*How is it going?*
2.	Me va bien/mal.	*Well/badly.*
	A las mil maravillas.	*Great!*
	¡Fantástico!	*Fantastic!*
3.	¿Cómo le va? (*Ud.* form)	*How is it going?*
4.	Bien, gracias. ¿Y cómo va todo con Ud.?	*Fine, thank you. And how are things going with you?*
5.	Pues, aquí nomás.	*Well, just so, so.*
6.	¿Qué hay de nuevo?	*What's new?*
7.	Pues, nada de particular.	*Well, nothing special.*
8.	¿Cómo estás?	*How are you?*
9.	Más o menos. ¿Y tú?	*So, so. And you?*
10.	Pasándola, nomás.	*Just getting by.*

Actividad 4

A   Please turn to a classmate and take turns asking questions and giving answers based on the text above.

B   Write the following sentences in Spanish:

a. What is your name?

b. My name is Alberto.

c. Nice to meet you, Alberto.

d. The pleasure is mine.

e. Open your book to page 10.

f. We are going to begin the class.

g. So, so.

h. Just getting by.

i. What is the young lady's name?

j. I don't understand.

C   Fill in the blanks with one of the following words:

se	llamas	empezar	luego	llamo
cómo	estás	vemos	Ud.	tardes
por favor	gusto	menos	días	te

1. Ella _____ SÉ _____ llama Isabel.

2. Yo me _____ LLAMO _____ Miguel.

3. ¿Cómo te _____ LLAMAS _____ tú?

4. ¿Cómo está __Ud__?

5. ¿__Cómo__ se llama la profesora?

6. Vamos a _____ la clase.

7. Buenos __días__, don José.

8. Buenas __tardes__ doña María.

9. Repita, __por favor__.

10. Hasta __luego__.

11. Nos __vemos__.

12. Mucho __gusto__, Pedro.

13. ¿Cómo __te__ va, Juan.

14. Más o _____.

15. ¿Cómo __estás__ tú?

NOTA: "*Me llamo*" literally translate as "I call myself." The double "ll" is pronounced differently in different countries. The most noticeable difference is heard in the Spanish spoken in Argentina. Listen to your teacher for a demonstration.

¡OJO! *Increasing Your Vocabulary*

The best way to increase your vocabulary is to ask how to say something in Spanish, to ask what something means or how to spell a word. So ask the following frequently:

1.	¿Cómo se dice **room** en español?	*How do you say (does one say)* **room** *in Spanish?*
2.	¿Qué **quiere decir** *pulgas?* (or)	*What does pulgas mean?*
3.	¿**Qué significa** *pulgas?*	*What does pulgas mean?*
4.	¿Cómo se escribe **pulgas?**	*How do you write* **pulgas?** *or*
5.	¿Cómo se deletrea **pulgas?**	*How do you spell* **pulgas?**

Observaciones

Notas gramaticales y culturales:

a. Spanish spelling is very regular. Most words are spelled as pronounced. Almost every letter represents invariably only one sound. A spelling contest would not make sense in Spanish.

b. There are some regional variations in how to pronounce the letters *b* and, *v; ll* and *y;* and *c* and *z.*

c. Only the correct placement of the written stress or accent marks may be problematic for a native speaker. Otherwise there are very few irregularities in spelling.

Actividad 5

A   Pointing at different objects in the classroom, ask your teacher how to say them in Spanish:

Example: ¿Cómo se dice _____ en español?

B   Now open your Spanish textbook and ask your teacher what does a word or group of words mean in Spanish.

Example: ¿Qué significa *valija*?

C   Ask the teacher or another student how to spell different words in Spanish.

Example: ¿Cómo se escribe *callejón?*

Each student must ask at least 10 questions following the examples above.

LA PÁGINA DE LOS NÚMEROS *The Numbers Page*

LOS NÚMEROS CARDINALES *Cardinal Numbers*

Del 0 al 10

0	*cero*	4	*cuatro*	8	*ocho*
1	*uno*	5	*cinco*	9	*nueve*
2	*dos*	6	*seis*	10	*diez*
3	*tres*	7	*siete*		

Del 11 al 20

11	*once*	15	*quince*	19	*diecinueve* - DIEZ Y NUEVE
12	*doce*	16	*dieciséis*	20	*veinte*
13	*trece*	17	*diecisiete* DIEZ Y SIETE		
14	*catorce*	18	*dieciocho*		

Observaciones

a.   Notice that 16 to 19 is a combination of *ten and . . .* , like **diez y seis** for example. Sometimes these numbers are written this way or as one word, but they are always pronounced like one word: **dieciséis.**

b.   Notice below that **veinte** (20) changes to veint**i** from 21 through 29.

Del 20 al 29

20	*veinte*	24	*veinticuatro*	28	*veintiocho*
21	*veintiuno*	25	*veinticinco*	29	*veintinueve*
22	*veintidós*	26	*veintiséis*		
23	*veintitrés*	27	*veintisiete*		

Observaciones

a. Notice that 21, **veintiuno,** becomes **veintiún** when it is followed by a masculine noun: *veintiún* libros.

b. Notice also that these numbers are spelled like *vein* in English, that is, **e** before the **i**.

c. 21 through 29 can also be written as two words. For example, **veinte y dos**, but they are always pronounced as one word.

NOTE: The verb **haber** has only one conjugation in the present tense: **hay. Hay** means *there is* or *there are.* Thus, *Hay veinte sillas,* means, *There are twenty chairs; Hay una silla,* means *There is one chair.*

Actividad 6

A   **Count** them aloud and then report how many of the following nouns are found in class.

1. **¿Cuántas _____ hay en la clase?**

Hay _____ sillas en la clase.
Hay _____ chicas en la clase.
Hay _____dos_____ ventanas en la clase.
Hay _____2_____ pizarras en la clase.

2. **¿Cuántos _____ hay en la clase?**

Hay _____uno_____ borradores en la clase.
Hay _____viente_____ libros en la clase.
Hay _____ chicos en la clase.

Más números del **30** al **59**

30 treinta	40 cuarenta	50 cincuenta
31 treinta y uno	41 cuarenta y uno	51 cincuenta y uno
32 treinta y dos	42 cuarenta y dos	52 cincuenta y dos
33 treinta y tres	43 cuarenta y tres	53 cincuenta y tres
34 treinta y cuatro	44 cuarenta y cuatro	54 cincuenta y cuatro
35 treinta y cinco	45 cuarenta y cinco	55 cincuenta y cinco
36 treinta y seis	46 cuarenta y seis	56 cincuenta y seis
37 treinta y siete	47 cuarenta y siete	57 cincuenta y siete
38 treinta y ocho	48 cuarenta y ocho	58 cincuenta y ocho
39 treinta y nueve	49 cuarenta y nueve	59 cincuenta y nueve

B   **Answer** the following questions:

1. ¿Cuántos estados hay en los Estados Unidos?
2. ¿Cuántos estudiantes hay en la clase?
3. ¿Cuántos lápices hay en la clase?
4. ¿Cuántas plumas hay en la clase?
5. ¿Cuántas lecciones hay en el libro?

C   **Count** aloud from 1 to 59.

Los números del 60 al 89

60	*sesenta*	70	*setenta*	80	*ochenta*
61	*sesenta y uno*	71	*setenta y uno*	81	*ochenta y uno*
62	*sesenta y dos*	72	*setenta y dos*	82	*ochenta y dos*
63	*sesenta y tres*	73	*setenta y tres*	83	*ochenta y tres*
64	*sesenta y cuatro*	74	*setenta y cuatro*	84	*ochenta y cuatro*
65	*sesenta y cinco*	75	*setenta y cinco*	85	*ochenta y cinco*
66	*sesenta y seis*	76	*setenta y seis*	86	*ochenta y seis*
67	*sesenta y siete*	77	*setenta y siete*	87	*ochenta y siete*
68	*sesenta y ocho*	78	*setenta y ocho*	88	*ochenta y ocho*
69	*sesenta y nueve*	79	*setenta y nueve*	89	*ochenta y nueve*

Del 90 al 99

90	*noventa*	94	*noventa y cuatro*	97	*noventa y siete*
91	*noventa y uno*	95	*noventa y cinco*	98	*noventa y ocho*
92	*noventa y dos*	96	*noventa y seis*	99	*noventa y nueve*
93	*noventa y tres*				

Del 100 al 999 (de cien en cien)

100	*cien*	400	*cuatrocientos*	700	*setecientos*
200	*doscientos*	500	*quinientos*	800	*ochocientos*
300	trescientos	600	seiscientos	900	novecientos

Observaciones

a. **Cien** changes to **ciento** beginning with 101 (**ciento uno**) through 199.

b. From 200 (***doscientos***) through 999 (***novecientos noventa y nueve***) these numbers agree in gender with the noun they modify: doscient**os** libr**os**, doscient**as** cas**as**.

c. The word **y** (and) is not used in the hundreds: **ciento uno, ciento diez, doscientos veinte, quinientos ochenta.**

D   Write in Spanish the following numbers:

1 UNO

2 dos

44 ~~cuatro y cuatro~~

69 ~~siete y~~

97 _____

10 diEz

11 oncE

50 _____

77 _____

100 _____

15 ciince

40 _____

60 _____

80 _____

120 _____

LOS DÍAS DE LA SEMANA *Days of the Week*

The days of the week are:

MON   Tue   wed   Thu   Fri   Sat   Sun

lunes   martes   miércoles   jueves   viernes   sábado   domingo

    a. The days of the week and months of the year are normally **not capitalized** in Spanish.
    b. The days of the week are **masculine** nouns: *el lunes, el martes.*
    c. When you pluralize the days of the week you must also pluralize the article: **los** lunes (*on Mondays*).
    d. The week **begins** on Monday in the Spanish calendar.

Examples:

Hoy es lunes. Mañana es martes.   *Today is Monday. Tomorrow is Tuesday.*
Los domingos leo (I read) la Biblia.   *On Sundays I read the Bible.*

 ADDITIONAL VOCABULARY: el día—*day*   el fin de semana—*the weekend*   la semana—*week*   el mes—*month*   el año—*the year*
los fines de semana—*the weekends*

Examples:

La semana **tiene** (*has*) siete días.   *The week **has** seven days*
El año **tiene** 365 días.   *The year **has** 365 days.*

memorize

LOS MESES DEL AÑO *The Months of the Year* *

JAN		FEB		MAR		APRIL		MAY
enero	→	febrero	→	marzo	→	abril	→	mayo
junio	→	julio	→	agosto	→	septiembre	→	octubre
noviembre	→	diciembre						

Jun. *July* *Aug* *Sept* *OCT* *Nov* *DEC*

LAS CUATRO ESTACIONES DEL AÑO *The Four Seasons of the Year* *memorize*

la primavera (*spring*) en los meses de marzo, abril y mayo
el verano (*summer*) en los meses de junio, julio y agosto

el otoño (*fall*) en los meses de septiembre, octubre y noviembre
el invierno (*winter*) en los meses de diciembre, enero y febrero

[handwritten: ANTE = ends in this means ... a person does something. Sex david Chang]

Observaciones

[handwritten: ISTA = same Sex — with music violinista]

a. Notice that the months of the year are **not capitalized.**
b. South of the equator, such as in South America the **seasons are reversed.**
c. Spring, for example, is in *septiembre, octubre,* and *noviembre.* In those countries south of the equator, Christmas is in the summer.

> **ADDITIONAL VOCABULARY:** es—*is;*   son—*are;*   sur del ecuador—*south of the equator*   hay—*there is, there are.*

Actividad 7

✍ Complete the following:

1. Febrero tiene _____ días.
2. En el sur del ecuador la Navidad (*Christmas*) es en _____.
3. En el sur del ecuador el verano es en _____, _____, y _____.
4. Hay siete _____ en una semana.
5. Hay treinta y un días en _____.
6. Los días de la semana son (*are*):_____ _____ _____ _____ _____ _____.
7. Sábado y domingo son dos _____ de la semana.
8. Hoy es _____.
9. Mañana es _____.
10. Los meses del año son: _____ _____ _____ _____
    _____ _____ _____ _____ _____
    _____ _____ _____.

LAS FECHAS DEL AÑO *The Dates of the Year*

There are two ways to speak about dates in Spanish:

1. Estamos a 5 de mayo.   *It is May fifth.*
2. Es el 5 **de** mayo.   *It is May fifth.*

To add the year you must precede it with **de:**

Es el 5 **de** mayo **de** 1944.   *It is May 5th, 1944.*

There are also three ways to ask about dates:

1. ¿A cuántos estamos hoy?   *What's the date today?*
2. ¿Cuál es la fecha de hoy?   *What's the date today?*
3. ¿Qué fecha es hoy?   *What is the date today?*
4. ¿En qué fecha estamos?   *What's the date today?*

Observaciones

a. Notice that to add the month and the year you must precede them with **de** *(of):*

Hoy es el 25 **de** diciembre **del 2006.**

b. If you write the day of the week after the verb <u>ser</u>, you must omit the article that precedes the name of the day:

Hoy es **miércoles**, 15 de septiembre.

c. To abbreviate the dates in Spanish, you begin with the **day** + the **month** + the **year:**

10 (día)-9 (mes)-44 (año) (*September 10th, 1944*)

d. Often the dates are abbreviated using roman numerals to show the month of the year:

10-IX-44

e. The ordinal numbers, first, second, etc., are used in Spanish only on the first day of the month: *el primero de mayo*. After the first, the ordinal numbers are used: *el dos de mayo.*

the 2 day May

Cultural Note

The Spanish calendar reflects the strong Roman Catholic influence in Spain and Latin America. Usually, under each day of the month, a saint's name would be noted and children who are born on that date most likely would take the name of that saint. If the newly-born's name is other than the name of the saint on his birthday, he/she also celebrates el *día de su santo,* the day of his saint.

Actividad 8

✍ Do the following in Spanish:

1. Write the day, month and year of your birthday in Spanish:
   Vientiocho de octobRA de 1951

2. Write the names of the months of winter in Argentina:
   _____

3. Write the abbreviation of the following dates:

   a. 2 de noviembre de 1999 ___Nov 20, 1999___
   b. 20 de octubre del 2000 ___OcT 20,___

4. Write today's date: ___20 de Junio, 2007___

DATOS: En Latinoamérica *April Fool's Day,* El Día de los Inocentes, se celebra el 28 de diciembre.

REVIEW OF PRIMER PASO

✍ A   Match the following:

1. borrador	___	chalk	6. lentes	4	paper
2. pluma	8	book	7. luz	5	window
3. tiza	1	eraser	8. libro	2	pen

| 4. ~~papel~~ | _9_ door | 9. ~~puerta~~ | ___ wall |
| 5. ~~ventana~~ | _7_ light | 10. pared | ___ glasses |

B   Complete the following:

1. Buenos _días_ , señor Sánchez.

2. Buenas _tardes_ , señorita.

3. ¿ _Qué_ tal?

4. ¿Cómo _ESTÁS_ tú?

5. ¿Cómo _está_ Ud.?

?6. _Nos_ vemos mañana.

7. _Hasta_ luego. Nos vemos mañana.

C   Answer the following questions in Spanish:

1. ¿Cómo te llamas?

2. ¿Cómo se llama el profesor de español?

3. ¿Cómo se llama la chica alta de la clase de español?

4. ¿Cómo estás tú?

5. ¿Qué hay de nuevo?

6. ¿Cómo se dice *"chalk"* en español?

7. ¿Qué significa *"El gusto es mío"*?

8. ¿Cómo se deletrea su nombre?

D   Write in Spanish the following numbers:

1	7	11	15	19
20	121	29	100	33
40	147	150	51	60

E   Complete the days of the week:

lunes _martes_   miércoles _jueves_   viernes _sabado_   domingo

F   Write the twelve months of the year:

Esnembre

_____ _____ _____ _____

_____ _____ _____ _____

G   Write today's date in Spanish:

SEGUNDO PASO

Grammatical gender and number
The definite and indefinite articles
La Real Academia de la Lengua
Española

Hay un dicho que dice . . .

Aquí hay gato encerrado.
There is something fishy here.

GÉNERO GRAMATICAL *Grammatical Genders*

In Spanish, all nouns representing animate and inanimate entities have a grammatical gender. They are either **masculine** or **feminine.** With humans and *most* animals, gender is determined by their biological classification. The gender distinction of inanimate objects, however, is arbitrary and there are no explanations why one thing is masculine and another feminine. Gender is marked by the ending of the nouns and/or the definite (*el*, *la*) or indefinite (*un, una*) article preceding them.

Masculine Nouns

Most nouns ending in **o, el, or, al** are masculine and are preceded by the article *el*.

el libro	- *book*	el dinero	- *money*	el portal	- *portal*
el teléfono	- *telephone*	el niño	- *child* (*male*)	el motor	- *motor*
el gato	- *cat* (*male*)	el doctor	- *doctor*	el papel	- *paper*

Feminine Nouns

Most nouns ending in **a, dad, ción, sión, umbre, xión, z** are femenine and are preceded by the article *la*.

la ciudad	- *city*	la televisión	- *television*	la reacción	- *reaction*
la libertad	- *liberty*	la lumbre	- *light*	la universidad	- *university*
la pasión	- *passion*	la acción	- *action*	la conexión	- *connection*
la cumbre	- *zenith*	la niña	- *girl* (*child*)	la casa	- *house*

Nouns referring to males are normally masculine, regardless of their endings:

el hombre   *man*   el león   *lion*

Nouns referring to females are usually regarded as feminine, regardless of their endings:

la mujer   *woman*   la actriz   *actress*

Nouns which end in **or** to denote professions or occupations are masculine:

el doct**or**   el act**or**   el profes**or**   el escrit**or**

Some of these nouns have corresponding feminine versions:

la docto**ra**   la profeso**ra**   la escrito**ra**

Actividad 1

Write the feminine version of the following nouns:

enfermero	*enfermera*	panadero	*panadera*
cocinero	*cocinera*	productor	*productora*
contador	*contadora*	cajero	*cajera*
perro	*perra*	gato	*gata*
hijo	*hija*	chico	*chica*
maestro	*maestra*	hermano	*hemana*

a. Some nouns which end in *–e* or *–ista* in the singular and their plural forms can be either masculine or feminine.

el estudiante	la estudiante	*	el paciente	la paciente
el artista	la artista	*	el pianista	la pianista
el dentista	la dentista	*	el teniente	la teniente
los estudiantes	las pacientes	*	las artistas	los pianistas

b. However, a few nouns that end in *–e* change the *–e* into an *-a* to indicate the feminine form:

el presidente   la presidenta   el jefe   la jefa

c. The name of the cardinal numbers, cardinal points and the days of the week are masculine:

Los números

el uno, el dos, el tres, el cuatro, el veinte, el treinta, el cien, etc.

Los puntos cardinales   Cardinal points

el este   *east*   el oeste   *west*   el norte   *north*   el sur   *south*

Los días de la semana   **Days of the week**

el lunes	*Monday*	el martes	*Tuesday*
el miércoles	*Wednesday*	el jueves	*Thursday*
el viernes	*Friday*	el sábado	*Saturday*
el domingo	*Sunday*		

d. The letters of the alphabet are feminine:

n (la ene), *b* (la be), *c* (la ce), *m* (la eme), *f* (la efe), etc.

e. But there are other endings and exceptions to these rules.

la mano   el mapa   el día   el problema   el clima

Most words that end in *-ema, -ama, -ima* and *-eta* or *-ota* are masculine. These words came from Greek and they maintain the gender they had in their language of origin.

el planeta	el idiota	el poeta	el cometa	el problema
el drama	el sistema	el idioma	el panorama	el fantasma

NUMBER: SINGULAR AND PLURAL NOUNS

Spanish nouns like English nouns are either singular or plural. The plural of nouns is formed by adding –s to nouns that end in a vowel or adding –es to nouns ending in a consonant or stressed vowels.

singular	plural		singular	plural
casa	casas	*	mujer	mujeres
hombre	hombres	*	árbol	árboles
maestro	maestros	*	profesor	profesores
mesa	mesas	*	ciudad	ciudades
estudiante	estudiantes	*	canción	canciones

Some nouns, like the days of the week, *lunes, martes, miércoles,* etc. and other nouns don't change their ending to show singular or plural.

singular	plural	*	singular	plural
el lunes	los lunes	*	el martes	los martes
la dosis *(dosage)*	las dosis	*	el análisis *(analysis)*	los análisis
el brindis *(toast)*	los brindis	*	el tórax *(thorax)*	los tórax

Some categories of nouns, in which the words end in a stressed vowel, form the plural by adding –es:

rubí *(ruby)*	rubíes	tabú *(taboo)*	tabúes
bisturí *(scalpel)*	bisturíes	jabalí *(boar)*	jabalíes

Many nouns that end in a stressed vowel accept both endings for pluralization:

menú	menús or menues	tabú	tabús or tabues
dominó	dominós or dominoes

Actividad 2

✍ Pluralize the following nouns:

hombre	*HOMBRES*	autobús	*AUTOBÚSES*
doctor	*DOCTORES*	maestra	*MAESTRAS*
lección	*lecciónes*	motor	*MOTORES*

hospital	*HOSPITALES*	paciente	*PACIENTES*
árbol	*ÁRBOLES*	pluma	*PLUMAS*
artista	*ARTISTAS*	camión	*CAMIÓNES*

Observaciones

Nouns that end in **z** change their spelling to **c** in the plural: lápiz-lápi**c**es, raíz-raí**c**es, perdiz-perdi**c**es, vez-ve**c**es.

LOS ARTÍCULOS *The Articles*

There are two types of articles: definite (*the*) and indefinite (*a, an, some*).

The definite article in Spanish has four forms:

singular, masculine: **el**   plural, masculine: **los**
singular, feminine: **la**   plural, feminine: **las**

El usually precedes singular masculine nouns:

el libro   **el** hombre   **el** estudiante   **el** profesor

Los precedes plural masculine nouns:

los libros   **los** hombres   **los** estudiantes   **los** profesores

La usually precedes singular feminine nouns:

la casa   **la** mujer   **la** estudiante   **la** maestra

Las precedes plural feminine nouns:

las casas   **las** mujeres   **las** estudiantes   **las** maestras

The indefinite article *a, an, some* has four forms.

singular, masculine: **un**   plural masculine: **unos**
singular feminine: **una**   plural feminine: **unas**

Actividad 3

the
La — LAS
el — LOS

   A   Match each noun with the appropriate definite article.

LA	mesa	*LAS*	mesas	*LOS*	libros	*LAS*	mujeres
LOS	profesores	*LAS*	canciones	*LOS*	hombres	*LOS*	borradores
LAS	puertas	*LA*	pizarra	*LA*	tiza	*LA*	profesora
LA	ciudad	*LA*	acción	*LOS*	lecciones	*LOS*	árboles
EL	lumbre	*LA*	lápiz	*LAS*	chicas	*LA*	amistad

B   Match the following nouns with their appropriate indefinite articles.   UN   UNOS

UNA   UNAS

UNA mesa   _UNAS_ mesas   _UNAS_ casas   _UNA_ tiza

_UN_ hombre   _UNAS_ mujeres   _UNAS_ lecciones   _UNOS_ ciudades

_UN_ borrador   _UNOS_ señores   _UNAS_ señoras   _UNA_ página

---

NOTE: Unos and **unas** may translate in English as **_some:_**

unas chicas   *some girls*   unos hombres   *some men*

LOS COLORES   *Colors*

Colors are useful descriptive adjectives to review nouns and their modifiers. Learn the following colors. Say them aloud to practice pronunciation. The name of colors are normally masculine.

el rojo	*red*	el azul	*blue*	el amarillo	*yellow*
el café	*brown*	el verde	*green*	el blanco	*white*
el marrón	*brown*	el morado	*purple*	el rosado	*pink*
el negro	*black*	el colorado	*red*	el anaranjado	*orange*

Colors are adjectives and they agree with the gender and number of the nouns they modify.

la casa blanca   *the white house*   **las** casas blancas   *the white houses*
la pizarra negra   *the black board*   **las** pizarras negras   *the black boards*

Actividad 4

Answer the following questions:

1. ¿De qué color es la/ el.............?
                                           is

   la pizarra?

   el borrador?

   el lápiz?

   la pluma?

   el libro?

   el cielo?

2. ¿De qué color son los/las ....?
                        are

   los libros?

   las sillas?

   las tizas?

   los papeles?

   las naranjas?

In this context **es** stands for **is** and **son** stands for **are.**

*****Brown** can be either **café** or **marrón. Red** is either **rojo** or **colorado. Verde** and **azul** are either masculine or feminine.

Notice also that the name of the color normally follows the noun: **la casa blanca.**

Spanish has other words for the color **brown.** To say that a person is brown, as in dark skin, the word *****moreno/a** is used. To describe a person's hair or eyes **castaño** or **café** is used. A blond person is a *****rubio/a.** In México, a person who has fair skin is colloquially referred to as **el güero** o **la güera.**

REVIEW OF THE *PASOS PRELIMINARES*

¿QUÉ ESTÁ MAL? *What Is Wrong?*

A   Find the errors in agreements in the following sentences.

1. La casa blanco. a
2. Los libros azul. es
3. La señora francés. A
4. Buenas días.
5. Buenos noches.
6. ¿Cómo estás Ud.?
7. Él se llamó Juan. LAS
8. Doscientos sillas.
9. Veintiuno chicos.
10. ¿Cuántas hombres?
11. La libro rojo.
12. El doctora.
13. La profesora alto.
14. Los mesas verdes.
15. El lección larga.
16. La tiza blanco.
17. Las pizarras negros.
18. ¿Cuántos plumas?
19. ¿Cómo está tú?
20. El conexión mala.

B   Which pronoun would you use, **tú** or **Ud.**, when you are addressing?:

a friend _tú_
your teacher _Ud._
your best friend _tú_
a policeman _Ud._
a priest _Ud._
an older person _Ud._
a child _tú_

C   Answer the following questions:

1. ¿Cómo estás? Muy bien. Gracias
2. ¿Cómo te llamas? Id me llamo y CARIN   llama
3. ¿Cómo se llama el profesor? LA PROFESORA Laura
4. ¿Cuántos estudiantes hay en la clase? VEINTIDOS
5. ¿De qué color es la pluma? LA PLUMA ES AZURE   exception?
6. ¿Cuántas chicas hay en la clase? TREISA y dos CHICAS en LA CLASE

D   Write the following numbers in Spanish:

5 _CINCO_ ok   11 _ONCE_   20 _VEINTE_

21 _VEINTÉUNO_   29 _VEINTINUEVE_ 30 _TREISE_ TREINTA

40 _QUANTORCE_   55 _CINCO Y_   100 _DEIZ_ CIEN
CUARENTA   CINCO
                  CINCUENTA
                  Y CINO

Cultural Note

How Many Kinds of Spanish?

Although the Spanish language is used in so many countries, there is a remarkable uniformity in its usage. The dialectical variations are most obvious in colloquial speech. The scientific and technical languages used by professionals tend to be more uniform all over the Spanish speaking world. One of the reasons for this uniformity is the presence of the *La Real Academia Española* (The Royal Academy of the Spanish Language). This is an organization based in Spain. It's main role is to comment on the Spanish language and publish an authoritative dictionary that becomes the standard for proper usage. Even though some people believe that this organization is too conservative and it is behind the times, it is still very respected in pedagogical publications. New words coined by science, technology and people in general are accepted or rejected by the academy. If a pure (*castizo*) Spanish word that means the same thing already exists the word may be rejected. Popular usage, however, introduces many more lexical terms than the *academia* can register and evaluate. New words coming from English into Spanish are called *anglicismos*. Other words from other languages are called *barbarismos*.

COGNADOS

Para Que te Diviertas *Just for the Fun of It*

Write the English equivalent of the following cognates taken from the reading selection on the Spanish language. On the left side of the page we have listed the verbal form of some of these cognates. Write the equivalent in English

Cognates

Spanish	English
lenguaje	
usado	usage
uniformidad	uniform
variación	variation
obvio	
científico	scientific
profesionales	proffesionales
uniforme	uniform
academia	academia
comentar	
autoritativo	
diccionario	dictionary
conservador	
respetados	
inglés	english
pedagógico	
publicaciones	publications
tecnología	tecknology
general	general

Verbs

Spanish	English
usar	
variar	
organizar	
comentar	
respetar	
publicar	
existir	
introducir	
registrar	

Otro Poquito Más

recibir	
preferir	
cooperar	
visitar	
servir	
costar	
confirmar	

aceptado	_____	terminar	_____
puro	_____	progresar	_____
existe	_____	protestar	_____
popular	_____	informar	_____
introduce	_____	necesitar	_____
registra	_____	depositar	_____
evalúa	_____	operar	_____

1

CAPÍTULO UNO

Vocabulary preview
Subject pronouns
The Spanish verb system
Regular *–ar* verbs
Interrogatives and negatives
La hora del día: *Telling time*
Cultural note: *¿Hora mexicana
u hora americana?*

Hay un dicho que dice . . .

Más vale tarde que nunca.
Better late than never.

ECHEMOS UN VISTAZO AL VOCABULARIO *Vocabulary Preview*

VERBOS *Verbs*

desear	*to wish, to desire*	besar	*to kiss*
pagar	*to pay*	estudiar	*to study*
tomar	*to take, to drink*	hablar	*to speak*
trabajar	*to work*	necesitar	*to need*
comprar	*to buy*	bailar	*to dance*
caminar	*to walk*	abrazar	*to hug*

SUBSTANTIVOS *Nouns*

la cerveza	*beer*	el francés	*French*
la cuchara	*spoon*	el inglés	*English*
la cuenta	*bill*	el mantel	*tablecloth*
la mañana	*morning*	el refresco	*soda, refreshment*
la noche	*night*	el tenedor	*fork*
la servilleta	*napkin*	el vino	*wine*
la tarde	*afternoon*		

Addtional Words

pero	*but*	sí	*yes*
en	*in, on, at* (place)	no	*no, not*

NOTE: The conjugated forms of **desear** and **necesitar** can be followed by the infinitive form of a different verb:

Deseo comprar un mantel—*I wish to buy a tablecloth.*
Necesito tomar más agua—*I need to drink more water.*

COGNADOS   COGNATES *User friendly words*

Cognates are words that share similar spelling and meaning in two languages. Spanish and English share thousands of cognates. Recognizing and using these cognates can result in a great increase of your vocabulary in Spanish. Some cognates match each other in spelling and meaning. Others are similar enough that you can recognize them easily. We will introduce the different types of cognates in each chapter, and we will call them *user-friendly words.* For example, numerous words that in English end in *-ant* have cognates in Spanish. Just add an *−e* to *-ant* to form the Spanish words. Pronunciation of these cognates changes from one language to the other.

import*ant*	import<u>ante</u>	instant	*inst<u>ante</u>*	constant	*const<u>ante</u>*

SUBJECT PRONOUNS

The words **I, you, he, she, we, they,** and **it** are called subject pronouns. They normally represent the performer of the action described by a verb. Basically, pronouns replace the name of a person or thing. Thus, in *María works* we can replace María with the subject pronoun **she.** In another example, the pronoun **they** can replace the word **my parents**: *My parents* (*they*) **are good.**

There are several kinds of pronouns, but here we are only introducing subject pronouns.

Los pronombres en español		Pronouns in Spanish	
yo	I	nosotros	we (*masculine*)
		nosotras	we (*feminine*)
tú	you (*familiar*)	vosotros	you (*plural-familiar*)
		vosotras	you (*plural-feminine*)
usted	you (*formal*)	ustedes	you (*plural-formal*)
él	he	ellos	they (*masculine*)
ella	she	ellas	they (*feminine*)

Handwritten annotations: only 1 person; many people; 1st person; 2nd person; 2nd person; 3rd person / person we are talking about; group; all of you; Fam.; Ud.; them; Uds.; m.; f.

Notice that there are two forms of **you**: *tú* and *usted*. Notice also that the plural of **tú** is **vosotros** (-as). The **vosotros** form is not used in Latin America. The *"nosotros"* and *"vosotros"* forms have a masculine and feminine version: *nosotras, vosotras. Yo, tú, usted,* and *ustedes* have one form only for both genders. *It* as a subject pronoun has no equivalent in Spanish.

Observaciones

Notas gramaticales y culturales:

a. In Latin America **ustedes** replaces **vosotros** or **vosotras** when addressing more than one person.

b. The pronouns **usted** and **ustedes** are normally written in their abbreviated form: *usted* –**Ud.;** *ustedes* – **Uds.** The abbreviations are always capitalized as shown. They are, however, always pronounced as the entire word: *usted, ustedes.*

c. Unlike English, the pronoun **yo** *(I)* is capitalized *only* at the beginning of a sentence.

d. **Nosotros, vosotros** and **ellos** are masculine pronouns. When a person is speaking to a group of males or group of males and females the masculine form is used.

e. **Nosotras, vosotras** and **ellas** refer to group of females only, excluding any male member in the group.

f. In several Latin American countries, such as Argentina, Paraguay, Uruguay, and El Salvador, Bolivia the familiar form **tú** is substituted with **vos.** Verb endings in the **tú** and **vos** form are different.

However, **ustedes** is used to pluralize both of them.

The subject pronouns may be listed also as follows:

Singular		Plural
first person	**yo**	**nosotros (-as)**
second person	**tú** and **Ud.**	**vosotros (-as)** and **Uds.**
third person	**él**, **ella**	**ellos, ellas**

Notice the absence of "**it**" as a subject pronoun. The English concept of "it" as a subject is expressed by using the conjugation of third person (*él, ella*). For example: Who is **it**? *¿Quién es?* **It** is a man. *Es un hombre.* What time is **it**? *¿Qué hora es?* **It** is one o'clock. *Es la una.*

Acitividad 1

✍ A   Replace the following with the appropriate subject pronouns:

1. María *(she)* _ella_
2. La señorita *(she)* _ella_
3. Juan y usted *(you-all.)* _ustedes_
4. Pedro *(he)* _el_
5. Ana y yo *(we)* _nostras_
6. Usted y yo *(we)* _NOSTROS_

¡Averigua!

Actividades fuera de la casa   *Outside the classroom activities*

Find out the meaning of twelve Spanish names of streets in your city.

Example:
El Camino Real : *The Royal Road*

1.   7.
2.   8.
3.   9.
4.   10.
5.   11.
6.   12.

THE SPANISH VERB SYSTEM

The Spanish verb system is divided into groups based on the ending of the infinitive* form of each group. The endings are made up of the last two letters in each verb:

*A verb is said to be in the **infinitive** when it appears in its non-conjugated form. Thus, **to speak** is in the infinitive form. **He eats** is not. Another term for conjugation is inflection. A conjugated verb* *is in an inflected form. The infinitive has three parts: in **hablar** the **r** is the infinitive marker. The **a** is the person and tense marker. **Habl** is the stem.*

hab**lar** - *to speak*   com**er** – *to eat*   ab**rir** – *to open*

The letters before the endings are called the **stem** or **root**: <u>habl</u>ar, <u>com</u>er, <u>abr</u>ir. First, we will review the regular verbs. In regular verbs the stem or root remains unchanged during conjugations. However, irregular verbs may undergo changes in the stem.

These three groups of verbs are identified according to their endings, so that we can say that hab**lar** is an *–ar* verb, com**er** is an *–er* verb, and ab**rir** is an *–ir* verb. Some writers call them verbs of the <u>first,</u> <u>second</u> and <u>third</u> conjugation.

Observaciones

a. Every verb must change its ending according to the subject.

b. Dictionaries list verbs only in their infinitive forms.

TO THE TEACHER: The *vosotros, (vosotras)* form will be shown in all conjugations. Each teacher must decide if he/she wants to teach it in the <u>first year.</u>

REGULAR—*AR* VERBS IN THE PRESENT INDICATIVE

The *-ar* verbs change into a regular pattern of endings according to the person performing the action or being referred to. Notice that the stem remains unchanged.

HABLAR – *to speak*

yo habl**o**	I speak	nosotros(-as) habl**amos**	we speak
tú habl**as**	you speak	*vosotros (-as)* habl**áis**	you speak
Ud. habl**a**	you speak	Uds. habl**an**	you speak
él habl**a**	he speaks	ellos habl**an**	they speak
ella habl**a**	she speaks	ellas habl**an**	they speak

Observaciones

Notas gramáticas y culturales:

a. The conjugation of the **<u>vosotros</u>** (**"you"** plural, familiar) form is included, but it may be excluded by the teacher. The **vosotros** form is more commonly used in <u>Spain.</u>

b. Notice again the absence of **<u>it</u>** as a subject pronoun. Spanish uses the **<u>él</u>**, **<u>ella</u>**, **<u>Ud.</u>** endings to represent **<u>it</u>**:

camin**a**   *It walks.*   necesit**a**   *It needs.*

c. In Spanish sentences, the subject pronouns are often omitted because the verb endings already show who are the performers of the action or who a verb represents. This way one can say: ***Hablo*** *español*, instead of, *Yo hablo español.*

d. The subject is sometimes used in the third person, singular and plural, to clarify whom the speaker is referring. **Habla,** for example, could mean *he speaks, she speaks* or *you speak*. Also **hablan** could mean *you* (plural) *speak, they speak.* Often the context clarifies whom the speaker is referring to, in which case the pronoun is omitted.

e. In all cases the pronouns may be used to give emphasis or to establish a contrast between two or more subjects. For example:

Ella no habla español, pero él sí.   *She doesn't speak Spanish, but he does.*

f. The subject pronouns are used in the interrogative (question) form to convey courtesy. The omission of the subject pronoun is more colloquial.

¿Habla <u>usted</u> inglés?   *Do you speak English?*
¿Habla inglés?   *Do you speak English?*

SOME COMMON REGULAR −*AR* VERBS:

estudiar	*to study*	**pagar**	*to pay*
necesitar	*to need*	**tomar**	*to take, to drink*
trabajar	*to work*	**desear**	*to wish, to desire*
cantar	*to sing*	**bailar**	*to dance*
abrazar	*to hug*	**caminar**	*to walk*
conversar	*to converse*	**platicar**	*to chat*

Actividad 2

✍ Write the "yo", "tú", "Ud." "él" "ella", "nosotros" and "Uds. ellos, ellas" forms of the verbs below:

	estudiar	necesitar	desear	trabajar
yo	estudio	neccesito	deseo	trabajo
tú	estudias	necesitas	as	as
usted	estúdia	necesita	a	a
él	"	a	a	
ella	"	a	a	
nosotros/as	estudiamos	Amos	amos	
ustedes	estudian	AS	as	
ellos	"	AS	as	
ellas	"	AS	as	

EN CONTEXTO

Read the following examples of the previous verbs used in context. When you encounter a word you don't recognize, use the expressions you've learned in the preliminary lessons to find out what they mean:

¿Qué significa . . . . . . ?   *¿Qué quiere decir . . . . . . ?*

1. Raquel estudia inglés. Ella no *necesita trabajar.   *inglés-English*
2. Yo no necesito trabajar. Yo bailo, tomo y canto.
3. Necesito estudiar. Deseo hablar español también.   *también-also*
4. Yo deseo (*quiero*) bailar el tango argentino. Yo necesito
   trabajar mucho para (*in order to*) pagar mis cuentas.   *cuentas-bills*
5. Necesito dinero y libros en español para estudiar. Raquel *libros-books*
   habla español muy bien y desea enseñar.

Observaciones

Notas gramaticales:

a. *When two verbs follow each other without a change in the subject, the second verb is not conjugated, just like in English: Yo <u>necesito</u> <u>estudiar</u> – *I need to study.*

b. Remember that in the examples above, the subject pronouns could have been omitted. The ending of the verb informs the listener who the subject is.

c. In English, only the third person singular gives a clue about the subject: **he, she, it** speak<u>s</u>.

The Spanish present (indicative) tense may be used to:

a. describe current, habitual actions, or continuing events in the present:

Él trabaja y estudia.   *He works and studies.*

b. describe ongoing actions of long duration:

Ella estudia español.   *She is studying Spanish.*

c. describe an action that will take place later only when it is followed by an adverb of time.

Él trabaja <u>mañana</u>.   *He is working tomorrow. (He will work tomorrow)*

Actividad 3

A   Complete the following sentences:

1. Ella no (*trabajar*) _TRABAJA_ en el restaurante.
2. _NOSOTROS_ estudiamos francés.
3. Yo (*necesitar*) _NECESITO_ la cuchara.
4. El estudiante (*pagar*) _PAGA_ la cuenta.
5. _tú_ necesitas el tenedor.
6. Ellos (*hablar*) _HABLAN_ inglés y francés.
7. Uds. (*necesitar*) _necesITAN_ estudiar más.
8. Tú y yo (*tomar*) _tomas_ cerveza en la clase.
9. ¿Qué (*estudiar*) _EsTudiA_ ella?
10. _YO_ tomo la clase de español los martes y jueves.
11. Tú (*platicar*) _plATICAS_ con *tus amigos por teléfono.
    tus-your

B   Answer the following questions out loud and then in writing

1. ¿Cómo te llamas? ME llamo CARIN
2. ¿Cómo estás? muy Bien,
3. ¿Qué necesitas? Si, que NECESITAS.
4. ¿Hablas español o inglés en la *clase?
5. ¿Tomas refrescos o cerveza en la clase de español?
6. ¿Estudias mucho o poco los *domingos?
7. ¿Necesitas un lápiz o un *borrador?
8. ¿Qué necesita la *chica?
9. ¿Qué toman los chicos en el restaurante?
10. ¿Deseas estudiar en la clase o trabajar en la casa?

*clase-class
*los domingos-on Sundays
*borrador-eraser
*la chica-the girl

INTERROGATIVES AND NEGATIVES

HOW TO ASK QUESTIONS *Como Hacer Preguntas*

Spanish does not have the auxiliaries **do** or **does** to form questions. To change the following statement *"Tú hablas español"* into a question form, you **may**:

a. Place the subject pronoun **tú** after the verb:

¿Hablas tú español?   *Do you speak Spanish?*

b. Place the subject pronoun before the verb, but emphasize the intonation raising the tone of your voice at the end of the sentence:

¿Tú hablas español?   *Do you speak Spanish?*

c. Place the subject pronoun at the end of the sentence.

¿Hablas español tú?   *Do you speak Spanish?*

Either form is acceptable, but note the question marks "¿" at the beginning and at the end of the sentence "?". The inverted question mark signals the reader that the sentence following is a question.

d. In the spoken form, the interrogative is expressed with a change in the intonation.

COMO FORMAR ORACIONES NEGATIVAS *Forming Negative Statements*

To make negative statements, Spanish requires that you simply place a **no** immediately before the verb:

Yo **no** trabajo los domingos.   *I don't work on Sundays.*
Tú **no** necesitas la tiza.   *You don't need the eraser.*
Nosotros **no** tomamos cerveza.   *We don't drink beer.*

Observación

Nota gramatical:

When you answer a question with two **no**'s, you are saying *No, I don't.*
No, yo **no** trabajo aquí los domingos. *No, I don't work here on Sundays*

Actividad 4

 A   Take turns asking and answering the questions below. Answer some of them in the negative form.

1. ¿Necesitas la pluma? *No Necesitas la pluma.*
2. ¿Bailas mucho en la clase? *NO Bailas mucho en la clase.* (*dance*)
3. ¿Hablas español o inglés muy bien? *No Hablas espanol o ingles muy bien?*
4. ¿Estudias en la universidad los domingos? *No estudias en la universidad los domingos*
5. ¿Tomas café con leche? *no Tomas cafe con leche.*
6. ¿Necesitas una cuchara o un tenedor? *No Necesitas una cuchara o un tenedor.*
7. ¿Pagas las cuentas con cheque al contado (*cash*)? *NO PAgas las cuentas con cheque...* (*pay*)
8. ¿Tomas clases de español en el día o la noche? *No Tomas clases de espanol en el dia...* (*drink*)
9. ¿Trabajas los sábados? *no trabajas los sabados.*
10. ¿Necesitas un mantel o una cuchara? *Noo Necesitas un mantel o una cuchara*

 TO THE TEACHER: Continue using the classroom expressions regularly during class. Ask the questions above to students chosen randomly. Review the grammar found in the textbook emphasizing the most relevant points. Add to explanations if necessary. Encourage your students to read the textbook **before class**, anticipating the classroom activities. Divide the class into groups of two or three for a more effective practice.

LA HORA DEL DÍA *TIME OF THE DAY*

¿QUÉ HORA ES? *What Time is it?*

The time of the day is expressed in Spanish as illustrated below:

¿Qué hora es?   *What time is it?*
Es **la** una.   *It is one o'clock.*
¿Qué hora es? (*son*)   *What time is it?*
Son **las** dos.   *It's two o'clock.*

Observaciones

a. Notice that the time of the day is referred to as "*la hora*" and not as "*el tiempo*." "El tiempo" could be either *time (not the hour of the day)* or the *weather.*

b. Notice also that *la* is preceding *una,* one o'clock. Beginning with two o'clock, *las* is used, as in "Son *las dos.*" La **hora** is a feminine noun.

c. Notice also that **es** is used before **la una.** Before plural numbers, *son* is used.

A la (s): at

       a. ¿**A qué** hora es la reunión?   (*At*) *What time is the meeting?*
       b. La reunión es **a las** cinco.   *The meeting is at five.*

A la and **a las** are used to tell **at** what time an event will take place.

¿Qué Hora es?

Es la una.   Son las tres.
Son las dos.   Son las cuatro.

Such fractions of time as **quarter** (y *cuarto*) and **half** (y media) become:

Es la una *y cuarto.*   It is one-fifteen, or, It is a quarter past one.
Es la una *y media.*   It is one thirty.

Menos is used to subtract minutes from the next hour.

4:40   Son las cinco **menos** veinte.   *4:40   It's twenty to five.*
4:45   Son las cinco **menos** cuarto.   *4:45   It's quarter to five.*

Another way of expressing time past the half hour:

4:45   Son las **cuatro y cuarenta y cinco.**   *4:45   It's four forty five.*

Actividad 5

    <u>A</u>   **¿Qué hora es?**

Draw on the face of each clock the time shown in the bottom:

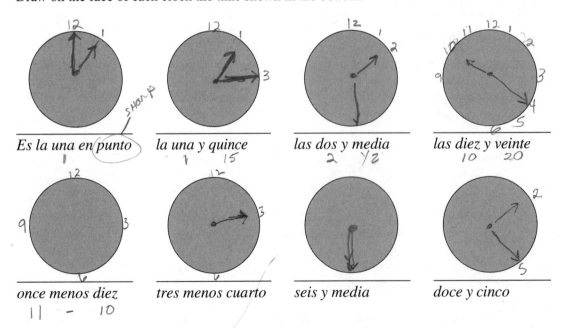

Es la una en punto   *la una y quince*   *las dos y media*   *las diez y veinte*

once menos diez   *tres menos cuarto*   *seis y media*   *doce y cinco*

A.M and P.M are shown as:

a. 1:00 A.M through 11:00 A.M. is expressed with **de la mañana.** 6:00 AM: *Las 6:00 de la mañana.*

b. Noon time, 12:00 P.M. is: *Las doce del mediodía.*

c. Midnight, 12:00 A.M. is: *Las doce de la noche* or *de la medianoche.*

d. 1:00 P.M. through 6:00 or 7:00 P.M. is **de la tarde.** 4:00 PM is: *Las 4:00 de la tarde.*

e. 7:00 P.M. through 12:00 A.M. is **de la noche.** 9:00 PM is: *Las nueve de la noche.*

En punto means *sharp,* on the dot or exactly.

Son las diez **en punto.**   *It's ten o'clock sharp.*

B   Write in Spanish the following hours of the day:

1. 2:00 P.M.   *Son Las dos de la Tarde.*
2. 7:45 A.M.   *Son Las Siente menos cuarto de la mañana.*
3. 12:00 A.M   *son las doce de la noche.*
4. 6:00 P.M.   *Son las siést de la tarde.*
5. 3:15 P.M.   _____
6. 8:30 P.M.   _____

C   Ask a classmate:

1. ¿Qué hora es ahora?
2. ¿A qué hora estudias?
3. ¿A qué hora es la clase?
4. ¿A qué hora trabajas?
5. ¿A qué hora deseas estudiar español?
6. ¿A qué hora necesitas trabajar?
7. ¿A qué hora tomas la clase de historia?

D   Now answer the questions in writing.

Observación

Often the times are shown using the 24 hour system.

Two o'clock (P.M.) for example, is expressed as **las 14 horas.** This is especially true in official announcements and public transportation schedules. At the airport, you'll see the following chart of departures and arrivals:

Aeroméxico

HORARIO DE VUELOS: **Salida: *16:00 horas (4:00 PM)***

Llegada: *18:40 (6:40 PM)*

¿Qué hora es?

AM. de la mañana * PM. de la tarde <u>or</u> de la noche

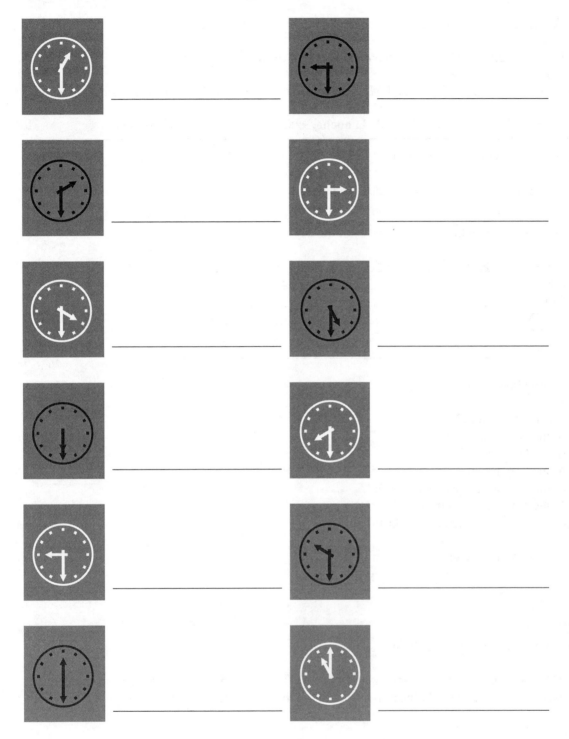

On Time

¿Hora Mexicana u Hora Americana?

Time can be described as the period between two events as well as during which something exists, acts or happens. As western civilization evolved, man found it necessary to develop more precise measurements of time than season to season or sunrise to sunset. Thus, time was divided into hours, minutes, and seconds.

However, how time is viewed in terms of its importance, its management in daily life, or relating to business and pleasure is defined by culture. Many times the American view and the Spanish view on this issue collide and become the source of misunderstanding. Whereas Americans would say that the Spanish speaking people don't respect time nor use it wisely, Spanish speakers, on the other hand, would accuse the Americans of living under the "tyranny of the clock", never stopping to smell the roses. They would argue that often, Americans on their deathbed would complain that they wished they had spent more time with family and friends.

A theory called the Sapir-Whorf hypothesis suggests that language guides our perception of reality. This may account for the treatment of time in different cultures. In Spanish, for example, we don't have such expressions as "to beat the clock," "the early bird catches the worm" and other expressions about the importance of the efficient use of time.

The Spanish writer and Nobel Prize winner, Julio Cambas, writing an essay on the cultural relativity of the importance of time, suggests that Spaniards don't respect time as they respect *space*. He compares *time* to *space* and argues that to say "I'll see you at five" should be as important and should be as precise as saying, "I'll see you at the corner of Second St. and Elm Street." So, if the appointment is for five, showing up at five-fifteen or five-forty-five, he points out, is synonymous to showing up at Second St. and Washington Avenue, instead of at Second St. and Elm St., as agreed.

But arriving late for an agreed upon appointment is a common phenomenon in most Spanish speaking countries. This is particularly true in the context of social occasions or informal appointments. To be "fashionably late" is the *rule,* not the exception. However, in other contexts, such as at work or meeting an authority figure, the Latin American or Spaniard would abide by the demands of necessary punctuality. Of course, you may find people who are habitually late to their appointments in both cultures, but the degree of disapproval of this behavior is considerably greater in the American culture. In Latin America, being five to fifteen minutes late is tolerated as the norm.

American businessmen dealing with their Latin American counterparts often get angry or offended when they are left waiting. So, when Americans complain about it, they give the Spanish speakers the impression that they are too impatient or too greedy. That "time is money" is sometimes viewed as a distinctive and "distasteful" American way of life.

In a case study, a young Latin American is asked what he would do if he had a deadline to meet, but is interrupted by a friend who wanted to talk. The young man answered without hesitation that he would stop what he was doing to chat with the friend because it would be unconscionable to put work over a friend. Time, the Spanish would argue, is subservient to humans.

In another example, Paula Heusinkveld, Ph.D., the author of the book "*The Mexicans: An Inside View of a Changing Society*" tells us that in Mexico, it is not uncommon for a bus to leave at the

(continues)

scheduled time. However, in trips to the interior of Mexico, she found out that even though the bus would depart on schedule, it was not uncommon for the bus driver to make a couple of unscheduled stops to eat lunch or to talk to some people. For American travelers who are on a "come", "see," and "leave" routine tightly scheduled, the behavior of the bus driver is intolerable and highly frustrating.

However, cultural bias is a two-way street. While on one hand, some Americans may have a sense of superiority for their efficient management of time, and even derisively speak of a "mañana syndrome," some Spanish speakers feel pity for the Americans driven by the clock, trapped in a rat race which ultimately can result in a heart attack or, ironically, in a lack of time to enjoy the fruits of their labors.

Spanish speakers living in the United States would sometimes clarify the time of a get-together but adding in jest *¿Hora americana u hora mexicana?* American time or Mexican time?

QUIZ: TRUE OR FALSE

Hora mexicana u hora americana

1. The use of time is viewed differently by different societies.	T F
2. The American view of time is the only view in the world.	T F
3. Some Americans believe that most Spanish speaking societies fail to use time efficiently.	T F
4. Some Spanish speakers believe that the American obsession with maximizing the usage of time leads to regrets in later life.	T F
5. Arriving late at appointments is common in Latin America.	T F
6. The degree of tolerance for lateness changes from culture to culture.	T F
7. Not every culture views that "time is money."	T F
8. From the reading you should conclude that judging other cultures by the standards of one's own may lead to misunderstandings.	T F
9. When Latin Americans are late for an appointment or social occasion you must conclude that they are purposely being rude to you.	T F
10. The expression "*hora Americana*" or "*hora mexicana*" points to an awareness of a cultural difference.	T F

DIVIÉRTETE Y APRENDE *Just for the Fun of It*

The English cognates of the Spanish words below are found in the essay *On Time*. See how many of them you can match with their counterparts in Spanish. Remember what you know about cognates!

Score   43-53 matches   excellent   23-32 good   0-12 poor
33-42   very good   13-22 fair

1. período _____
2. eventos _____
3. durante _____
4. existe _____
5. civilización _____
6. necesario _____
7. preciso _____
8. dividido _____
9. minutos _____
10. importancia _____
11. definido _____
12. cultura _____
13. americano _____
14. respeta _____
15. usa _____
16. tiranía _____
17. rosas _____
18. familia _____
19. lenguaje _____
20. percepción _____
21. realidad _____
22. diferente _____
23. por ejemplo _____
24. expresiones _____
25. cultural _____
26. relatividad _____
27. compara _____

28. importante _____
29. sinónimo _____
30. fenómeno _____
31. contexto _____
32. ocasión _____
33. figura _____
34. autoridad _____
35. demanda _____
36. habitual _____
37. tolerado _____
38. norma _____
39. contraparte _____
40. impresión _____
41. impaciente _____
42. caso _____
43. estudio _____
44. es _____
45. subsirviente _____
46. humano _____
47. autor _____
48. sociedad _____
49. interior _____
50. intolerable _____
51. superioridad _____
52. eficiente _____
53. síndrome _____

Vocabulario Práctico Funcional

When someone addresses you in Spanish you may use the following polite expressions to interact appropriately:

Perdón	*Excuse me; pardon me.*	**¿Mande Ud.?** (Méx.)	*How is that?/What?*
¿Cómo?	*How is that?*	**Con su (tu) permiso.**	*With your permission.*
Lo siento.	*I'm sorry.*	**Disculpe.**	*Forgive me. (Sorry)*
¡Qué bien!	*Good!*	**Me alegro.**	*I am glad.*

La página de referencia: Verbs

Verbs: common *-ar* verbs you'll find in the next three or four chapters
Verbos regulares de primera conjugación (-ar verbs)

	estudiar *to study*	**necesitar** *to need*	**trabajar** *to work*	**cantar** *to sing*	**pagar** *to pay*
yo	estudio	necesito	trabajo	canto	pago
tú	estudias	necesitas	trabajas	cantas	pagas
Ud.,él, ella	estudia	necesita	trabaja	canta	paga
nosotros/as	estudiamos	necesitamos	trabajamos	cantamos	pagamos
Uds., ellos/as	estudian	necesitan	trabajan	cantan	pagan

	abrazar *to embrace*	**conversar** *to converse*	**caminar** *to walk*	**bailar** *to dance*	**platicar** *to chat*
yo	abrazo	converso	camino	bailo	platico
tú	abrazas	conversas	caminas	bailas	platicas
Ud., él, ella	abraza	conversa	camina	baila	platica
nosotros/as	abrazamos	conversamos	caminamos	bailamos	platicamos
Uds., ellos/as	abrazan	conversan	caminan	bailan	platican

	desear *to wish*	**tomar** *to take*	**preguntar** *to ask about*	**cocinar** *to cook*	**llamar** *to call*
yo	deseo	tomo	pregunto	cocino	llamo
tú	deseas	tomas	preguntas	cocinas	llamas
Ud., él, ella	desea	toma	pregunta	cocina	llama
nosotros/as	deseamos	tomamos	preguntamos	cocinamos	llamamos
Uds, ellos/as	desean	toman	preguntan	cocinan	llaman

	esperar *to wait*	**llegar** *to arrive*	**comprar** *to buy*	**desayunar** *to eat breakfast*	**cenar** *to dine*
yo	espero	llego	compro	desayuno	ceno
tú	esperas	llegas	compras	desayunas	cenas
Ud.,él, ella	espera	llega	compra	desayuna	cena
nosotros/as	esperamos	llegamos	compramos	desayunamos	cenamos
Uds., ellos/as	esperan	llegan	compran	desayunan	cenan

	viajar *to travel*	**nadar** *to swim*	**reservar** *to reserve*	**alquilar** *to rent*	**terminar** *to finish*
yo	viajo	nado	reservo	alquilo	termino
tú	viajas	nadas	reservas	alquilas	terminas
Ud., él, ella	viaja	nada	reserva	alquila	termina
nosotros/as	viajamos	nadamos	reservamos	alquilamos	terminamos
Uds., ellos/as	viajan	nadan	reservan	alquilan	terminan

2

CAPÍTULO DOS

Vocabulary preview
Adjectives *Agreement, gender, number*
Descriptive and limiting adjectives
Regular –er and –ir verbs
The verb **ser**
Review

Hay un dicho que dice . . .

Querer es poder.
Where there is a will, there is a way.

ECHEMOS UN VISTAZO AL VOCABULARIO Vocabulary Preview

Verbos Verbs

aprender	*to learn* ✓	abrir	*to open* ✓
beber	*to drink* ✓	decidir	*to decide* ✓
comer	*to eat* ✓	escribir	*to write* ✓
leer	*to read* ✓	vivir	*to live* ✓

SER *to be* is an irregular verb. It is conjugated as follows: **soy, eres, es, somos, sois, son**

GUSTAR *to like, to be pleasing to.* This verb belongs to a group in which the indirect object is placed where the subject normally is. At this point we only need to know that to express the idea *I like* we should say: **Me gusta** or **me gustan.** To say *you, he, she likes* we say: **le gusta, les gustan. Gusta** is pluralized into **gustan** when more than one thing is being liked.

Substantivos Nouns

Gente	People	Cosas	Things
el mozo	*young man, waiter* ✓	el pollo	*chicken* ✓
la moza	*young woman, waitress* ✓	el pastel	*pie, cake* ✓
el camarero	*waiter* ✓	el pescado	*fish* ✓
la camarera	*waitress* ✓	el café	*coffee* ✓
el mesero	*waiter* ✓	la papa	*potato* ✓
la mesera	*waitress* ✓	la patata	*potato* ✓
el muchacho	*boy* ✓	el té	*tea* ✓
la muchacha	*girl* ✓	la comida	*food* ✓
la chica	*girl* ✓	el huevo	*egg* ✓
el chico	*boy* ✓	la leche	*milk* ✓
la chamaca	*girl* ✓		
el chamaco	*boy* ✓		

Notice that sometimes more than one word is used for the same thing to denote common regional variations.

Adjetivos Adjectives

alemán; alemana ✓	*German*	francés, francesa ✓	*French*
alto, alta ✓	*tall*	frito, frita ✓	*fried*
asado, asada ✓	*roasted*	grande ✓	*big*
bueno, buena, buen ✓	*good*	guapo, guapa ✓	*good looking*
caliente ✓	*hot*	inglés, inglesa ✓	*English*
español, española ✓	*Spaniard*	malo, mala, mal ✓	*bad*
feliz ✓	*happy*		

MÁS VOCABULARIO *More Vocabulary*

¿cuántos?, ¿cuántas?	*how many?* ✓	**¿qué?**	*what?* ✓	**¿quién?**	*who?* ✓
muchos, muchas	*many* ✓	**cuando**	*when* ✓	**como**	*how* ✓
donde	*where* ✓	**de**	*from* ✓	**a**	*to* ✓
solamente (solo) ✓	*only*				

COGNADOS COGNATES *User-friendly words*

Guess the meaning of these cognates and write their English translation:

elegante	instante
cheque	potent
profesor	constante
chocolate	presidente
inteligente	restaurante

Other Cognates

Words which in English end in **-ty** such as in **university** end in **-dad** or **-ad** in Spanish.

university	universi**dad**	*unity*	uni**dad**	*liberty*	liber**tad**
clarity	clari**dad**	*city*	ciu**dad**	*possibility*	posibili**dad**

Notice that some words are not spelled exactly the same, but their meaning can be guessed. Guess what the following Spanish words could mean in English:

realidad	_____	oportunidad	_____
dignidad	_____	habilidad	_____
mentalidad	_____	capacidad	_____
responsabilidad	_____	creatividad	_____

The following sentences are made up of cognates from the vocabulary preview. Can you decode them?

1. La chica elegante solamente bebe vino blanco.
2. El chocolate **aumenta** (*augments*) la creatividad.
3. La universidad **ofrece** (*offers*) la oportunidad de aprender.
4. El chico bebe el chocolate caliente con la chica francesa.
5. La libertad es importante en la universidad.
6. Los estudiantes inteligentes **tienen** (*they have*) la habilidad y oportunidad necesaria para (*to*) aprender mucho.
7. La responsabilidad es una parte importante de la libertad.

ADJETIVOS *Adjectives*

Adjectives are words whose function is to modify nouns by giving them a general description. Adjectives are divided in two groups: descriptive adjectives and limiting adjectives. Normally descriptive adjectives are placed *after* the noun. Limiting adjectives are normally placed *before* the noun.

Descriptive Adjectives

Descriptive adjectives can be masculine or feminine, singular or plural.

	Singular			
masculine	rojo	*red*	alto	*tall*
feminine	roja	*red*	alta	*tall*

	Plural			
masculine	rojos	*red*	altos	*tall*
feminine	rojas	*red*	altas	*tall*

Examples:

1. La casa roja.   *The red house.*
2. Las casas rojas.   *The red houses.*
3. El libro rojo.   *The red book.*
4. Los libros rojos.   *The red books.*

Notice that the adjectives above are placed **after** the noun.

Some adjectives have the same ending for masculine and feminine.

grande	*big*	verde	*green*
grandes	*big (pl.)*	verdes	*green (pl.)*
azul	*blue*	inteligente	*intelligent*
azules	*blue (pl.)*	inteligentes	*intelligent (pl.)*

Examples:

1. La chica inteligente.   *The smart girl.*
2. El chico inteligente.   *The intelligent boy.*
3. La casa verde.   *The green house.*
4. El libro verde.   *The green book.*
5. Las casas verdes.   *The green houses.*

CONCORDANCIA *Agreement*

Notice in the examples below that the adjectives, nouns, and articles agree in gender, and number. If a noun is masculine and singular, the article and the adjective modifying it must also be masculine and singular, that is, agree in number and gender.

Examples:

1. Las tizas blancas.   *The white chalks.*
2. Los libros blancos.   *The white books.*
3. El libro blanco.   *The white book.*

Actividad 1

 Ask the following questions:

1. ¿De qué color es su casa?
2. ¿Es la pizarra negra, blanca o verde?
3. ¿Es su padre alto o bajo?
4. ¿Tomas la leche fría o caliente?
5. ¿Es el huevo blanco o azul?
6. ¿Es la casa blanca en Washington pequeña o grande?
7. ¿Es tu padre guapo o feo?
8. ¿Usas servilletas blancas o azules?
9. ¿Necesitas una pluma roja o negra?
10. ¿Deseas papas fritas o papas al horno?

Limiting Adjectives

There are several types of limiting adjectives: possessive, demonstrative and numerical or indefinites. These adjectives are normally placed **before** the noun. Possessive and demonstrative adjectives will be reviewed in subsequent chapters. The following limiting adjectives inform us of quantities. Each one has *gender* and *number* that agree with the noun.

muchos *(masc.)*	*many, a lot*	pocos	*few*	¿cuántos?	*How many?*
muchas *(fem.)*	*many, a lot*	pocas	*few*	¿cuántas?	*How many?*

CARDINAL AND ORDINAL NUMBERS FALL INTO THIS CATEGORY.

Examples:

1.	Una casa blanca.	*A white house.*
2.	Muchas chicas bonitas.	*Many pretty girls.*
3.	Pocos libros interesantes.	*Few interesting books.*
4.	¿Cuántas muchachas altas?	*How many tall girls?*
5.	¿Cuántos muchachos altos?	*How many tall boys?*
6.	Ocho huevos fritos.	*Eight fried eggs.*
7.	La primera casa.	*The first house.*

Observaciones

a. Masculine adjectives ending in a consonant can be made feminine by the addition of **a**:

hablador	habladora	*jabber mouth*	francés	francesa	*French*
español*	española	*Spaniard*	alemán	alemana	*German*

b. Cardinal numbers from 200 to the 900 agree in gender with the noun they modify.

doscientas casas   trescientas mujeres   quinientos hombres

*Note that nationalities and name of languages are not capitalized in Spanish

Actividad 2

A   Complete the following with the appropriate adjective. Choose the most logical or meaningful word to complete the meaning of these sentences and phrases.

grandes	azul	italiana	interesante	española
¿Cuántas..?	rojos	alta	feos	francesa
verde	~~verdes~~	alemana	fritas	

1. La chica _____ habla francés.
2. Los libros _verdes_
3. La señora _italiana_
4. Las papas _____
5. La comida _____
6. La pizarra _rojos_
7. El libro _____
8. La señora _española_ habla alemán.
9. ¿_____ lenguas hablas?
10. El cielo _____
11. Los hombres _____
12. La chica _____
13. Los lápices _____
14. Los manteles _____

B   Point at an object and ask a classmate: *¿What color is (are) the _____?*

¿De qué color es	la pizarra?	La pizarra es _____
	la tiza?	_____
	la puerta?	_____
	la mesa?	_____
	la pluma?	_____
	el borrador?	_____

¿De qué color son	los lápices?	Los lápices son _____
	las plumas?	_____
	los borradores?	_____

-ER AND -IR REGULAR VERBS IN THE PRESENT INDICATIVE

-er and –ir verbs have a standard pattern of endings. They use similar endings, but they differ in the first (**nosotros**), and second person (**vosotros**) plural form.

BEBER – to drink

yo	bebo	*I drink*	nosotros (-as)	bebemos	*we drink*
tú	bebes	*you drink*	vosotros (-as)	bebéis	*you drink*
Ud.	bebe	*you drink*	Uds.	beben	*you drink*
él	bebe	*he drinks*	ellos	beben	*they drink*
ella	bebe	*she drinks*	ellas	beben	*they drink*

ABRIR – to open

yo	abro	*I open*	nosotros (-as)	abrimos	*we open*
tú	abres	*you open*	vosotros (-as)	abrís	*you open*
Ud.	abre	*you open*	Uds.	abren	*you open*
él	abre	*he opens*	ellos	abren	*they open*
ella	abre	*she opens*	ellas	abren	*they open*

Observaciones

a. Notice the difference between the **tú** and **Ud.** forms, even though both are translated as **you** in English.

b. Also remember that the –**ar** verbs use the following endings: **-o, -as, -a, -amos, (-áis), -an**.

c. –**er** verbs use the following endings: **-o, -es, -e, -emos, (-éis), and –en**.

d. –**ir** verbs use the following endings: **-o, -es, -e, -imos, (-ís), -en**

Frequently used –er and –ir verbs are:

comprender	*to understand*	vivir	*to live*
aprender	*to learn*	escribir	*to write*
beber	*to drink*	abrir	*to open*
leer	*to read*	recibir	*to receive*

Actividad 3

Complete the following conjugation:

1. Yo no (comprender) _comprendo_ español.
2. Tú (comprender) _compredes_ inglés muy bien.
3. Ella (aprender) _aprende_ mucho en la clase.
4. Yo (vivir) _vivo_ en una casa muy bonita.
5. Nosotros (vivir) _vivimos_ en una casa fea.
6. Ud. (recibir) _recibe_ una carta (*letter*) en español.
7. Tú (recibir) _recibes_ una carta en inglés.
8. Ella (abrir) _abre_ el libro en la página 52.
9. María (leer) _lee_ en inglés y español
10. Yo (leer) _leo_ solamente en inglés.
11. Uds. (aprender) _aprenden_ español rápidamente.
12. Tú (beber) _bebes_ agua y yo (beber) _bebo_ leche.
13. Él (vivir) _vive_ en una ciudad muy grande.
14. Nosotros (abrir) _abrimos_ el libro de ejercicios (*exercises*).

To create a context for a meaningful exchange of information we are using the following question words:

¿quién?	who?		¿qué?	what? ∫	¿dónde?	where?
¿cuántos –as?	how many? ✓		¿cómo?	How?	¿cuándo?	when?

NOTE: When these words are used as questions they must have an accent mark in the next to the last syllable: *¿cuántas?,¿cuándo?. ¿Quién?* and *¿qué?* have written stress marks on the last syllable. In the spoken form these question words are emphasized in the intonation at the beginning of the sentences or phrases.

CONVERSACIÓN SIMULADA

Simulated Conversation

1. **¿Dónde** vives tú?
   Yo vivo en una ciudad grande.

   Where do you live?
   I live in a large city.

2. **¿Qué** aprendes en la clase?
   Aprendo español.

   What do you learn in class?
   I learn Spanish.

3. **¿Cuánto** escriben en la clase?
   Escribimos muy poco.

   How much do you write in the class?
   We write very little.

Actividad 4

A   Interview a classmate asking him/her the questions below. Write the answers in the space provided. Use the he/she form to report the answers. Repeat this activity, giving your classmate the chance to ask you the same questions.

1. ¿Cómo te llamas?

   ME llAmo Carin.

2. ¿Dónde vives? *[where]*

   Yo vivo en Ramona.

3. ¿Dónde lees el texto? *[Read] [text]* ¿En la casa o en la clase solamente? *[alone]*

   En la casa yo leo el texto.

4. ¿Cuándo abres tu libro? *[when]*

   ABRES es libro in mañana.

5. ¿Cuántas plumas necesitas?

   No, plumas no necesitas.

6. ¿Con qué escribes? ¿Con un lápiz o con una pluma?

   Escribes es una pluma.

7. ¿Dónde comes generalmente? ¿En una cafetería o en un restaurante?

   _____

8. ¿Comes generalmente en un restaurante mexicano o francés?

   _____

9. ¿Qué estudias los lunes, miércoles y viernes? ¿Y los martes y jueves?

   _____

10. ¿Cuántas personas viven en tu casa?

   _____

B   Add five questions of your own:

1. _____

2. _____

3. _____

4. _____

5. _____

¿Qué está mal? *What's Wrong?*

    C   Mark the mistakes in these sentences. Watch for mistakes on verb subject agreements, gender and number agreements. Some of the sentences contain more than one error.

1. Yo vivo en una casa blanco.
2. Nosotros beben una cerveza. *(bebemos)*
3. Los hombres altas viven en una casa granda.
4. Tú trabaja en el restaurante.
5. Ella escriba en el libro azulo.
6. Uds. aprenden mucha español.
7. Los muchachos beben vino tintas.
8. ¿Cuántas hombres trabajan aquí?
9. Nosotros escribemos en el pizarrón con una tiza rojo.
10. ¿Qué escriben Ud. en la pizarra?
11. Yo como papas fritas.
12. El abro la puerta de la casa.
13. Ellas hablan en francesa.
14. Ellos come huevos fritas.
15. Yo compra el mantel roja en Sears.

Using Question Words

Complete the following sentences:

1. ¿_____EL_____ vives? ¿En México o en Los Estados Unidos?
2. ¿_____ELLAS_____ chicas hay en la clase?
3. ¿_____ no comprende el estudiante?
4. ¿_____ profesores trabajan aquí?
5. ¿_____ habla italiano?
6. ¿_____ se llama la chica alta?
7. ¿_____ abre la puerta?
8. ¿_____ puertas hay en el cuarto (*room*)?

Write the following English verbs in Spanish:

to understand	**to open to drink**	**to take**
to buy	**to call**	**to speak**
to write	**to live**	**to read**
to learn	**to work**	**to eat**
to return	**to need**	**to open**

THE IRREGULAR *"SER"* IN THE PRESENT TENSE

The verb <u>*ser*</u>, *to be*, is like its English counterpart, very irregular in its conjugation.

SER *to be*

yo	**soy**	*I am*	*	nosotros	**somos**	*we are*	
tú	**eres**	*you are*	*	vosotros	**sois**	*you are*	
Ud.	**es**	*you are*	*	Uds.	**son**	*you are*	
él, ella	**es**	*he, she is*	*	ellos, ellas	**son**	*they are*	

Observación

Spanish has two *to be* verbs, *ser* and *estar*. They are *not* interchangeable. **A comparative study of these two versions of <u>to be</u> will appear on Lesson 3.**

The verb ser is normally used to:

> show possession, ownership
> tell who or what someone is (profession,
> nationality, kinship, ideology); to identify;
> describe inherit characteristics
> tell time
> hour of the day
> origin

A Choose the correct match from the different conjugations of **ser**:

1. Tú ___ERES___ un buen amigo.

2. Nosotros ___SOMOS___ estudiantes.

3. Uds. no ___SON___ profesores.

4. ¿Qué ___ES___ él?

5. ¿Quién ___es___ él?

6. ¿Cuándo ___es___ el examen?

7. Ellos no ___SON___ muy amables

él ___ *es futubolista*

Salma Hayek Actriz mexicana

© Stephane Cardinale/People Avenue/Corbis

Salma Hayek **es** una actriz mexicana. Ella **es de** Coatzacoalcos, México. Ella empieza su exitosa carrera artística en México en la telenovela *Teresa.* Después de varias películas exitosas en México, Salma actúa ahora en películas americanas hechas *(made)* en Hollywood por directores americanos.

Salma recibió *(received)* muchos elogios *(praise)* por su papel de **Frida** en la película del mismo *(same)* nombre sobre *(about)* la vida de la pintora mexicana Frida Kahlo. Salma **es** muy popular en México y en los Estados Unidos. Ella tuvo que *(had to)* aprender inglés para actuar en las películas en los Estados Unidos.

El padre de Salma **es** libanés y la madre **es** mexicana. Ella aparece con el actor español Antonio Banderas en una película muy popular que se llama *Once Upon a Time in México.*

Salma Hayek es una mujer muy hermosa.

Answer the following questions:

1. ¿De dónde es Salma Hayek?
2. ¿Qué es ella?
3. ¿De dónde es su madre?
4. ¿Dónde actúa ella ahora?
5. ¿Cómo se llama la película sobre la vida de la pintora mexicana?
6. ¿De dónde es el padre de Salma?
7. ¿Cómo se llama la película donde Salma aparece con Antonio Banderas?
8. ¿De dónde es Antonio Banderas?
9. ¿Qué es Antonio Banderas?
10. ¿Cómo es Salma Hayek?

Vocabulario: Actriz—*actress* empieza—*begins* exitosa—*successful* carrera—*career* aparece—*appears* película—*film* hermosa—*beautiful* actúa—*performs* vida—*life*

¿Conoces a personas que son......?

Write the name of people you know who has one of the professions or occupations below:

Example: <u>Luis</u> es mesero y estudiante universitario.

1. _____ es profesor de español.
2. _____ es médico.
3. _____ es policía.
4. _____ es mesera. (*waiter*)
5. _____ es estudiante.

él es músico

6. _____ es *dependiente(*store clerk) en una tienda.
7. _____ es jugador de fútbol (futbolista)
8. _____ es cantante (singer).
9. _____ es actor.
10. _____ es actriz.
11. _____ es escritor.
12. _____ es profesora.
13. _____ es científico.
14. _____ es ama de casa (housewife).

Fill in the blanks with the name of a famous person from the following list:

Fidel Castro, Pelé, Pedro Almodóvar, Gabriel García Márquez, Enrique Iglesias, Isabel Allende, Frank Sinatra, Julia Roberts

1. _____ es una famosa actriz (actress) americana.
2. _____ es un famoso futbolista (soccer player) brasileño.
3. _____ es un famoso director de cine español.
4. _____ es un famoso escritor (writer) colombiano.
5. _____ es un famoso cantante (singer) español.
6. _____ es una famosa escritora chilena.
7. _____ es un famoso dictador cubano.
8. _____ es un famoso cantante americano.

From the following list match the famous people with their profession:

escritor, escritora, cantante, político, actriz, actor, presidente. científico, carpintero, astro-nauta, estadista, estudiante.

1. Bill Clinton era (was) un _presidente_ americano.
2. Carmeron Díaz es una _aCTRiz_ americana.
3. Fidel Castro es el _presidente_ de Cuba.
4. Albert Einstein es un famoso _cientifico_.
5. Isabel Allende es una _____ de Chile.
6. José, el padre de Jesucristo era (was) _____.
7. Neil Amstrong es un _astroNauta_ americano.
8. Frank Sinatra era un _cantante_ americano.
9. Benito Juárez era un _____ mexicano.
10. Julio Iglesias, el padre de Enrique Iglesias, es un _ACTOR_.
11. Mi madre es _____.
12. Mi padre es _____.
13. Yo soy _____.

Vocabulario bilingüe: científico—*scientist* político—*politician* actor—*actor* carpintero—*carpenter* cantante—*singer* escritor—*writer* actriz—*actress* estadista—*statesman* era—*was* famoso—*famous*

B   Ask these questions to a classmate.

1. Donde trabajas, ¿quién es tu jefe (boss)?
2. ¿Son los estudiantes de la clase altos o bajos?
3. ¿Es el profesor americano o mexicano?
4. ¿Cuándo es el examen final en la clase de español?
5. ¿Es la casa donde vives grande o pequeña?
6. ¿Es tu carro viejo o nuevo?
7. ¿Son los huevos normalmente blancos o de color café?
8. ¿Eres tú un buen o mal estudiante?
9. ¿Somos tú y yo estudiantes o profesores?
10. Cuando estudias mucho, ¿dónde estudias?
11. ¿Cómo es el profesor (o la profesora)? ¿Alto o bajo?

ella es artista

REVIEW

A   Conjugate the following verbs in the first person (yo), present tense:

hablar	_HABLO_	necesitar	_necesito_	trabajar	_trabajo_
pagar	_pago_	escribir	_escribo_	vivir	_vivo_
recibir	_recibo_	decidir	_decido_	abrir	_abro_
aprender	_aprendo_	comprender	_comprendo_	beber	_bebo_

B   Complete the following sentences with the verb that goes best with the context:

1. Ella _hable_ francés y alemán.
2. Nosotros _bebemos_ agua y refrescos.
3. Las chicas _estudian_ en una casa blanca y bonita.
4. Las cucharas _____ de plástico.
5. Tú _____ un buen amigo.
6. Nosotros _____ más dinero.
7. Él _____ papas fritas.
8. La comida _____ deliciosa.
9. Ud. _____ muchos cheques.
10. Ellos _____ vino tinto.

C   Find the cognates for the following words:

reality	responsibility	unity	clarity
important	necessary	liberty	elegant

¿DE DÓNDE ES USTED? - ¿DE DÓNDE ERES? ¿DE DÓNDE ES ÉL O ELLA? *Where are some people or animals from?*

Answer the following questions:

Ejemplo:

a. ¿De dónde es William Shakespeare?

b. Él es de Inglaterra.

América del sur

1. ¿De dónde es Fidel Castro?

2. ¿De dónde es Gabriel García Márquez?

3. ¿De donde es Evita Perón?

4. ¿De dónde es Ricky Martín?

5. ¿De dónde es Thalía?

6. ¿De dónde son tus padres?

7. ¿De dónde eres tú?

8. ¿De dónde es tu profesor o profesora?

9. ¿De dónde son originalmente los elefantes?

10. ¿De dónde son originalmente las llamas?

La página de referencia

Profesiones

profesor	escritor
doctor	jardinero
actriz	secretario
actor	futbolista
carpintero	científico
médico	electricista
enfermera	artista
maestro	estudiante

Nacionalidades

francés	alemán	japonés	italiano
mexicano	argentino	uruguayo	colombiano
estadounidense	español	venezolano	árabe

Idiomas

español	italiano	inglés	alemán	maya
quechua	chino	japonés	árabe	persa
francés	portugués	gallego	catalán	guaraní
náhuatl	griego	latín		

Cultural Note

Nombres y apodos *Names, Nicknames*

As in English, nicknames are very common in Spanish. Here are some of the most common ones:

Alejandro	*Alex*	*	Natividad	*Nati*
Antonio	*Tony, Toño*	*	Teresa	*Tere*
Francisco	*Paco, Pancho*	*	Concepción	*Concha*
Guillermo	*Memo*	*	Dolores	*Lola*
José	*Pepe*	*	Graciela	*Chela*
Ignacio	*Nacho*	*	Guadalupe	*Lupe, Lupita*
Jesús	*Chuy, Chucho*	*	Luis	*Lucho*
Manuel	*Manolo*	*	Roberto	*Beto*

Many names put in the diminutive form become nicknames. The diminutive is formed by adding the endings **–ito** or **-ita** to the first name:

Carlos - *Carlitos*	Ana - *Anita*	Pedro - *Pedrito*	Rosa - *Rosita*
Paco - *Paquito*	Lupe - *Lupita*	Juan - *Juanito*	Juana - *Juanita*

The diminutive form of a name is also used to show affection or closeness to the person addressed. It is frequently used to address children as the equivalent to "little" in English. Thus, "*Little John*" in Spanish would be **Juanito** or **Juancito.**

In some countries it is not uncommon to nickname a person according to some physical characteristic. For example, a short person may be nicknamed *el chaparro, or chaparrito (short)*, a blonde person *la güera, el güero, a (the blond)* and a bald person *el pelado o pelón (the bald one)*. This is acceptable among friends and relatives, but if you are a stranger it is not proper to address anyone with these nicknames.

Also remember that the great majority of people use two last names: the paternal, first, followed by the maternal. This becomes the family name. For example, if a person is called Pedro López Navarro, López Navarro is the family name. In this case **Pedro** took his father's last name, **López** and then added his mother's last name, **Navarro.**

Also many people have two names. One probably to honor the name of the saint on the day in which he or she was born, and another to honor a family name, such as that of the father, mother, grandmother or grandfather.

Nombre y apellido: first and last name   **nombre de soltera:** maiden name
Nombre de pila: first or Christian name   **apodo (sobrenombre):** nickname

LAS FÓRMULAS DE CORTESÍA *Being polite in Spanish*

Politeness is important in any language. Spanish speaking people tend to be extremely polite with each other. Here you'll find a list of expressions that can help you express your politeness.

¡Qué bien! - *How great!*
Te felicito - *I congratulate you.*   Felicitaciones - *Congratulations!*
Con permiso - *Excuse me (when leaving a room, passing in front of a person in a store, etc.)*
¡Perdón! - *Forgive me.*
Me alegro. - *I'm glad.*   ¡Fabuloso! - *Great; fabulous*
¡Qué agradable! - *How nice!*
¡Qué te (le) vaya bien! - *I hope everything goes well with you.*
¡Que tengas un buen fin de semana! - *Have a good weekend!*
Lo siento. - *I am sorry.*
¡Feliz cumpleaños! - *Happy birthday!*
¡Buen provecho! - *Good apetite!*
A sus órdenes. - *As you say.*
Mis pésames. - *I am so sorry. (Used at the death of family member.)*

Modales en la mesa

Los modales en la mesa son muy importantes en los países hispanos. Vea los siguientes ejemplos:

a. Cuando una persona se acerca a la mesa donde alguien está comiendo siempre se dice "buen provecho."

b. Coma sin prisa. Y cuando termine de comer quédese en su asiento para la "sobremesa", es decir la hora de conversar que puede durar de treinta minutos a horas.

c. Averigüe la hora de comer porque es diferente en cada país. Por ejemplo, en algunos países la cena no se sirve hasta las nueve o las diez de la noche.

d. En estos países se sirve la "merienda" entre las cinco y las seis de la tarde. La merienda consiste de algo liviano como té o chocolate u otras cosas que ayudan esperar por la cena.

e. Cuando ya no quiera comer y la anfitriona le ofrece más comida se dice "Gracias. Estoy satisfecho".

f. En muchos países un vaso de vino es parte de la comida diaria.

g. En la mayoría de los países la comida principal se sirve entre la una y las tres de la tarde.

3

CAPÍTULO
TRES

Vocabulary preview
The possessives: *Possessive adjectives*
The personal "*a*"
Three irregular verbs: *estar, ir, dar*
Ser contrasted with *estar*
Telephone etiquette

Hay un dicho que dice . . .

De tal palo, tal astilla.
Like father, like son.

ECHEMOS UN VISTAZO AL VOCABULARIO *Vocabulary Preview*

VERBOS *Verbs*

dar	*to give*	llamar	*to call*	deber	*should, must*
llevar	*to take, to carry*	visitar	*to visit*	ir	*to go*
tomar	*to take*	estar	*to be*		

GENTE *People*   La Familia

el abuelo	*grandfather*	el hijo/la hija	*son/daughter*	
la abuela	*grandmother*	el cuñado/a	*brother/sister-in-law*	
la prima	*cousin*	la mamá	*mom*	
el primo	*cousin*	el papá	*dad*	
los padres	*parents*	la amiga	*friend (f.)*	
el padre	*father*	el amigo	*friend (m.)*	
el novio	*boyfriend*	el tío/la tía	*uncle/aunt*	
la novia	*girlfriend*	la hermana	*sister*	
el hermano	*brother*			

COSAS *Things*

la bebida	*drink*	el carro	*car*
los Estados Unidos	*United States*	el coche	*car*
		el carro	*car*
el avión	*airplane*	el auto	*car*
la fiesta	*party*		
la madera	*wood*	(*All these variations for cars is very common*)
el omnibus	*bus*		

ADJETIVOS *Adjectives*

bonito (-a) *pretty* feo (-a) *ugly* enfermo (-a) *sick* cansado (-a) *tired*

MÁS PALABRAS *More Words*

a	*to, at*	a menudo	*often*	con	*with*
muy	*very*	ahora	*now*	de	*of, from*
aquí	*here*	porque	*because*	en	*at, in, on*

PARA HACER PREGUNTAS *Question Words*

¿cómo? ✓	how? ✓	¿qué? ✓	what? ✓	¿cuándo? ✓	when? ✓
¿quién? ✓	who? ✓	¿dónde? ✓	where? ✓	¿por qué? ✓	why? ✓
¿quiénes?	who? (pl.)	¿cuántas -os?	how many? ✓	¿cuánto?	how much? ✓

Observación

¿**Qué**? is *what?*, but it also functions as *that, who, how* and *which* in different contexts. ¿**Cuánto**? (*how much?*) doesn't change gender, but ¿**cuántas**? and ¿**cuántos**?, (*how many*) have to agree with the gender of the entities being counted.

LA FAMILIA

Árbol genealógico

el abuelo

mi abuelo don Rogelio Arce

la abuela

mi abuela doña Graciela Rosas de Marín

el padre

mi padre: Luis Rogelio Arce Marín

la madre

mi madre: María Elisa Rojas de Arce

las hermanos

Arturo Arce Rojas   *Rogelio Luis Arce Rojas*   *Elisario Arce Rojas*

los hermanas

Graciela Arce Rojas   *Maribel Arce Rojas*

el cuñado

José Salinas: el esposo de mi hermana Maribel

la cuñada

Luisa Ríos de Arce: la esposa de mi hermano Arturo

los sobrinos y las sobrinas

Josesito: (**mi sobrino**) *el hijo de mi cuñado José Salinas Y mi hermana Maribel*

Luis R.: (**mi sobrino**) *el hijo de mi hermano Elisario*

Marga: (**mi sobrina**) *la hija de mi cuñado José y mi hermana Maribel*

Mónica: (**mi sobrina**) *la hija de mi hermano Arturo y su esposa Alma*

primos y primas

Josesito: **primo** *de Mónica*

Luis R.: **primo** *de Maribel*

Mónica: **prima** *de Josesito*

Marga: **prima** *de Luis*

tíos y tías

Elisario: **tío** *de Josesito, el hija de su cuñado José y su hermana Maribel*
Graciela: **tía** *de Mónica, la hija de su hermano Arturo*

> **Vocabulario: abuelo**-grandfather **abuela**-grandmother **cuñado**-brother-in-law **tío**-uncle **primo/a**-cousin **sobrino/a**-nephew/niece **esposo/a**-husband/wife **hijo-a**-son/daughter

LOS POSESIVOS *The Possessives*

There are two ways to show possession or ownership in English. One is by adding an apostrophe and then an *s* after the name of the owner or possessor: *Maria's car.* The other form involves **possessive adjectives** such as *my, your, his,* etc.

In Spanish **de** plus the name of the possessor is used to show the relationship expressed by the apostrophe in English:

el coche de María	*Maria's car*
la casa de la chica	*the girl's house*
el libro del profesor	*the professor's book*
los hijos de José	*Jose's sons*
la tía de Maribel	*Maribel's aunt*

> **de + el** is contracted into **del** The Spanish syntax here is closer to saying: *the house of Maria* than *Maria's house.*

De is used with the verb **ser** to form the following constructions:

El coche **es de** María.	*It's Maria's car.* It could be translated as '*The car belongs to Maria.*'
Las casas **son de** los abuelos.	*The grandparent's houses. (The houses belong to the grandparents.)*

To ask the question *whose* or *to whom,* Spanish uses ¿*De quién* . . . ? or ¿*De quiénes*. . . ?

¿De quién es el libro?	*To whom does the book belong? (Whose book is it?)*
Es de la chica alta.	*It belongs to the tall girl. (It's the tall girl's.)*

Actividad 1

Put into Spanish:

1. María's car. *el coche de María*
2. Mike's friend. *el amigo de Miki*
3. Arturo's grandfather. *el abuelo de Arturo*
4. Graciela's sister. *la hermana de Graciela*
5. Rogelio's father. *el padre de Rogelio*

Check your answers below:

1. El coche de María. 2. El amigo de Mike. 3. El abuelo de Arturo. 4. La hermana de Graciela.
5. El padre de Rogelio.

Actividad 2

 Work in pairs to see how many things you can point out that belong to you or to someone else.

Example:

    a. Es el libro de Mike.   *It's Mike's book.*
    b. Son los tíos de Maribel.   *They are Maribel's uncles.*

LOS ADJETIVOS POSESIVOS *Possessive Adjectives*

mi	*my*	sus	*your* (pl.)	nuestro (-a)	*our*
mis	*my (pl.)*	su *or* sus	*his*	nuestros (-as)	*our*
tu	*your*	su *or* sus	*her*	vuestro (-a)	*your*
tus	*your (pl.)*	su *or* sus	*their*	vuestros (-as)	*your (pl.)*
su	*your*				

Notice that **su, sus** could mean *your, his, her, its, their, your (-all)* depending on the context. Since the use of **su** and **sus** could be ambiguous the **de+subject pronoun** is used sometimes when the context is not clear. For example: *Su case* (*your house*) can be clarified by saying *La casa de Ud.* instead.

Possessive adjectives agree in number, **singular or plural,** with the noun they modify.

Singular

| mi casa | *my house* |
| tu casa | *your house* |

Plural

| mis casas | *my houses* |
| tus casas | *your houses* |

Examples:

Mis plumas son rojas.	*My pens are red.*
Tus tíos son amables	*Your uncles are nice.*
Tu cuñada es bonita.	*Your sister-in-law is pretty.*

Nuestro and **vuestro,** however, agree in **gender** and **number** with the noun they modify. Notice that the gender and number go with **the thing possessed and not with the possessor.**

Examples:

Nuest**ra** plum**a** es roj**a.**	*Our pen is red.*
Nuest**ras** plum**as** son roj**as.**	*Our pens are red*
Nuest**ro** lib**ro** es roj**o.**	*Our book is red.*
Vuest**ras** amig**as** son alt**as.**	*Your friends are tall.*
Vuest**ros** amig**os** son alt**os**	*Your friends are tall.*

Actividad 3

Use the appropriate possessive adjectives:

1. (my) _____ M I _____ casa es grande.

2. (my) _____ M I S _____ coches son caros.

3. (his) _____ S U _____ madre es muy bonita.

4. (our) _____ Nosotros _____ profesor es guapo.

5. (our) _____ Nosotras _____ profesora es bonita.

6. (our) _____ Nosotros _____ amigos son altos.

7. (your) _____ Vuestros tus _____ abuelos son ancianos (*old*).

Check your answers:

1. mi   2. mis   3. su   4. nuestro   5. nuestra   6. nuestros   7. tus

CONVERSACIÓN SIMULADA *Simulated Conversation*

En la Fiesta de Cumpleaños de Juan

Enrique:	¿Quién es el señor alto?	*Who is the tall man?*
Miguel:	Es el tío de Juan. Se llama Pedro. Él bebe mucho.	*He is Juan's uncle. His name is Pedro. He drinks a lot.*
Enrique:	¿Y de quién es el carro rojo?	*And whom does the red car belong to?*
Miguel:	Es su carro.	*It's his car.*
Enrique:	¿De quién?	*Whose?*
Miguel:	Es del tío.	*It's the uncle's.*
Enrique:	Es un carro muy viejo y feo.	*It's a very old and ugly car.*
Miguel:	El coche de mi padre es similar.	*My father's car is similar.*
Enrique:	Lo siento mucho.	*I'm very sorry.*

A   Answer the following questions in Spanish:

1. ¿Quién es el hombre alto? *Pedro es el hombre alto*

2. ¿Cómo se llama el tío de Juan? *Pedro es el tío de Juan*

3. ¿Quién bebe mucho?

4. ¿De quién es el coche rojo?

5. ¿Es el carro del tío de Juan nuevo o viejo?

6. ¿Es el carro del padre de Miguel nuevo y bonito?

B   Complete the following sentences. Be creative.

1. El coche de mi novia es _____

2. El lápiz azul es de _____

3. Nuestros amigos son muy _____

4. Su padre es _____

5. El tío de _____

6. Nuestras madres son mujeres _____

7. La abuela de Maribel es _____
   y muy _____

8. Mi número de teléfono es _____

9. Los padres del profesor son de _____

10. La blusa de una de las estudiantes es _____

11. Mi prima es _____

Because **su** and **sus** may be ambiguous a so called "long form" may be used for clarification:

You house -	Su casa <u>or</u>	**la casa de usted.**
His house -	Su casa <u>or</u>	**la casa de él.**
Her house -	Su casa <u>or</u>	**la casa de ella.**
Your house -	Su casa <u>or</u>	**la casa de ustedes.**
Their house -	Su casa <u>or</u>	**la casa de ellos.**
Their houses -	Sus casas <u>or</u>	**las casas de ellos.**

C   Rewrite the following statements to clarify what belongs to whom. Use the clue in English. Use the "long form".

1. Su abuelo (*your*)   *el Abuelo de ustedes*

2. Su abuela (*his*)   *el abuelo de él*

3. Sus amigos (*his*)   *ellos amigos de el.*

4. Sus tíos (*their*)   _____

5. Su cuenta (*her*)   _____

6. Sus hijos (*their*)   _____

Saying:

Secretito de dos, secretito de Dios. Secretito de tres, secretito de todos.

LA "A" PERSONAL *The Personal "A"*

In Spanish, word order is very flexible. The "personal **a**" is used to show who is performing the action, (*the subject*), and who is the recipient of the action, (*the direct object*).

In English, in such sentences as *Mark kisses the girl,* the word order tells us who is kissing whom. In Spanish, the sentence *Mark besa la chica* is ambiguous: Who is kissing and who is being kissed? In order to clarify the role of each person involved, Spanish uses the "**a**". Thus, we have *Mark besa **a** la chica*. The "**a**" clearly introduces the recipient of the act *la chica*.

The personal "**a**" occurs <u>most frequently</u> when the direct object is a noun representing a *definite* person, but not a thing or an animal.

Marisol llama **a** su madre.	*Marisol calls her mother.*
La madre llama **a** Marisol.	*The mother calls Marisol.*

When the direct object (*the recipient of the action*) of the verb is an *indefinite* person, or refers to collective nouns, the "**a**" may be omitted.

Necesito una niñera para mi hijito.   *I need a nanny for my infant son.*
Me gusta ver mucha gente en la playa.   *I like to see many people on the beach.*

Complete the following by adding or omitting the personal **a** according to the context:

1. Yo llevo __a__ mi madre al mercado.
2. Tú llamas __a__ tu padre por teléfono.
3. El esposo *espera __a__ la esposa.
4. Ella espera __X__ el tren.
5. Nosotros visitamos __X__ el museo.
6. Ellos escriben __X__ la carta.
7. La mesera llama __a__ la señora.
8. La señora llama __X__ la mesera.
9. El niño llama __X__ perro.
10. ¿ __a__ quién visita María?
11. ¿Quién visita __a__ María?
12. La mesera lleva __X__ su coche al mecánico.
13. Ellos toman __X__ el autobús.
14. Ud. necesita __a__ su familia ahora.

> As an exception the personal *a* is used when the object of the verb is a thing or an animal personified. This is very common with pet animals. *Llevo a mi perro al veterinario. I take my dog to the vet.* It's also used when a noun representing some abstract symbol or ideal is the direct object. *Hay que respetar a la ley. One must respect the law.* The personal *a* is also used when there is ambiguity as to who the subject or the object is.

***Notice** that *esperar* means *to wait for.* The preposition *for* is embedded in the meaning and must *not* be added in Spanish.

TRES VERBOS IRREGULARES *Three Irregular Verbs*

Estar *to be,* **ir** *to go,* and **dar,** *to give,* have irregular conjugations.

Estar					
yo	estoy	*I am*	nosotros/as	estamos	*we are*
tú	estás	*you are (fam.)*	vosotros	estáis	*you are (pl., fam.)*
Ud.	está	*you are (form.)*	ustedes	están	*you are (pl. formal)*
él	está	*he is*	ellos	están	*they (masc.) are*
ella	está	*she is*	ellas	están	*they (fem.) are*

Observaciones

a. Notice that **estar** is irregular in the *yo* form.

b. Although the rest of the conjugation follows the regular endings of **-ar** verbs, notice that in the *tú, Ud., él, ella, vosotros, Uds. ellos* and *ellas* form, this verb must be stressed in the last syllable.

The verb **estar,** in contrast with the verb **ser,** is normally used:

a. to tell **where** someone or something is

El coche está en la calle.   *The car is on the street.*
Ellos están en la casa.   *They are at the house.*
¿Dónde están Uds.?   *Where are you?*

b. to state or describe **current** conditions

Su madre está enferma.	*His mother is sick.*
Ellas están muy ocupadas.	*They are very busy.*
¿Cómo estás tú?	*How are you doing?*

c. to indicate a **change in a condition,** or to point out that some characteristics constitute a departure from the way things normally were.

Ella está divorciada.	*She is divorced (now).*
Tú estás nervioso.	*You seem to be nervous.*

d. **estar,** not **ser,** is always used as the helping verb in the present progressive:

Ud. **está** trabaj*ando* mucho.	*You're working a lot.*
Ellas **están** estud*iando* para el examen.	*They are studying for the test.*

CONVERSACIÓN SIMULADA *Simulated Conversation*

Read and role-play this conversation.

En el Mercado

Antonio:	¿Cómo estás, Rosita?	*How are you doing Rosita?*
Rosita:	Estoy muy bien, gracias.	*I am very well, thank you.*
Antonio:	¿Y dónde está tu hermana Cristina?	*And where is Christine, your sister?*
Rosita:	Está en la casa. Estoy aquí con mi madre. Cristina está enferma.	*She is home. I am here with my mother. Christine is sick.*
Antonio:	¿Y dónde está tu madre? Oh, ahí está. ¡Doña María, aquí estamos!	*And where is your mother? There she is. (Mrs.) Maria, we are here!*
María:	Antonio, ¿cómo estás muchacho? Estás muy guapo.	*Antonio, how are you young man? You are looking good (handsome).*

Actividad 4

 A Answer the following questions:

1. ¿Cómo se llama la hija de María?
2. ¿Quién es la hermana de Rosita?
3. ¿Dónde está Cristina?
4. ¿Quién está muy guapo?
5. ¿Con quién está Rosita?
6. ¿Cómo está Rosita?
7. ¿Dónde están Antonio, Rosita y doña María?
8. ¿Cómo está Cristina?

Terms of endearment: Terms of endearment in Spanish doesn't always translate literally in English. The word for "honey" is *miel,* but it is never used as an affectionate term. Some of the most common terms of endearment in Spanish are: preciosa (*precious*); mi tesoro (*my treasure*); mi vida (*my life*); mi alma (*my soul*); mi corazón (*my heart*); mi amorcito (*my little love*); mi hijita (*my little daughter*).

The verbs **ir** *to go* and **dar** *to give* have the same irregularity as **estar** in the first person, the **yo** form.

IR *to go*   **DAR** *to give*

yo	**voy**	*I go*	*	yo	**doy**	*I give*
tú	**vas**	*you go*	*	tú	**das**	*you give*
Ud., él, ella	**va**	*you/he/she go(es)*	*	Ud., él, ella	**da**	*you/he/she give(s)*
Nosotros/as	**vamos**	*we go*	*	nosotros	**damos**	*we give*
vosotros	***vais***	*you (pl.) go*	*	*vosotros*	***dais***	*you (pl.) give*
Uds., ellos/as	**van**	*you, they go*	*	Uds., ellos/as	**dan**	*you, they give*

Observaciones

    a. The verb **ir** is followed almost always by the preposition **a** denoting destination.

    b. To ask ***where to*** you must say ***¿adónde...?***

    c. The form **vamos,** when followed by **a,** plus the infinitive form of a verb, may also mean **Let's,** as in *Let's eat:* ***¡Vamos a comer!***

Actividad 5

✍ A   Complete the following sentences with the forms of **ir, dar** or **estar.** Pay attention to the context to choose the correct verb.

    1. Ella _____ dinero a los pobres (*the poor*).

    2. Ellos no _____ dinero a los pobres.

    3. Ella _____ a su casa con su madre.

    4. Tú _____ al mercado con Rosita.

    5. ¿Adónde _____ ella?

    6. ¿Dónde _____ la mesera?

    7. Nosotros _____ a la universidad los lunes.

    8. Ella _____ su número de teléfono a los muchachos guapos solamente.

    9. Tu libro _____ aquí.

  10. ¿Cómo _____ Uds.? ¿Bien?

  11. ¡ _____ a comer!

B   Answer the following questions:

1. ¿Cómo estás ahora?
2. ¿Dónde están tus padres?
3. ¿Quién te da dinero cuando necesitas?
4. ¿Con quién vas a la fiesta?
5. ¿Dónde están los estudiantes de español?
6. ¿Con quién vas al restaurante los sábados?

The Contrast between *ser* and *estar*

These two Spanish verbs, **ser** and **estar** correspond to the English verb *to be*. They play different functions in Spanish and they are not interchangeable.

Their conjugations are:

SER   *soy, eres, es, somos, sois, son*
ESTAR   *estoy, estás, está, estamos, estáis, están*

Notice the contrast in usage between these two verbs:

Ser

Ser is used to describe characteristics that define what something or someone is:

Es un carro azul.   Miguel es un borracho.
Es un hombre viejo.   Su padre es un hombre cruel.
El problema es serio.   Argentina es muy grande y moderna.

Ser is used to express dates, times and the hours of the day:

Hoy es lunes. Mañana es martes y es mi cumpleaños.
Hoy es el cinco de mayo. Es muy importante.
Son las cuatro de la tarde.

Ser followed by **de** is used to show origin:

La chica **es de** Venezuela.   El chico **es de** Colombia.
¿De dónde es Ud.?   **Soy de** México.
¿De dónde son tus padres?   Mis padres **son de** España.
¿De dónde son los Beatles?   Ellos **son de** Inglaterra.

Ser also denotes nationality.

Él es peruano.
Nosotros somos norteamericanos.
Enrique Iglesias es español.

Ella es Chloe

Ella es Madison Alejandra

Ser is used to tell who or what (*identifies*) someone or something is:

Son dos niñas.
Son gemelas. *(twins)*
Son hermanas.

Ser is also used to indicate profession or political affiliation:

Él es médico. Ella es artista.   Pedro es agricultor.
María es conservadora.   Mi abuelo es abogado.
George Bush y su padre son políticos.

Ser is used to show ownership, possession:

Es mi libro.
Son mis plumas.

Ser is used to express kinship:

Pedro es mi tío y José es mi primo.
Él es mi cuñado. Sara Montiel es mi tía.

Ser is used to denote "***occurrence***" or ***place of event.*** In such cases **ser** is equivalent to "*to take place*" or "*to happen.*"

¿Dónde es la fiesta?   *Where is the party? Where is the party taking place?*

Estar

Estar is used to inform us of the location of people or objects:

La profesora **está** en la clase.
¿Dónde **están** nuestros padres?
Marisol **está** en México con sus abuelos.

Estar is used to express state of being (condition), that is, how someone is feeling ***currently.*** It also informs us in what condition something is currently:

Estoy nerviosa. No comprendo por qué.
Ella **está** en el hospital. Está muy enferma.
Nosotros **estamos** cansados y ocupados.
La casa **está** sucia (*dirty*).
El coche **está** descompuesto (*not running*).

Estar is used when it is implied that something *seems, looks, feels* or *becomes* as in the following examples:

a.	Marisol está un poco decaída.	*Marisol seems a little bit down.*
b.	Él está muy viejo ahora.	*He has become old.*
c.	El océano Pacífico es frío, pero hoy está más frío que nunca.	*The Pacific ocean is (normally) cold, but today it feels colder than ever.*

Estar sometimes is used to signal a **change,** a departure from the way something normally is. In this sense, the use of **estar + adjectives** connotes a contrast with a previous condition. The duration of the condition is not important. Some old grammar texts continue to use the contrast between **temporary** vs. **permanent** conditions. This is very misleading since some conditions may last forever and still be described with **estar.** For example, **él está muerto** (*he is dead*) describes a very long, lasting condition. The knowledge or the belief of the speaker, in many cases, determines if the condition is the usual one, or if it is being contrasted with previous ones believed to have been the norm.

Examples:

a.	Él es gordo.	*He is fat (this is the kind a person he is known to be).*
b.	Él está gordo.	*He is fat (he has become fat, in contrast to the way he normally was).*
c.	Mi café está frío.	*My coffee is cold (in contrast to being hot, which it is expected to be).*
d.	Ella es casada.	*She is married (she is a married woman).*
e.	Ella está casada.	*She is married (she is no longer single as she used to be).*

Actividad 6

Choose between **ser** and **estar** based on the clue you are given in parenthesis:

1. Él ___es___ un hombre muy viejo. (*It defines, describes characteristics*)
2. Pedro ___esta___ en la casa. (*location; where Pedro is*)
3. Mañana ___es___ martes. (*expresses time*)
4. Yo ___estoy___ muy cansado. (*current condition*)
5. Mi madre ___esta___ en el hospital. (*location*)
6. La chica ___es___ de la Argentina. (*origin, nationality*)
7. Nosotros ___somos___ estudiantes. (*identify someone or something*)
8. Ella ___es___ doctora. (*profession, ID*)
9. El café ___esta___ frío. (*denoting change or current condition*)
10. El chico ___es___ inteligente. (*describing inherited quality*)
11. Nosotros ___estamos___ en la clase de español. (*location*)
12. Rosa ___es está___ divorciada. (*a change of condition or marital status*)
13. Mi madre ___es___ de Italia. (*origin, where she is from*)
14. Mi madre ___esta___ en Italia. (*location, where she is now*)
15. Su casa ___es___ muy grande. (*describes characteristics*)
16. Maribel ___es___ mi tía. (*kinship, possession*)
17. ¿Dónde ___es___ la reunión? (*place of event*)
18. ___ES___ mi pluma. (*shows possession*)

Check your answers:

1. es   2. está   3. es   4. estoy   5. está   6. es   7. somos   8. es   9. está   10. es   11. estamos
12. está   13. es   14. está   15. es   16. es   17. es   18. es

CONVERSACIÓN SIMULADA   *Simulated Conversation*

La Vida de Gregorio

Marcos:	¡Hola, Gregorio! ¿Cómo estás?	*Hi, Gregorio! How are you?*
Gregorio:	Muy bien. ¿Y tú?	*Very well. And you?*
Marcos:	¡Fantástico! Malena está conmigo.	*Great! Malena is with me.*
Gregorio:	¿Dónde? Oh, ahí viene.	*Where? Oh, there she comes.*
	¡Hola, Malena! ¡Qué guapa estás!	*Hello, Malena! You look very good!*
Malena:	Y tú Gregorio ¡qué flaco estás!	*And you Gregorio, how skinny you look.*
	¿No comes nunca o qué?	*You never eat or what?*
Gregorio:	Sí como, pero hay mucho	*Yes, I eat but there is a lot of*
	trabajo y hay muchos problemas.	*work and there are a lot of problems.*
Marcos:	No es eso, hombre. Son las	*That's not it, man. It is the parties,*
	fiestas, las bebidas, la mala	*the drinks, the bad food and the bad*
	comida, los malos amores.	*love affairs.*
Malena:	Ay, Gregorio. ¡Qué vida! ¿Quién	*Ah, Gregorio. What a life! Who is*
	es tu novia por ahora?	*your girlfriend these days?*
Gregorio:	Es una chica muy especial. Es	*She is a very special girl. She is*
	muy bonita. Es muy inteligente, y	*very pretty. She is very smart, and*
	es de Venezuela. Se llama Ana.	*she is Venezuelan. Her name is Ana.*

Actividad 7

   A   Answer the following questions based on the **Conversación Simulada:**

How to Be

1. ¿Cómo está Gregorio?
2. ¿Cómo está Marcos?
3. ¿Quién está muy guapa hoy?   *who*
4. ¿Quién está flaco?

5. ¿Por qué está muy ocupado Marcos?
6. ¿Quién es Ana?
7. ¿Cómo es Ana?

B   **Complete the following:**

1. Yo **soy** de ___RAMONA___
2. Mis padres **son de** ___Seattle___
3. Estoy muy ___guapa___ hoy.
4. Mi madre es _____.
5. Mi madre **es de** _____.
6. Las personas en el hospital están _____.

7. Yo soy _____.
8. Yo estoy en _____.
9. Mi padre es _____.
10. Mi novio/a es un chico/a muy _____.
11. Mi tía Luisa **es de** _____.
12. Mi cuñada **es de** _____.

C   Ask a classmate the following questions:

1. ¿De dónde es tu padre?
2. ¿Es tu madre alta, mediana o baja?
3. ¿Qué es tu padre?
4. ¿Quién es tu novio/a?
5. ¿Cómo son tus abuelos?

6. ¿Cómo está tu madre hoy?
7. ¿De dónde eres?
8. ¿Qué eres?
9. ¿De qué color es tu coche?

D   Circle the appropriate verb: **ser** or **estar:**

1. Nosotros **somos/estamos** americanos.
2. El **es/está** enfermo.
3. Mi padre **es/está** policía.
4. Mi madre **es/está** de Kansas.
5. Yo **estoy/soy** muy bien.

6. Ahora él **está/es** en Buenos Aires.
7. El coche de Marcos **es/está** azul.
8. El libro **es/está** de Malena.
9. Julio Iglesias **es/está** de España.
10. Hoy **es/está** lunes.

La Argentina

Source: © Bettmann/CORBIS

COMPLETE THE FOLLOWING NARRATION. CHOOSE BETWEEN "SER" AND "ESTAR" ACCORDING TO THE CONTEXT:

La Argentina _____ en Sudamérica. _____ un país (*country*) muy grande. Los argentinos _____ personas muy simpáticas (*likeable*). La capital argentina se llama Buenos Aires. Buenos Aires _____ una ciudad muy cosmopolita y muy moderna. En Buenos Aires _____ la Avenida 9 de Julio. _____ la avenida más ancha (*widest*) del mundo.
Buenos Aires _____ el lugar de nacimiento del tango y de Evita Perón. En la Argentina _____ los gauchos. Los gauchos _____ como los vaqueros (*cowboys*) de los Estados.
La Argentina _____ entre Chile, Bolivia, Paraguay, el Océano Pacifico y el Océano Atlántico.

Datos:

Source: © Bettmann/Corbis

Juan Domingo Perón ex-presidente argentino

Juan Domingo Perón es de la Argentina. Su esposa, Evita Perón, es conocida en los Estados Unidos por medio de películas y obras teatrales.

La vida de Evita Perón ha sido (*has been*) objeto de mucha atención popular por su papel en la política argentina y su popularidad por intervenir en las causas sociales que aquejaban a la clase pobre de su país.

Source: © Horacio Villalobos/Corbis

Jorge Luís Borges

Jorge Luís Borges es de la Argentina. Es un famoso escritor. Es uno de los escritores contemporáneos de habla española con más fama en el mundo.

Él **era** (was) ciego. Hablaba (spoke) inglés muy bien porque su abuela **era** inglesa.

Muchos de los libros de Borges están traducidos al inglés.

Hay libros de Borges en inglés y en español en casi todas las bibliotecas de los Estados Unidos.

Source: © Reuters/CORBIS

Cultura popular

Enrique Iglesias

Enrique es el hijo de Julio Iglesias, uno de los cantantes españoles más famoso.

Enrique es cantante de canciones populares tanto en los Estados Unidos como en Latinoamérica. Él ha vendido miles y miles de sus producciones musicales.

Su padre, Julio, sigue siendo muy popular entre las personas mayores por sus baladas románticas y su voz melodiosa. Julio también ha triunfado tanto en los Estados Unidos como en España y en la América Latina. También es popular en Europa y un poco en Asia. Enrique es popular entre los jóvenes de origen hispano en los Estados Unidos, especialmente en las regiones donde viven muchos hablantes del español.

La quena y las zampoñas son instrumentos musicales andinos. Con la quena se toca la música tradicional andina, principalmente la música del Perú y de Bolivia. Puedes (*you can*) escuchar estos instrumentos por medio de la red (el internet) escribiendo "quena" o "kena" o **duodelsur.com** en los buscadores Yahoo o Google.

La quena y las zampoñas se construyen de caña.

La página de referencia

ANSWERING THE TELEPHONE

COMO CONTESTAR EL TELÉFONO

In different countries, the phone is answered in different ways. These are some of them:

México	*¿Bueno?*	España	*Dígame; diga*
Chile	*¿Aló?*	Bolivia	*¿Hola?*

SOME PHONE ETIQUETTE

Habla Rosendo. ¿Está Margarita?	*This is Rosendo. Is Margarita there?*
¿Con quién hablo?	*Who am I talking to? Who is this?*
¿De parte de quién?	*Who may I say is calling?*
De parte de Marcos.	*This is Marcos calling.*
Hola, Roberto. ¿Está Lucía?	*Hello, Roberto. Is Lucía there?*
Es una llamada a cobrar.	*It is a collect call.*
No, él no está en este momento.	*No, he is not here right now.*
¿Quiere dejar un mensaje?	*Would you like to leave a message?*
Dile (*informal*) que llamó su hermano.	*Tell him/her that his/her brother called.*
Dígale (*formal*) que llamó su hermano.	*Tell him/her that his brother called.*
Llame más tarde, por favor	*Call later, please.*
Está bien, voy a llamar más tarde, gracias.	*Fine, I am going to call later, thank you.*
¿A qué hora va a regresar?	*What time is he/she coming back?*
No lo sé.	*I don't know it.*

4

CAPÍTULO CUATRO

Vocabulary preview
The verbs *tener* and *venir*
Tener + que and *hay + que*
The comparatives
Superlatives
Lectura
Vocabulary: Around the house

Hay un dicho que dice . . .

En boca cerrada no entran moscas.
Silence is golden.

ECHEMOS UN VISTAZO AL VOCABULARIO *Vocabulary Preview*

Verbos *Verbs*

tener	*to have* ✓	venir	*to come* ✓	llegar	*to arrive* ✓
creer ✓	*to believe*	esperar ✓	*to wait*	haber*	*there is/are* ✓

*In the present tense the verb **haber** has one form only: **hay. Hay** means *there is* or *there are.*

Substantivos *Nouns*

Gente   *People*

la esposa	*wife* ∨	el, la gerente	*manager* ✓
el esposo	*husband* ✓	el hijo	*son*
la hija	*daughter* ✓	los hijos	*the children*

Cosas   *Things*

la alberca	*swimming pool*	la piscina	*swimming pool*
la tienda	*store*	el pan	*bread*
la llave	*key*	la pensión	*boarding house*
el mercado	*market*	la biblioteca	*library*
la habitación	*room*	el cuarto	*room*

Descriptive Words

barato	*inexpensive*	caro	*expensive*
pequeño	*small (size)*	chico	*small (size)*
mejor (-es)	*better*	mucho	*much*
el, la mejor	*best*	mayor	*older, major*
peor (-es)	*worse*	menor	*younger, minor*
el, la peor	*worst*	sólo	*only; just*

Más Palabras *Additional Vocabulary*

más	*more*	menos	*less*	tan . . . como	*as . . . as*
tanto . . . como	*as much as*	más que	*more than*	menos que	*less than*

Notice that the word *que* can be translated as *what, that, than, who, how* and *which* according to the context.

Cognados *User-Friendly Words*

la clase	el, la estudiante	el patio	el hotel	el piano
el supervisor	la supervisora	el restaurante	el menú	el/la dentista

EL VERBO *TENER* The Verb *Tener*

The verb **tener** has an irregular conjugation. It also has several translations in English. The most common usage of **tener** is equivalent to the English verb **to have** to denote possession. **Tener** is also used in many idiomatic expressions with different translations.

TENER *to have*

yo	**tengo**	*I have*	nosotros/as	ten**emos**	*we have*
tú	ti**e**n**es**	*you have*	~~vosotros~~	~~ten**éis**~~	*you (pl.) have*
Ud.	ti**e**n**e**	*you have*	Uds.	ti**e**n**en**	*you (pl.) have*
él, ella	ti**e**n**e**	*he, she has*	ellos, ellas	ti**e**n**en**	*they have*

Examples:

Tengo muchos problemas.	*I have many problems.*
La casa no tiene alberca.	*The house doesn't have a pool.*
No tenemos tiempo para nada.	*We don't have time for anything.*
Ellos tienen cuatro hijos.	*They have four children.*

The verb **venir,** *to come,* shares similar conjugation with *tener.*

VENIR *to come*

yo	**vengo**	*I come*	nosotros/as	ven**imos**	*we come*
tú	vi**e**n**es**	*you come*	~~vosotros~~	~~ven**ís**~~	*you (pl.) come*
Ud.	vi**e**n**e**	*you come*	Uds.	vi**e**n**en**	*you (pl.) come*
él, ella	vi**e**n**e**	*he, she comes*	ellos, ellas	vi**e**n**en**	*they come*

Notice that in the "yo" form **tener** and **venir** end in *-go*. Also notice that in the stem of these two verbs the **e** becomes an **–ie.**

Examples:

¿Qué días vienes a clase?	*What days do you come to class?*
Ellos vienen a clase muy cansados.	*They come to class very tired.*
Yo vengo a clase sólo cuando	*I come to class only when*
tengo tiempo.	*I have time.*

EN CONTEXTO

CONVERSACIÓN SIMULADA

Simulated Conversation

Héctor:	Buenos días, Mario.	*Good morning, Mario.*
Mario:	¿Cómo estás, Héctor?	*How are you, Hector?*
Héctor:	Bien. Oye, vengo de la casa de	*Fine. Listen, I am coming from*
	Enrique. Él tiene (la) gripe.	*Enrique's house. He has the flu.*
	Está muy enfermo. Su hermano	*He is very sick. His brother*
	también está muy mal.	*is also in bad shape.*
Mario:	¿Qué tienen?	*What's wrong with them?*
Héctor:	Tienen fiebre. Temperatura alta.	*They have a fever. High temperature.*
Mario:	Yo también tengo un poco de fiebre.	*I also have a little fever.*
	Creo que (*that*) estoy enfermo.	*I believe (that) I am sick.*
Héctor:	Tengo un primo que es médico.	*I have a cousin who is a doctor.*
	Él viene a mi casa esta noche.	*He is coming to my house tonight.*

Actividad 1

A Answer the following questions about the previous *Conversación:*

1. ¿Quién viene de la casa de Enrique?
2. ¿Cómo está Enrique?
3. ¿Qué tiene Enrique?
4. ¿Quién también está enfermo en la casa de Enrique?
5. ¿Quién tiene una fiebre muy alta?
6. ¿Quién cree que está enfermo también?
7. ¿Por qué cree Mario que él está enfermo?
8. ¿Quién tiene un primo que es médico?

B Fill the blanks with the forms of either **tener** or **venir,** whichever completes the thought better.

1. La mesa __tiene__ cuatro patas. *(legs)*
2. En la tienda _____ frutas.
3. El café _____ del Oriente (*the East*).
4. El estudiante _____ a la clase.
5. Nosotros estamos enfermos. _____ mucha fiebre.
6. El profesor está muy ocupado. El no _____ mucho tiempo libre.
7. Mi abuelo _____ a mi casa los domingos.
8. La estudiante _____ cuatro clases en la universidad.
9. La estudiante _____ a la universidad en su coche rojo.
10. Mario _____ problemas con la pronunciación de muchas palabras en inglés.
11. Es una casa grande. _____ piscina (*alberca in Mexico*).

C Ask a classmate:

1. ¿Qué cosas tienes en tu coche?
2. ¿Qué días vienes a la clase de español?
3. ¿Cuántos hermanos y hermanas tienes?
4. ¿Con quién vienes a la universidad?
5. ¿Tienes hijos?
6. ¿Tienes aquí las llaves de tu coche?
7. ¿Tienes un coche grande o pequeño?
8. ¿A qué hora vienes a la universidad?
9. ¿Vienes aquí para aprender o para matar (*to kill*) el tiempo?
10. ¿Qué días tienes clases de matemáticas?

TENER QUE

Tener + que becomes *to have to* connoting the necessity or advisability to act.

Tengo que terminar mi tarea.   *I have to finish my homework.*
Tenemos que estudiar más.   *We have to study more.*
¿Qué tienes que hacer mañana?   *What do you have to do tomorrow?*

HAY QUE

When there is no specific reference to a definite subject **hay + que** is used.

Hay que respetar a los abuelos.   *One must respect grandparents.*
Hay que estudiar para aprender.   *One must study in order to learn.*

Observación

Nota Grammatical: The verb **deber** is used to show obligation and may be closer to the English, *should, must* or *ought to.*

Debemos pagar la cuenta.   *We ought to pay the bills.*
Debes visitar a tus abuelos.   *You must (should) visit your grandparents.*

Actividad 2

✍ A   **Complete the following schedule writing what you have to do every day.**

For example: *El lunes tengo que ir al dentista*

Cosas que tengo que hacer   **Things I have to do**

El lunes _____
El martes _____
El miércoles _____
El jueves _____
El viernes _____

✍ B   **Complete the following statements. Use the verb that makes the most sense in the context of each sentence.**

pagar	trabajar	aprender	beber	leer	escribir	dar	ir
llamar	tomar	creer	llegar	ser	vivir	comer	

1. Esta noche tengo que _____ un cheque.

2. En esta clase los estudiantes tenemos que _____ más español.

3. Los autobuses tienen que _____ a tiempo (*on time*).

4. Mañana tengo que _____ por teléfono a mi madre.

5. Hay que _____ vitaminas para evitar (*avoid*) enfermedades.

6. Tengo que _____ mis cuentas todos los meses.

7. Mi padre tiene que _____ cuarenta horas por semana.

8. Hay que _____ honesto.

9. Los niños tienen que _____ buenos libros.

10. Hay que _____ frutas todos los días.

11. Tú tienes que _____ con tus padres porque no tienes mucho dinero.

12. Los niños tienen que _____ más leche, no más sodas.

13. Los ricos tienen que _____ parte de su dinero a los pobres.

14. Para recibir regalos tienes que _____ en Santa Claus (Papá Noel).

15. Uds. tienen que _____ a la casa de sus abuelos en la Navidad.

COMPARATIVOS *Comparatives*

Comparisons of inequality may be formed in English with *more than* or *less than* or by adding the suffix *–er* to some adjectives. For example, "She is *tall*" becomes "*She is taller than . . . ,*" "It is ugly" becomes "*It is uglier than . . . ,*" and so forth. In Spanish, the comparisons are formed as shown below.

NOTE: *Más de* or *menos de* is used to compare amounts or quantities.

Comparison of Inequality

The formula can be illustrated as follows: **MÁS** + AN **ADJECTIVE** OR AN **ADVERB** + **QUE**

Marta es **más** + *alta* + **que** su madre.
Diana es **menos** + *alta* + **que** su madre.

tall – alta	big – grande	small – pequeño	**Bajo** (*short*) measures height. **Corto** (*short*) measures length. **Largo** is *long,* not *large.*
taller –**más** alta	bigg**er** – más grande	small**er** – **más** pequeño	
long – largo	short – bajo	fast – rápido	
long**er** – **más** largo	short**er** – **más** bajo	fast**er** – **más** rápido	

Examples:

Mi padre es más alto que yo.   *My father is taller than I.*
Tu coche es más rápido que el de Juan. *Your car is faster than Juan's.*
El río Amazonas es más largo que   *The Amazon river is longer than*
el Mississippi.   *the Mississippi.*
Buenos Aires es más grande que   *Buenos Aires is bigger than*
Chicago.   *Chicago.*

The same formula may be used with nouns:

Tengo **más** <u>problemas</u> **que** tú.   *I have more <u>problems</u> than you.*
          noun

In affirmative statements referring to numbers, amount, or quantities, *more than* becomes **más de** or **menos de**.

Tengo **más de** diez lápices.	*I have more than ten pencils.*
Tengo **menos de** cien dólares en el banco.	*I have less than a hundred dollars in the bank.*
Estudio **más de** siete horas por día.	*I study more than seven hours per day.*

In negative statements often **más que** or **menos que** is used with amounts or quantities. But notice the change in translation:

No quiero **más que** dos.	*I want but two. I only want two.*
No quiero **más de** dos.	*I don't want more than two.*

Comparisons of Equality

a. To show equality in comparisons the formula **tan . . . como** is used. This is equivalent to the English *as . . . as.* **Tan** and *como* are invariable.

Ramón es **tan** alto **como** su padre.	*Ramón is **as** tall **as** his father.*
Tu coche es **tan** viejo **como** mi coche.	*Your car is **as** old **as** my car.*
Él habla **tan** bien* **como** el profesor.	*He speaks **as** well **as** the professor.*

*Remember that **bien** means well, not good. **Buen** or **bueno** means good.

b. When amounts or quantities are being compared, **tanto** is used. When **tanto** functions as an adjective it must agree in gender and number with the noun it is referring to.

Tú tienes **tantos** libros **como** yo.	*You have **as many** books as I do.*
En la clase hay **tantas** chicas **como** chicos.	*In the class there are **as many** girls **as** boys.*

c. When **tanto como** functions as an adverb it means **as much as.** In such cases it doesn't change with the noun:

Ella no estudia **tanto como** nosotros.	*She doesn't study **as much as** we do.*
Pablo come **tanto como** tú.	*Pablo eats **as much as** you do.*

Observación

Notice that in Spanish in such cases as *I drink as much as you do* , **Yo bebo tanto como tú,** the second part of the comparative doesn't need to repeat the verb or the auxiliary: *as much as you drink,* or *you do.*

Antonio y Salma

En la foto que sigue (*that follows*) Antonio Banderas es **más alto que** Salma Hayek, pero ella **es** mucho **más** atractiva **que** él.

Tanto Antonio **como** Salma son actores de habla hispana que trabajan en los Estados Unidos. Antonio Banderas **es tan** popular en los Estados Unidos **como** en España, su país de origen.

Salma Hayek ha hecho (*has made*) **más** películas en México **que** en España.

Antonio es de España. Salma es de México. Antonio es **tan** famoso **como** Salma. Ambos aparecen en la película *Desesperado*.

Source: © Douglas Kirkland/CORBIS

Irregular Comparative Forms of Certain Adjectives

Notice that these irregularities parallel some of the irregularities in English.

bueno	*good*	mejor	*better*	el (la) mejor	*best- the best*
malo	*bad*	peor	*worse*	el (la) peor	*worst- the worst*

Tú eres **mejor** que yo.	*You are better than I.*
Este café es **peor** que el café que	*This coffee is worse than the coffee*
tú preparas.	*you make.*
Enrique está **peor**.	*Enrique is in worse shape.*
Enrique es **peor** que tú.	*Enrique is worse than you.*

Joven means *young,* and **viejo** means *old.* They are, however, irregular when they denote difference in age. Notice that in these cases *más* or *menos* is not used.

joven	*young*	**menor**	*younger*	**el (la) menor**	*youngest*
viejo	*old*	**mayor**	*older*	**el (la) mayor**	*oldest*

Ejemplo:

Martha es mayor que Diana.	*Martha is older than Diana.*
Diana es menor que Martha.	*Diana is younger than Martha.*

When **viejo** refers to inanimate objects the form **más viejo** is used. In this case the opposite of **viejo** (*old*) is **nuevo** (*new*).

El coche de Cristina es **más viejo** que mi coche.	*Cristina's car is older than my car.*
Mi coche es **más nuevo** que tu coche.	*My car is newer than your car.*

Observación

Mayor also means *major* or *greater,* and **menor** is *minor* or *lesser* in sentences like:

Es un problema menor.	*It is a minor problem.*

Actividad 3

✍ A   Complete the following:

lujoso	caro	rápido	largo	como	alta
viejo	dinero	tantas	mayor	alto	grande

1. Un carro es más ___rápido___ que una bicicleta.
2. Una casa es más ___grande___ que un carro.
3. Yo tengo veinte dólares. Roberto tiene treinta. El tiene más ___dinero___ que yo.
4. Mi abuelo tiene setenta años. Mi padre tiene cuarenta. Mi abuelo es _____ que mi padre.
5. La casa de Marcos tiene cuatro dormitorios. La casa de Ana tiene tres. La casa de Marcos es más _____ que la casa de Ana.
6. Mi coche cuesta (*costs*) diez mil dólares. El coche de mi padre cuesta veinte mil. Su coche es más _____ que mi coche.
7. Una habitación por una noche cuesta cien dólares en el Hotel Presidente. En el Hotel La Quinta cuesta cien dólares también. El Hotel Presidente es tan _____ como el Hotel La Quinta.
8. El río (*river*) Nilo es mucho más _____ que el río Orinoco.
9. Alberto mide seis pies. Rosa mide cinco. Alberto es _____ que Rosa.
10. Mi coche es de 1998. El coche de mi profesor es del año 2000. Mi coche es más _____ que el coche del profesor.
11. Juan toma cuatro clases. Inés toma cuatro también. Juan toma _____ clases como Inés.
12. Yo tengo problemas con mi madre. Mi hermana tiene problemas con mi padre. Yo tengo tantos problemas _____ mi hermana.

✍ B   Replace the adjectives and adverbs with their opposite in the following list:

1. más largo   _____
2. más viejo   _____
3. más alto   _____
4. más pequeño   _____
5. menos de diez   _____
6. más interesante   _____
7. más barato   _____
8. mejor jugador   _____
9. peor amigo   _____
10. más fácil   _____
11. más caliente   _____

C   Working with a classmate use the vocabulary below to make comparisons between different objects and people in the classroom.

grande	largo	alto	pequeño	caro	barato	feo	mayor
nuevo	corto	bajo	joven	mejor	menor	viejo	

Ejemplo: *El profesor es mayor que yo.*

1.	9.
2.	10.
3.	11.
4.	12.
5.	13.
6.	14.
7.	15.
8.	

¡Averigua! Busca en la red   Search the Internet

Search the internet to find out the following information:

1. ¿Es Chile más largo o más corto en extensión que California?
2. ¿Es un hotel de lujo más caro en la Ciudad de México que en Buenos Aires?
3. ¿Es más barato o más caro volar de Los Ángeles o de Miami a Río de Janeiro?
4. ¿Es el Aconcagua (Argentina) más alto o más bajo que el Everest (Nepal)?

THE SUPERLATIVE CONSTRUCTIONS

To show the highest or lowest point between items compared, English uses the *–est, most* or *least.* Spanish uses the definite articles *el, la, los* and *las* before **más** or **menos.**

Heather es **la** (*chica*) **más** inteligente **de***
la clase.

Heather is the smartest girl in the class.

*Notice that **de** or **del** are used instead of **en.**

La lección cuatro es **la más** importante
del libro.
La Avenida 9 de Julio de Buenos Aires es
la más ancha (*wide*) **del** mundo.
Maradona es **el mejor** jugador de fútbol
del mundo.
El Paraguay es el país **menos** poblado
de Sudamérica.

*Lesson four is the most important
lesson in the book.*
*The Ninth of July Avenue in Buenos Aires
is the widest in the world.*
*Maradona is the best soccer player in
the world.*
*Paraguay is the least populated country
in South America.*

Observaciones

a. **Mejor** and **peor** normally *precede* the nouns they modify.

b. The plural form of **mejor** is **mejores.** The plural of **menor** is **menores.**
The plural of **peor** is **peores.** The preceding article indicates the gender.

Ejemplos:

1. Maradona es **el mejor** jugador.   *Maradona is the best player.*
2. Lucía Durcal es **la mejor** cantante   *Rocío Durcal is the best singer*
   de España.   *in Spain.*

c. Notice that in "*La lección cuatro es la (lección) más importante del libro*" the noun *lección* is not repeated. When the context is clear the noun may be omitted in the second part of the sentence.

Actividad 4

A   Working with a classmate complete the following thoughts:

_____ es la mejor actriz de Hollywood.

_____ es el mejor actor de Hollywood.

_____ es el país más poblado del mundo.

_____ es el edificio más alto de los Estados Unidos.

_____ es el mejor boxeador del mundo.

_____ es el deporte más popular del mundo.

_____ es el jugador de fútbol más famoso del mundo.

_____ es el mejor profesor de la universidad.

_____ es la lección más larga del libro.

_____ son los mejores estudiantes de la clase.

La avenida Nueve de Julio de Buenos Aires **es una de las avenidas más anchas y más largas del mundo.**

La avenida Nueve de Julio está en Buenos Aires, la capital de la Argentina.

¡Averigua! Busca en la red   Search in the Internet

1. ¿Cómo se llama el río más largo de la América del Sur y en que país o países está?
2. ¿Cómo se llama el país más grande de Sudamérica y cuántos habitantes tiene?
3. ¿Cómo se llama el cantante de tango más famoso de la Argentina y en que época vivió? Su primer nombre es Carlos.

LECTURA—LOS COMPARATIVOS

La Ciudad de México

Vocabulario de prelectura: todas — *all*   modernas — *modern*   personas — *personas;
people*   contaminación ambiental — *pollution*   congestionada — *congested*
país — *country*   industrializada — *industrialized*   dividido — *divided*   estado — *state*
calles — *streets*   ubicada — *located*   altura — *altitude*   pies — *feet*
fronteras — *border*   nivel del mar — *sea level*   comunicación — *communication*
porque — *because*   trabajo — *work*

Notice that some Mexicans call the dividing line between the USA and México **la línea**
instead of **la frontera.**

La ciudad de México es muy grande. Es una de las ciudades más grandes del mundo. Es más grande que Tokio. Es más grande que Nueva York. Pero como **todas** las ciudades **modernas** del mundo, la Ciudad de México tiene muchos problemas. Hay mucho **crimen** y hay mucha **contaminación ambiental.** La Ciudad de México está **ubicada** a una **altura** de 7.340 **pies** sobre el **nivel del mar.**

Más de 17 millones de personas viven en la Ciudad de México. Sumado con sus alrededores más de 30 millones de personas viven en el valle de México. Hay muchos carros en la ciudad y las **calles** están muy **congestionadas.** La Ciudad de México es muy cosmopolita. Tiene los mejores restaurantes y tiendas de todo el país.

Muchos mexicanos del **interior** vienen a vivir en la Ciudad de México. ¿Por qué? Porque en la ciudad de México hay más trabajos que en el interior del **país.** En los Estados Unidos Mexicanos hay **estados** muy pobres donde no hay mucho trabajo. También hay estados ricos muy **industrializados.**

México está **dividido** en treinta y un estados. Los estados mexicanos son:

1. Baja California Norte	11. Zacatecas	21. México
2. Baja California Sur	12. San Luís Potosí	22. Morelos
3. Sonora	13. Jalisco	23. Tlaxcala
4. Chihuahua	14. Aguascalientes	24. Puebla
5. Sinaloa	15. Colima	25. Oaxaca
6. Coahuila	16. Michoacán	26. Veracruz
7. Durango	17. Guanajuato	27. Chiapas
8. Nuevo León	18. Querétaro	28. Tabasco
9. Tamaulipas	19. Hidalgo	29. Campeche
10. Nayarit	20. Guerrero	30. Quintana Roo
		31. Yucatán

Los Estados Unidos tiene **fronteras** con varios estados mexicanos. Ellos son Sonora, Chihuahua, Coahuila, Tamaulipas y Nuevo León. El estado de Baja California Norte también tiene frontera con los Estados Unidos. Hay mucha comunicación entre los bajacalifornianos y los norteamericanos **porque** miles y miles de turistas estadounidenses visitan Baja California.

El turismo es parte de la industria nacional de gran importancia en los estados fronterizos para ambos países.

✍ After reading the **Lectura** choose between *verdad* y *falso* to show your understanding of its content:

1. La Ciudad de México es más pequeña que Nueva York.   V   F

2. La ciudad de México es una de las ciudades más grandes del mundo.   V   F

3. Más de 30 millones de personas viven en la Ciudad de México y sus
   alrededores.   V   F

4. En la Ciudad de México hay mucho crimen.   V   F

5. La Ciudad de México tiene mucho crimen porque es muy pequeña y no
   es muy moderna.   V   F

6. México está dividido en 51 estados.   V   F

7. La frontera entre México y los Estados Unidos es *la línea.*   V   F

8. La Ciudad de México está ubicada a más de siete mil pies sobre
   el nivel del mar.   V   F

9. Tijuana es la ciudad más grande de México.   V   F

10. Las calles de la Ciudad de México están muy congestionadas porque
    hay muchos carros y millones de personas.   V   F

Mapa de México

Tarea
Identifica por lo menos cinco estados
mexicanos.

1.
2.
3.
4.
5.

Cultural Note

Mexico City is like Washington D.C. It is a federal district. Because of this fact many people would say **el D.F.** (el "de", "efe") when talking about the city. The full name of Mexico is **Los Estados Unidos Mexicanos.** The country is divided in thirty-one states and one federal district.

Notice the use of the letter "**x**" in the spelling of the names of some cities and states in Mexico. In these cases, the "**x**" is pronounced like a Spanish "**j**." The closest, but not quite similar pronunciation found in English, is the "**h**" as in **h**ouse. Thus, **Texas** is pronounced *Tejas. Oaxaca* is *Oajaca.*

Actividad 5

 Ask the following questions to a classmate:

1. ¿Cómo se llama la ciudad más grande del mundo?

2. ¿Cuántas personas viven en la ciudad de México?

3. ¿Es la Ciudad de México una ciudad moderna o no?

4. ¿Por qué hay mucha congestión en las calles de la ciudad?

5. ¿Cuántos estados tiene México?

6. ¿Quién tiene los mejores restaurantes y las mejores tiendas del país?

7. ¿Cuáles son los estados que tienen fronteras con los Estados Unidos?

8. ¿Qué es *la línea?*

9. ¿Es la Ciudad de México más pequeña o más grande que Buenos Aires?

10. ¿Qué problemas tiene México que es **similar** a las ciudades industrializadas y grandes?

11. ¿Qué significa el **D.F.** (*el de efe*)?

12. ¿Dónde viene a buscar trabajo (*to look for*) mucha gente del interior de México?

Datos: * México tiene una población de 106 millones de habitantes.
* México es el país con el mayor número de hablantes de español.
* La selección nacional de fútbol de México es conocido come el "tri".
* Esta selección está entre los 20 mejores equipos de fútbol del mundo y goza de enorme apoyo popular.
* México ha firmado acuerdos de tratado de libre comercio con más de 40 países.

La página de referencia

Vocabulario Functional Practico

EN LA CASA		AROUND THE HOUSE	
HERRAMIENTAS	*TOOLS*	*EN LA COCINA*	*IN THE KITCHEN*
martillo	*hammer*	cocina a gas	*gas range*
serrucho	*saw*	cocina eléctrica	*electric range*
mazo	*mallet*	horno	*oven*
clavo	*nail*	cubiertos	*dishes*
madera	*wood*	cuchillo	*knife*
desarmador	*screwdriver*	cuchara	*spoon*
destornillador	*screwdriver*	tenedor	*fork*
taladro	*drill*	plato	*plate*
taladro	*electric drill*	platillo	*saucer*
eléctrico		taza	*cup*
tornillo	*screw*	vaso	*glass; vase, cup*
pala	*shovel*	bandeja (charola)	*tray*
rastrillo	*rake*	jarra	*jar*
azada	*hoe*	tetera	*teapot*
basurero	*trash can*	sartén (paila)	*frying pan*
cesta de basura	*trash can*	olla	*pot*
bolsa de	*plastic bag*	lavaplatos	*dishwasher*
plástico		lavarropa	*washer*
alicate	*pliers*	lavar	*to wash*
tijeras	*scissors*	ropa	*clothing*
tenaza	*pliers or tines*	secadora	*drier*
		secar	*to dry*
taller	*shop*	trapo	*rag*
eléctrico	*electric*	detergente	*detergent*
aceite	*oil*	jabón	*soap*
cortar	*to cut*	cocinar	*to cook*
agujerear	*drill or make hole*	lavar	*to wash*
clavar	*to nail*	enjuagar	*to rinse*
cortar el	*to mow the lawn*	hervir (e:ie)	*to boil*
zacate (césped)	*grass*	asar	*to roast*
cuerda	*string; cord*	hornear	*to put in the oven*
hierro	*iron*	lavabo	*sink*
acero	*steel*	escoba	*broom*
plástico	*plastic*	batidora	*blender*
metal	*metal*	colador	*colander; strainer*
llave	*wrench*	aspiradora	*vacuum cleaner*
llave de tuerca	*wrench*	balde	*bucket*
tuerca	*nut*	trapeador	*mop*
arandela	*washer*	cesta (canasta)	*basket*

5

CAPÍTULO CINCO

Vocabulary preview
The idiomatic uses of the verb *tener*
Stem-changing verbs: *e:ie*
Functional vocabulary
Expressing the future with the *ir + a + verb* construction
Ordinal numbers
Cultural notes: About dates and numbers
Reading: *EL VIAJE DE ISABEL*
General review: *Chapter One through Chapter Five*

Hay un dicho que dice . . .

El hombre propone y Dios dispone.
Man proposes and God disposes.

ECHEMOS UN VISTAZO AL VOCABULARIO *Vocabulary Preview*

VERBOS *Verbs*

cerrar (e:ie)	*to close*	preferir (e:ie)	*to prefer*
comprar	*to buy*	querer (e:ie)	*to want, to love*
desayunar	*to eat breakfast*	perder (e:ie)	*to lose*
viajar	*to travel*	entender (e:ie)	*to understand*
comenzar (e:ie)	*to begin, to start*	empezar (e:ie)	*to begin, to start*

Expressions with the Verb *Tener* *(Used Only with Living Things)*

tener calor	*to be hot*	tener hambre	*to be hungry*
tener frío	*to be cold*	tener sed	*to be thirsty*
tener cuidado	*to be careful*	tener prisa	*to be in a hurry*
tener sueño	*to be sleepy*	tener razón	*to be right*
tener miedo	*to be afraid*	tener ganas de	*to feel like doing (something)*
tener 20 años	*to be twenty (years of age)*	tener celos	*to be jealous*

COSAS *Things*

la comida	*food*	la iglesia	*church*
el almuerzo	*lunch*	el mes	*month*
el desayuno	*breakfast*	el piso	*floor*
la merienda	*snack*	la revista	*magazine*
la cena	*dinner*	la semana	*week*
la cárcel	*jail*	la toalla	*towel*
el cine	*movie theater*	la escuela	*school*
el jabón	*soap*	el dueño/la dueña	*owner*

Additional Vocabulary

esta noche	*tonight*	¿De veras?	*Really?*
para	*for, in order to*	¡No me digas!	*You don't say!*

COGNADOS *Cognates*

las vacaciones	*vacation*	la educación	*education*
interesante	*interesting*	la oficina	*office*
el concierto	*concert*	importante	*important*
de vacaciones	*on vacation*	emocionante	*exciting*

THE VERB "TENER"

Idiomatic Uses of the Verb *Tener*

The verb *tener,* normally means *to have,* but it is also used with certain nouns in place of the verb *ser* or *estar.* Notice that in English you would say *I am hungry* while in Spanish one says *I have hunger:* **tengo hambre.**

Use *tener* with the nouns listed here:

tener __ años	*to be____ years old*	**tener hambre**	*to be hungry*
tener calor	*to be hot*	**tener prisa**	*to be in a hurry*
tener cuidado	*to be careful*	**tener sed**	*to be thirsty*
tener frío	*to be cold*	**tener razón**	*to be right*
tener miedo	*to be afraid*	**tener celos**	*to be jealous*
tener sueño	*to be sleepy*	**tener ganas de**	*to feel like doing something*

Gender of these nouns used with *tener:*

el año	el calor	el frío	el miedo	el (la) hambre
la sed	la prisa	la razón	el sueño	los celos

These nouns do not change gender.

Examples:

1. El niño tiene frío.	*The child is cold.*
2. Tenemos hambre.	*We are hungry.*
3. ¿Tienes tú prisa?	*Are you in a hurry?*
4. ¿Cuántos años tiene tu padre?	*How old is your father?*
5. Tengo mucho sueño.	*I'm very sleepy.*

Notice that here we are saying *How many years does your father have?* Also notice that to modify these nouns you need to use **mucha** or **mucho** instead of (very) **muy.**

Tener Ganas De + Verb. This construction is used to express what a person feels like doing.

Tengo ganas de bailar.	*I feel like dancing.*
No tengo ganas de estudiar.	*I don't feel like studying.*
No tengo ganas de hacer nada.	*I don't feel like doing anything.*
¿Qué tienes ganas de hacer?	*What do you feel like doing?*

Actividad 1

✍   A   Complete the following:

1. En el invierno tengo _____.

2. En el verano normalmente tengo _____.

3. Mi padre _____ 65 años.

4. ¿Tienes tú frío o _____.

5. ¿Tienes tú _____ del perro grande?

6. Necesito una manta. Tengo _____.

7. Cuando estoy en la playa tengo _____.

8. No tengo mucho tiempo. Tengo _____.

9. Estoy cansado. Tengo _____.

10. Mi hermana tiene 24 años. Yo _____ 19 años.

11. Cuando tengo calor tengo ganas de _____.

 B   Ask a classmate the following questions:

1. ¿Cuántos años tiene tu madre?

2. ¿Qué bebes cuando tienes mucha sed?

3. ¿De qué tienes miedo?

4. ¿Qué comes cuando tienes mucha, mucha (or *muchísima*) hambre?

5. ¿Tienes frío o calor ahora?

6. ¿Quién tiene razón siempre, los padres o los hijos?

7. ¿A quién llamas cuando tienes miedo?

Datos: Cuando hablamos de la temperatura en los países hispanos usamos grados centígrados (el sistema Celsius). Para convertir el Celsius al Fahrenheit tienes que multiplicar la temperatura por 1.8 y sumarle 32. Por ejemplo: 10 centígrados x 1.8 es igual a 18. 18 + 32 = 50 grados Fahrenheit.

Cuando es invierno en los Estados Unidos, es verano en la América del Sur. Por ejemplo, la temperatura media en Asunción, Paraguay en el mes de diciembre es de 40 grados centígrados. Eso significa que allí hace mucho durante la Navidad.

La temperatura normal del cuerpo humano es de 37 centígrados, es decir 98.7 grados Fahrenheit.

STEM-CHANGING VERBS

A group of verbs conjugated in the present indicative change the stem or root. In these verbs, the **e** in the next to the last syllable changes into **ie.** The endings change as usual according to the performer of the action.

Pensar *to think* **or** *to plan to*

yo	p**ie**nso	nosotros/as	p**e**nsamos
tú	p**ie**nsas	vosotros	p**e**nsáis
Ud.	p**ie**nsa	Uds.	p**ie**nsa
él, ella	p**ie**nsa	ellos, ellas	p**ie**nsan

Notice that the "we" and "you (pl.)" forms of the verb **don't undergo** a stem change. All irregular verbs in the present indicative become regular in the *nosotros* and *vosotros* conjugation.

The following verbs change their stem from **e** into **ie:**

cerrar	*to close*	entender	*to understand*
comenzar	*to start, to begin*	perder	*to lose*

empezar	*to start, to begin*	querer	*to want*
preferir	*to prefer*	querer a *	*to love*

el profesor y la pizarra

Noten que el verbo "cerrar" es irregular. La "e" cambia a "ie" cuando conjugamos en el presente indicativo

NOTE: When * *querer* is followed by the personal **a** and the object of the verb is a person or persons it doesn't mean *to want* but *to love.*

    a. Yo quiero a María.   *I love María.*
    b. Yo quiero el libro.   *I want the book.*

When you love an object you would say *Me encanta* or *Me gusta mucho.*
Me encanta la comida española.   *I love Spanish food.*

Note also that **tener** and **venir** belong to the **ie** stem-changing group with the exception that they are also irregular in the first person: *yo tengo, yo vengo,* but *tú tienes, tú vienes.*

Actividad 2

   A   Complete the following sentences using one of the **ie** changing verbs.

1 Ella _____ la puerta porque tiene frío.

2. La clase _____ a las nueve y termina a las diez.

3. Ellos no _____ la lección. Es muy difícil.

4. ¿Dónde están? Tú siempre _____ las llaves.

5. Él _____ mucho **a** María. Ella es su gran amor.

6. No me gusta el té. Yo _____ el café con leche.

7. Él no habla inglés. Yo no _____ a José.

8. Nosotros (querer) _____ un coche nuevo.

9. Nosotros (preferir) _____ una casa nueva.

10. Ud. no _____ tiempo para estudiar.

   B   Ask a classmate half of the following questions; he/she will ask you the rest.

1. ¿A qué hora empieza tu clase de historia?

2. ¿Qué prefieres beber cuando tienes sed?

3. ¿Cierras o abres la ventana cuando tienes frío?

4. ¿Pierdes a menudo tus tareas de la clase?

5. ¿A qué hora empieza tu trabajo?

6. ¿Qué prefieres comer cuando tienes hambre?

7. ¿A quién no entiendes a menudo?

8. ¿Qué tipo de restaurantes prefieres? ¿Mexicano, chino o italiano?

9. ¿Cuándo cierras las ventanas en tu casa?

✎   C   Complete the following expressing preferences and obligations:

1. Martín quiere ir al cine, pero tiene que _____

2. Ana prefiere mirar la televisión, pero hoy tiene que _____

3. Pedro **tiene ganas de** ir a la playa, pero tiene que _____

4. Yo deseo ir de vacaciones pero tengo que _____

5. Elisa quiere ir al baile, pero tiene que _____

6. Nosotros no tenemos ganas de **hacer** *(to do)* nada, pero tenemos que _____

7. Prefiero caminar en la playa, pero hoy tengo _____ porque llueve.

8. Preferimos mirar un **partido de fútbol (*soccer game)*, pero tenemos que _____ porque mañana tenemos un examen.

9. Queremos ir a un concierto de rock, pero tenemos que _____ porque no tenemos dinero.

10. Rubén quiere **jugar al fútbol** *(*play soccer)*, pero **no puede** *(he cannot)* porque hoy él tiene que _____ su cuarto y ayudar a su madre en la casa.

11. Uds. no tienen ganas de estudiar, pero van a _____ porque tienen que _____ una **A** para sus **becas** *(*scholarships)*.

VOCABULARIO PRÁCTICO FUNCIONAL

Expressions of courtesy to be used in different situations:

Con permiso	*Excuse me (when asking permission to do something).*
Discúlpeme	*Excuse me (when asking to be forgiven).*
Lo siento mucho	*I am very sorry.*
¡Felicitaciones!	*Congratulations!*
¡Que lo cumplas feliz!	*Have a happy birthday!*
¡Qué bien!	*That is wonderful!*
¡Buen provecho!	*Good appetite!*
¡Perdón!	*Forgive me!*
¡Qué lastima!	*What a pity!*
¡Qué chévere!	*How nice!*
¡Qué bueno!	*How nice!*
¡Qué chulo!	*How cute!*
Mis pésames	*My condolences!*
Está bien/Vale	O.K.

Use these expressions every time you can. They will make you appear courteous and caring!

¿QUÉ DIRÍAS EN LAS SIGUIENTES SITUACIONES? *What would you say in the following situations?*

1. You stepped on somebody's foot.
2. You are admiring a baby.
3. Somebody told you he had an accident.
4. You want to be excused to leave a room.
5. It is your friend's birthday.
6. You came upon a friend who is having dinner.

EXPRESSING THE FUTURE WITH *IR + A + THE INFINITIVE* FORM OF A VERB

Future actions may be expressed with the *ir + a + verb* form. First let's review the verb *ir* (*to go*). Notice that the **to be** verb (*ser* or *estar*) is not used in this construction.

IR to go

yo	**voy**	nosotros/as	**vamos**
tú	**vas**	vosotros	**vais**
Ud. él, ella	**va**	Uds., ellos, ellas	**van**

Examples:

1. Yo **voy a** comer.   *I am going to eat.*
2. Tú **vas a** trabajar.   *You are going to work.*
3. Nosotros **vamos a** beber.   *We are going to drink.*
4. Mañana él **va a** venir aquí.   *Tomorrow he is going to come here.*

NOTICE that a literal translation such as *I go to (to) eat (Voy a comer)* would not make sense in English, but this is the Spanish construction used to express the future. The *I will* form will be studied later.

El estudiante <u>va a explicar</u> su tarea de química.
El está muy nervioso pero <u>va a pretender</u> que tiene la tarea preparada.

El profesor le <u>va a escuchar</u> muy atentamente porque le <u>va a dar</u> una nota basada en su preparación.
El estudiante cree que <u>va a recibir</u> una A. El profesor piensa que le <u>va a dar</u> una B.

Actividad 3

   A   Complete the following sentences reflecting an activity planned for the future:

1. Mañana yo ___ __ _____ la tarea para la clase.

2. El lunes tú no ___ __ _____ a clase porque vas a estar enfermo.

3. Ud. no ___ __ _____ porque no tiene hambre.

4. Ella ___ __ _____ agua porque tiene mucha sed.

5. Pedro ____ __ _____ mucho porque tiene un examen mañana.

6. Nosotros _____ __ _____ al cine para ver la película (*film*) "Titanic".

7. Uds. ____ ___ _____ la Biblia.

8. Ellos ____ __ _____ en un restaurante mexicano.

   B   Tell us what you are going to do this week.

¿Qué vas a hacer *(to do)* **esta semana?**

1. El lunes _____

2. El martes _____

3. El miércoles _____

4. El jueves _____

5. El viernes _____

> **Hacer** means "*to do*" **or** "*to make*". It is irregular only in the first person: *hago, haces, hace, hacemos, hacen. ¿Qué vas a hacer?* means *What are you going to do?*

   C   Ask a classmate the following questions:

1. ¿Qué vas a hacer mañana por la noche?

2. ¿Cuándo vas a comprar un coche nuevo?

3. ¿A que hora vas a venir aquí mañana?

4. ¿Por qué vas a venir aquí mañana?

5. ¿Cuándo vamos a ir a beber en la cantina?

6. ¿Vas a ir a México o España en el futuro?

7. ¿Cuándo vamos a tener un examen en esta clase?

8. ¿Vas a tomar una clase de español el próximo semestre?

   D   Averigua en la red:

1. ¿De que parte de México es Thalía?

2. ¿Cuántos años tiene?

3. ¿Cómo se titula su último CD?

4. ¿Dónde puedes comprar los discos compactos con sus canciones?

5. ¿Cuáles de sus canciones te gustan?

6. ¿Tienes tú un disco compacto con su música?

Thalía—bella cantante mexicana.

Source © Reuters/CORBIS

7. ¿Cuándo es su próximo concierto en los Estados Unidos?

8. ¿Cuántos sitios se refieren a ella en la red?

ORDINAL NUMBERS

primero*	*first*	sexto	*sixth*
segundo	*second*	séptimo	*seventh*
tercero*	*third*	octavo	*eighth*
cuarto	*fourth*	noveno	*ninth*
quinto	*fifth*	décimo	*tenth*

Ordinal numbers can be either masculine or feminine depending on the gender of the nouns they modify.

*Primero and **tercero** drop the **o** when they precede a singular masculine noun.

Soy el primero.	*I am the first.*	Soy el primer hombre.	*I am the first man.*
Soy el tercero.	*I am the third.*	Soy el tercer hombre.	*I am the third man.*

Examples:

1. La primer**a** cas**a** es azul — *The first house is blue.*
2. El prim**er** libr**o** es fácil. — *The first book is easy.*
3. La quint**a** sill**a** es alt**a**. — *The fifth chair is high.*
4. El quint**o** niñ**o** es fe**o**. — *The fifth child is ugly.*

NOTE: The ordinal numbers are seldom used beyond the tenth. Also they are used only on the first day of the month: *el primero de diciembre*. After the first day the cardinal numbers are used: *el dos de diciembre, el tres de diciembre* and so on.

Actividad 4

✍ Complete the following sentences:

1. El _____ hombre se llama Adán.

2. La _____ mujer se llama Eva.

3. El _____ día de la semana es lunes.

4. Enero es el _____ mes del año.

5. Marzo es el _____ mes del año.

6. El jueves es el _____ día de la semana.

7. Agosto es el _____ mes del año.

ACTIVIDADES FUERA DE LA CLASE *Acquisition Activities Outside the Classroom*

Actividades en la red   Working in the Internet

Visit Spain on the Internet and find out what are the major religious holidays. Write, in Spanish or English, a brief report about what you found out. Working in Spanish, some of the major headlines on the Net could be: *La Semana Santa, El Día de Todos los Santos, Los desfiles o procesiones, La Virgen María, Las Pascuas, La Navidad.*

Questions to be answered in the report:

1. la fecha
2. el país
3. el nombre del santo o la celebración
4. la forma de la celebración (procesiones, fiestas, misas, etc.)
5. algunos detalles interesantes o inesperados
6. ¿Qué festividad es similar en tu país?
7. ¿cuánto dura?
8. ¿quiénes asisten?
9. ¿Es de origen indígena o europeo?
10. ¿Cómo se compara a las fiestas religiosas en los Estados Unidos?

Datos: Nearly 90% of Mexicans are members of the Catholic Church. Some religious celebrations in México have traces of indigenous practices mixed with the Christian holidays. A good example is the Días de los Muertos.

Cultural Note

About Numbers and Dates

In Spanish, the first floor is **la planta baja.** The second floor is **el primer piso** or **la primera planta.** The first day of the week is *lunes* (Monday), and the first season of the year is *la primavera* (Spring). *A week from today* is **De hoy en ocho,** which literally translates as *Eight days from today. In two weeks* is **De hoy en quince** which literally translates as *Fifteen days from today.*

Don't forget that in Spanish we write a comma instead of a period for decimals: 2,50 is 2.50.

Religion and Holidays

Latin America and Spain are eminently Roman Catholic. Catholic beliefs permeate every aspect of the life of Spanish speaking societies. Many of the most respected holidays are religious holidays.

El primero de enero	Año Nuevo—*New Year*
Marzo o abril	La semana santa—*The Holy Week.*
El primero de noviembre	El día de todos los santos—*All Saints Day*
El dos de noviembre	El día de los muertos—*Day of the Dead*
El doce de diciembre	El día de la Virgen—*The Day of the Virgin Mary*

In different countries certain saint's days are celebrated with a holiday. Especially, the day of the patron saint of the country. The Day of the Virgin Mary, mother of Jesus, is celebrated either in December or any other date in which it is reported that she appeared to people. In México, the Virgin Mary, **La Virgen de Guadalupe,** manifested herself to an Indian on the 12th of December.

On this day hundreds of people go on pilgrimages to the shrines of the Virgin. Many would walk for miles on their knees to show appreciation for help received from the Virgin. The Virgin Mary occupies a prominent position in the rituals and devotions of every day life of the Spanish speaking Catholics. Almost every house will have an icon of the Virgin Mary. Some middle class families would actually have a small shrine in a separate room. Burning candles and placing flowers (often artificial flowers) in front of an image is very common in these shrines.

During the *Semana Santa (The Holy Week),* which in some countries lasts a whole week, elaborate processions and parades are held depicting some scenes of the passion of Christ.

Some of these religious celebrations and rituals contain unmistakable pagan roots. Even though images or statues of Christ on the cross and of the Virgin Mary abound there are also elements of pre-columbian religious practices, such as bringing food to the grave for the dead.

People visiting the private shrines of families have commented that Christ is most frequently depicted on the cross with bleeding wounds. The next most common image is that of the *Sagrado Corazón de Jesús* (Sacred Heart of Jesus). The heart is normally shown alone or appearing in the body of Christ amidst glowing sparks of light. Many of the prayers address this *Sagrado Corazón de Jesús* requesting favors, or protection.

LECTURA *Reading*

El Viaje de Isabel

Read the following and then answer the questions below:

Isabel quiere viajar a México pero **tiene miedo.** No quiere viajar sola, pero su novio, David, no puede *(he cannot)* ir con ella. David **tiene que** trabajar de lunes a sábado porque **tiene que** pagar *(to pay)* por su carro nuevo. Los padres de Isabel dicen *(they say)* que ella no debe ir sola. Ahora Isabel piensa ir a México con un programa de su iglesia, así *(this way)* no tiene que ir sola.

Isabel **va a estar** en México por un mes. Ella **va a vivir** en una pensión con una amiga. En la pensión *(boarding house)* **van a servir** desayuno y almuerzo gratis, pero Isabel **tiene que** preparar su cena. Su madre le dice *(says to her)* que ella **tiene que** llevar toallas, jabón y dinero extra.

   —Tienes que **tener** mucho **cuidado** en México. Si **tienes sed** debes beber agua de una botella—le dice la madre a Isabel.

Isabel les *(to them)* dice a sus amigas que ella **va a ir** a México para beber y bailar porque en México ella puede *(can)* beber bebidas alcohólicas. Isabel tiene 19 años.

Isabel no habla mucho español, pero su madre le dice que en México muchas personas hablan inglés, especialmente en las tiendas y restaurantes. Ahora Isabel está trabajando 30 horas por semana para ganar *(to earn)* más dinero para su viaje *(trip)* a México.

   Answer the following questions in Spanish:

1. ¿Adónde quiere viajar Isabel?
2. ¿Quién es David?

3. ¿Por qué no puede viajar David con Isabel?

4. ¿Qué dicen los padres de Isabel?

5. ¿Cuánto tiempo va a estar Isabel en México?

6. ¿Dónde va a vivir Isabel?

7. ¿Qué van a servir en la pensión?

8. ¿Qué necesita llevar Isabel a México?

9. ¿Qué va a hacer Isabel en México?

10. ¿Por qué no puede beber Isabel en los Estados Unidos?

11. ¿Cuántas horas por semana está trabajando Isabel?

12. ¿Por qué está trabajando mucho Isabel?

GENERAL REVIEW

Del *Capítulo Uno* al *Capítulo Cinco*

Repaso Oral

 Ask half of the following questions to a classmate. Change roles and answer the rest of the questions.

1. ¿Eres alto o eres bajo?
2. ¿Quieres practicar español o prefieres hablar inglés ahora?
3. ¿Qué quieres hacer hoy?
4. ¿Vas a venir a la universidad mañana?
5. ¿Qué vas a hacer el sábado y el domingo que viene?
6. ¿Dónde vas a cenar esta noche?
7. ¿Cuántos años piensas estudiar español?
8. ¿Qué días de la semana trabajas?
9. ¿Qué día va a ser de hoy en ocho?
10. ¿Sabes (*Do you know*) cuándo vamos a tener un examen de español?
11. ¿Cuántas horas estudias cada (*each*) día?
12. ¿Quieres comprar un coche nuevo o uno usado?
13. ¿Vives cerca o lejos de tu trabajo?
14. ¿Qué días de la semana vas a ir a la biblioteca?
15. ¿Qué vas a hacer el verano que viene?
16. ¿De qué estado (*state*) son tus padres?
17. ¿Almuerzas (*eat lunch*) en la cafetería o en un restaurante?
18. ¿A qué hora cenas normalmente?
19. ¿Adónde vas a ir esta noche?
20. ¿Cuántas horas estudias por semana?

Integración de Temas Gramaticales

La vida de Javier

Javier es un muchacho muy trabajador y estudioso. Él trabaja 30 horas por semana y estudia 20 horas. Él **va a completar** sus estudios (*studies*) en menos de dos años. Gracias a Dios, él vive cerca de la universidad y de su trabajo. Javier no **tiene que** manejar mucho. Los fines de semana, sábado y domingo, él trabaja quince horas. Porque Javier no tiene mucho dinero el desayuna, almuerza y cena en su casa. No tiene dinero para los restaurantes. Ahora Javier **está estudiando** y **escuchando** (*listening to*) música en su casa. Él **tiene hambre** y **sed.**

Después de estudiar por tres horas Javier **va a cocinar** *(cook)*. Después de comer Javier **va a llamar** a su amigo Juan Carlos y ellos **van a ir** a un concierto. Ellos **tienen que regresar** a la casa de Javier temprano porque **tienen que estudiar** juntos. Javier **quiere** recibir una "A" en el examen de historia.

Javier tiene 21 años. El quiere completar sus estudios en dos años y espera trabajar en una corporación para ganar *(earn)* mucho dinero.

Underline the correct answer based on the reading of the selection above. Cross out any incorrect statements.

1. Javier es muy flojo *(lazy)*.
2. Él trabaja pocas horas por semana.
3. Él va a completar sus estudios en menos de una semana.
4. Javier vive lejos de la universidad.
5. Él vive cerca de su trabajo.
6. Él tiene que manejar pocas millas a su trabajo.
7. Javier no tiene que trabajar los fines de semana.
8. Normalmente él come en un restaurante.
9. Ahora él está estudiando en la universidad.
10. Javier va a llamar a su madre para ir a un concierto.
11. Él va a cocinar.
12. Javier y Juan Carlos tienen que estudiar juntos.
13. Javier tiene treinta y un años.
14. Él quiere trabajar en una corporación y ganar mucho dinero.

✍ Write the English translation of the following verbs, and then conjugate them in the "yo" and "tú" forms.

preferir	perder	querer	pensar
necesitar	esperar	llegar	beber
empezar	terminar	hacer	dar
venir	comer	llamar	ser
ir	escribir	recibir	
entender	llevar	recomendar	

✍ Complete the following sentences. Use the vocabulary that best completes the meaning of each sentence in their context:

porque	*cuando*	*escuela*	*dónde*	*toallas*	*más tarde*
concierto	*quién*	*almorzar*	*próxima*	*desayunas*	*mañana*
cuándo	*cárcel*				

1. ¿De _____ eres? ¿De México o de Guatemala?
2. ¿Qué necesitas en el baño? ¿Jabón y _____?
3. ¿_____ es la chica que tiene el libro en la mano?
4. ¿Dónde está el criminal? ¿En la iglesia o en la _____?
5. En la mañana, cenas o _____?
6. ¿Vas a regresar ahora o _____ _____?
7. ¿Vas a ir al cine o al _____ de música clásica?

8. Es mediodía, ¿vas a desayunar o _____?
9. ¿Bebes _____ tienes sed o hambre?
10. Para estudiar, ¿vas a ir a la cárcel o a la _____?
11. La fiesta de la clase no es hoy. Es _____ por la mañana.
12. Yo tomo agua _____ tengo sed, no porque tengo hambre.
13. El examen no es hoy. Va a ser la _____ semana.
14. ¿_____ es el examen? ¿Hoy o mañana?

Quiz on Cultural Notes

1. The Spanish first floor is called _____
2. "*De hoy en ocho*" means _____
3. Write 2.50 in Spanish: _____
4. What is celebrated on the 12th of December? _____
5. What is "*El día de los muertos*"? _____
6. Which holiday may last one week? _____
7. What kind of public activities may be observed during **La Semana Santa**?

¿Qué está mal? What's wrong?

There are several types of errors that must identified:

a. *Errors in gender and number agreement.*
b. *Errors in position of adjectives.*
c. *Errors in verb-pronoun agreement.*
d. *Errors in syntax.*

Identify and correct the errors in the following sentences:

1. Las mesas es verde.
2. Los hombres comes en la cafetería.
3. Es una muy casa bonita.
4. El chico es buena.
5. Nosotros comen en la cafetería.
6. El profesor no comprendemos a los estudiantes.
7. El libro azul son fácil.
8. Los libros azuls son fáciles.
9. Ella trabajas en una escuela.
10. Él hablo español muy bien.
11. La chica trabaja a la cafetería.
12. Muchas persona hablan español.
13. Ella desea estudia francés.
14. Yo hablo español muy bueno.
15. El chico hablo mucho español.
16. Las chicas hablas mucho español.
17. Las tres casas es azules.
18. La señora vive a una casa blanca.
19. Ud. no estudia el lección de español.
20. Ellos trabajamos en un mercado.
21. Los estudiantes hablan no español.

22. ¿Cómo estás Ud.?
23. ¿Cómo está tú?
24. Ellos no desean (quieren) hablan en la clase.

Cultural Note

Lectura: Los feriados y las celebraciones religiosas

Esta imagen del Cristo crucificado se encuentra en un patio del Hotel Calafia en Baja California, México. Las capillas y los altares con figuras religiosas son muy comunes en diferentes lugares de Latinoamérica. Muchas familias cuelgan de sus paredes las imágenes pintadas o talladas de Jesucristo, la Virgen María y santos de la religión católica.

Las encuestas muestran que cerca del 90% de la población latinoamericana es católica. La mayoría de los feriados más populares están asociados con celebraciones religiosas.

Entre los feriados la Semana Santa es una de las más solemnes. En algunos países las celebraciones duran toda la semana. Cada país pone un sello especial a estas celebraciones. En la red escriba "semana santa" para ver fotos y procesiones suntuosas asociadas a esta fecha. En España la semana santa es ocasión de gran fervor religioso, grandes festividades y procesiones muy coloridas.

Actividad 5

Underline all the cognates in the reading selection above. There are 32 cognates. Some of them appear more than once. Check your answers on the bottom of page 114.

La página de referencia

Verbos con irregularidades

	tener	venir	pensar	querer	comenzar
	to have	to come	to think, plan	to want, to love	to start
Yo	*tengo	*vengo	pienso	quiero	comienzo
Tú	tienes	vienes	piensas	quieres	comienzas
Usted	tiene	viene	piensa	quiere	comienza
Él	tiene	viene	piensa	quiere	comienza
Ella	tiene	viene	piensa	quiere	comienza
Nosotros	tenemos	venimos	pensamos	queremos	comenzamos
Ustedes	tienen	vienen	piensan	quieren	comienzan

*__Tengo__ and *__vengo__ are irregular forms in the first person only.

	cerrar	entender	perder	hervir	recomendar
	to close	to understand	to lose	to boil	to recommend
Yo	cierro	entiendo	pierdo	hiervo	recomiendo
Tú	cierras	entiendes	pierdes	hierves	recomiendas
Usted	cierra	entiende	pierde	hierve	recomienda
Él	cierra	entiende	pierde	hierve	recomienda
Ella	cierra	entiende	pierde	hierve	recomienda
Nosotros	cerramos	entendemos	perdemos	hervimos	recomendamos
Ustedes	cierran	entienden	pierden	hierven	recomiendan
Ellos	cierran	entienden	pierden	hierven	recomiendan

Other verbs that change the "e" into "ie" in the next to the last syllable are:

empezar *to begin*   **preferir** *to prefer*   **contener** *to contain; to hold*

Los feriados y celebraciones religiosas Answer to "actividades" on page 113

Cognates: image, Christ, crucified, patio, hotel, altars, figures, religious, common, different, Latin America, families, images, painted, Virgin Mary, saints, catholic religion, Latin American, popular, associated, celebrations, solemn, especial, photos, processions, sumptuous, occasion, fervor, festivities, colorful.

6

CAPÍTULO
SEIS

Vocabulary preview
Irregular verbs: stem change from _o_ to _ue_
Affirmative vs. negative expressions. The double negative in Spanish
Pronouns as objects of a preposition
The impersonal subject pronoun _se_
The present progressive

Hay un dicho que dice

Perro que ladra no muerde.
A barking dog never bites.

ECHEMOS UN VISTAZO AL VOCABULARIO *Vocabulary Preview*

VERBOS *Verbs*

almorzar (o:ue)	*to eat lunch*	costar (o:ue)	*to cost*
recordar (o:ue)	*to remember*	dormir (o:ue)	*to sleep*
poder (o:ue)	*to be able to; can*	volver (o:ue)	*to return*
volar (o:ue)	*to fly*	contar (o:ue)	*to tell, to count*

COSAS *Things*

la cama	*bed*	la frazada	*blanket*
el colchón	*mattress*	la cobija	*blanket, cover*
la manta*	*blanket*	la carta	*letter*
el buzón	*mailbox*	la estampilla*	*stamp*
el sello	*stamp*	el timbre	*stamp*
la dirección	*address*	la oficina de correos	*post office*
el lugar	*place*		
la librería	*bookstore*	la biblioteca	*library*
el periódico	*newspaper*	el diario	*the daily (newspaper)*
el guía	*the guide*	la guía	*guide (telephone guide)*
el mar	*sea, ocean*	la playa	*beach*
el teatro	*theater*	el cine	*cinema, movies*
la película	*film (movie)*	la obra teatral	*the play*
el pueblo	*town, people*	el regalo	*the gift*

MÁS PALABRAS *Additional Vocabulary*

allí	*there*	allá	*there*	aquí	*here*
por semana	*per week*	por noche	*per night*	este, esta	*this*

COGNADOS *User-Friendly Words*

el banco	*bank*	la excursión	*excursión*	la farmacia	*pharmacy*
el tren	*train*	el auto (coche)	*auto*	el autobús	*bus*

*The three words for *blanket: frazada , manta, cobija* are examples of the variations of vocabulary from one region to another. The word *stamp* has also three translations: *estampilla, sello,* and *timbre.* Some of these variations occur in one country but not in another.

STEM-CHANGING VERBS

A group of verbs undergo vowel changes from **o** to **ue**. This change normally occurs in the stem, in the next to the last syllable, when the vowel is an **o**. The **nosotros** and **vosotros** forms do not change the vowel in the stem.

Poder *to be able to, can*   **Jugar** *to play games*

				In the **nosotros**,
p**ue**do	p**o**demos	j**ue**go	j**u**gamos	and **vosotros** form
p**ue**des	p**o**déis	j**ue**gas	j**u**gáis	the **u** is unchanged:
p**ue**de	p**ue**den	j**ue**ga	j**ue**gan	j**u**gamos, j**u**gáis.

Here are some other common verbs that belong to this category:

alm**o**rzar	*to eat lunch*	rec**o**rdar	*to remember*
v**o**lar	*to fly*	c**o**star	*to cost*
d**o**rmir	*to sleep*	v**o**lver	*to return, to come back*
c**o**ntar	*to count, to tell*	dev**o**lver	*to return (give back something)*

NOTE: P**o**der is frequently followed by the infinitive form of another verb:

No p**ue**do com**er** aquí.   *I can't eat here.*
P**o**demos volv**er** mañana.   *We can come back tomorrow.*
¿Qué p**ue**des hac**er**?   *What can you do?*

No p**ue**do hablar
español. No rec**ue**rdo
la gramática. Tengo
una memoria
terrible.

No necesitas la gramática.
Necesitas ir a España por
dos años. ¿P**ue**des? No
c**ue**sta mucho. Tú eres
rico.

Actividad 1

✍   **A**   Complete the following sentences using one of the -**ue** changing verbs listed above.

1. Yo no _____ volar. No soy un avión.

2. Ella siempre _____ a las doce del mediodía y cena a las 8 de la noche.

3. Yo no _____ el nombre del profesor.

4. ¿Cuánto _____ un carro nuevo?

5. Yo no _____ dormir cuando la televisión está prendida (*is on*).

6. Muchos estudiantes están cansados. Ellos se _____ en la clase.

7. ¿Puedes _____ de uno a cien en español?

8. Yo _____ mi dinero todos los días.

9. Ellos _____ a sus casas a las cuatro de la tarde.

10. Estoy muy ocupado. No _____ jugar al tenis hoy.

11. Ella _____ al tenis de lunes a sábado. Los domingos va a la iglesia.

12. ¿Tú _____ el número de teléfono del (la) profesor (a)?

B   Ask a classmate half of the following questions; he/she will ask you the rest.

1. ¿Qué días puedes estudiar mucho?

2. ¿Puedes recordar los nombres de todos los estudiantes de la clase?

3. ¿Puedes o no puedes contar del uno al cien en español?

4. ¿Cuántas horas duermes por noche?

5. ¿A qué hora vuelves a tu casa todos los días?

6. ¿Dónde y a que hora almuerzas todos los días?

7. ¿Vuelas cuando viajas o tienes miedo de volar?

8. Normalmente, ¿devuelves los libros a la biblioteca tarde o a tiempo?

9. ¿Recuerdas el nombre de la actriz principal en la película *The Titanic?*

10. ¿Recuerdas la dirección de la oficina de correos de **esta** (*this*) ciudad?

11. ¿Puedes o no puedes escuchar música y estudiar **al mismo** (*same*) tiempo?

12. ¿Puedes **nombrar** (*name*) dos obras teatrales de William Shakespeare?

13. ¿Cuánto cuesta tu coche, más o menos?

14. Generalmente, cuando almuerzas, ¿bebes agua, té o un refresco?

NEGATIVE AND AFFIRMATIVE EXPRESSIONS

The Use of the Double Negatives in Spanish

Contrary to the rules of Standard English, in Spanish the double negative is used:

Yo **no** tengo **nada.**   *I don't have anything. Literally: I don't have nothing.*
Ella **no** puede volver **nunca.**   *She can never return. Literally: She can't return never.*

Here are some negative and affirmative words contrasted:

algo	*something*	**nada**	*nothing, not anything*
alguien	*somebody*	**nadie**	*nobody, no one*
siempre	*always*	**nunca**	*never*
también	*also, too*	**tampoco**	*neither, not either*
o . . . o	*either. . . or*	**ni . . . ni**	*neither . . . nor*

Examples:

1. Paula **no** tiene **nada** en su cama.   *Paula doesn't have anything on her bed.*
   Solamente un colchón viejo.   *Only an old mattress*
2. No, **no** hay **nadie** en la biblioteca.   *No, there is no one at the library.*
3. Nosotros **no** leemos el periódico **nunca.**   *We never read the newspaper.*
4. **Alguien** va a ir a la oficina de correos.   *Someone is going to go to the post ffice.*
5. **No** quiero estudiar **ni** hoy **ni** mañana. *I don't want to study neither today nor tomorrow.*
6. Yo **siempre** compro **algo** en la librería.   *I always buy something at the bookstore.*

Observaciones

Nota gramaticales:

a. Notice the use of the double negative. So, when the English version would have the word **anything,** the Spanish version would use the word **nothing** instead.

b. When **alguien** and **nadie** are used, they must be preceded by the personal **a** because they always refer to people: Leonardo no quiere **a** nadie. *Leonardo doesn't love anybody.*

c. Use **tampoco** when you agree with a negative statement:

   Ana: Marisol no fuma.   *Marisol doesn't smoke.*
   Inés: Yo tampoco.   *Neither do I. (Me neither)*

When a negative word is placed before the verb, it replaces the **no.** For example:

   Nunca fumo.   *I never smoke.*
   No fumo **nunca.**   *I never smoke.*

Other affirmative and negative pairs:

   alguno –a (algún)*   *some*   **ninguno -a** (ningún) *none*
   algunos –as *some*

These words frequently act as adjectives and they must agree in gender and number with the nouns they modify:

   Algun**as** person**as** hablan demasiado.   *Some people talk too much.*
   No tengo ning**ún** amig**o.**   *I don't have any friends.*

> **NOTE:** Notice that *alguno and **ninguno** drop the final **o** when they **precede** masculine nouns: **ninguno** becomes **ningún,** and **alguno** becomes **algún:**

   Alg**ún** día voy a ser rico.   *Someday I am going to be rich.*

The plural forms **ningunos** and **ningunas** are seldom used.

Examples:

1. No tengo ningún dinero.	*I don't have any money.*
2. No tengo ninguno.	*I don't have any.*
3. Algunos días no puedo ni comer ni dormir.	*Some days I can't eat or sleep.*
4. Ella no quiere nada tampoco.	*She doesn't want anything either.*
5. Aquí no hay ninguna cosa.	*There is nothing here.*
6. Dan cualquier cosa.	*They give anything.*

Other similar expressions are:
un poco de *some of, a little bit of something*
alguna cosa *something*
ninguna cosa *not a thing, nothing*
cualquier cosa *anything*
algún lugar *somewhere*
ningún lugar *not anywhere*

Change the following affirmative expressions into negative expressions:

1. Él tiene algo en la mano.
2. Tú comprendes todo.
3. En la reunión hay alguien muy importante.
4. Uds. beben café y té.
5. Tú siempre preparas la cena.
6. Yo viajo mucho también.

Answers: 1. Él no tiene nada en la mano. 2. Tú no comprendes nada. 3. En la reunión no hay nadie importante. 4. Uds. no beben ni café ni té. 5. Tú nunca preparas la cena. 6. Yo no viajo nunca tampoco.

EN CONTEXTO

Conversación Simulada

Leonardo:	¿Cuándo **me** vas a llamar?	*When are you going to call **me**?*
Marisol:	No recuerdo tu número.	*I don't remember your number.*
Leonardo:	Marisol, tú <u>nunca</u> **recuerdas** <u>nada.</u>	*Marisol, you never **remember** anything.*
Marisol:	Yo tengo muchas cosas en la cabeza*.	*I have a lot of things on my mind.*
Leonardo:	<u>No hay nadie</u> como tú, Marisol.	*There is no one like you, Marisol.*
Marisol:	Un momento. ¿Es **eso** algo bueno o algo malo?	*Wait a minute. Is **that** something good or something bad?*
Leonardo:	No es <u>ni</u> bueno <u>ni</u> malo. Tú eres simplemente tú.	*It is neither good nor bad. You are simply you.*
Marisol:	Entonces, gracias. Ahora tengo que ir a la oficina de correos.	*Then, thank you. Now I have to go to the post office.*
Leonardo:	Yo también tengo que ir a comprar estampillas.	*I also have to go. I have to buy some stamps.*
Marisol:	Pues, vamos a la oficina de correos, pero antes tengo que almorzar.	*Well, let's go to the post office. But before I go I have to eat lunch.*
Leonardo:	Yo también.	*Me too.*

NOTE: *"Cabeza"* means *"head"*, not *mind*, but this is how the expression is used in Spanish, *"Tengo mucho en la cabeza"*.

Actividad 2

A Answer the following questions about the Conversación Simulada:

1. ¿Quién no recuerda el número de Leonardo?
2. ¿Quién no recuerda nunca nada?
3. ¿Quién tiene muchas cosas en la cabeza?
4. ¿Cómo quién no hay nadie?
5. ¿Adónde tiene que ir Marisol?
6. ¿Quién quiere ir a comprar estampillas?
7. ¿Qué tiene que hacer Marisol antes de ir a la oficina de correos?
8. ¿Tú crees que Leonardo necesita estampillas o simplemente quiere estar con Marisol?

B Complete the following sentences. Use the negative or affirmative expressions reviewed. Choose the expression that makes the most sense in the context of each sentence:

no	ningún	nadie	ni	algunas
algo	algún	algunos	ni	ningún
tampoco	nada			

1. Aquí _____ vive nadie.
2. Ella nunca llama a _____.
3. Yo necesito _____ mejor para cortar el papel.
4. _____ día voy a viajar a España.
5. Ni yo _____ mi novia fumamos.
6. Yo no tomo _____ café ni té.
7. _____ personas comen demasiado.
8. _____ hombres hablan demasiado y no hacen nada.
9. San Nicolás (Santa *Claus*) no vive en _____ lugar.
10. Ella dice que no tiene _____ amigo. Vive muy sola.
11. Mi padre no fuma. Ni yo _____.
12. El niño no tiene _____ en la boca.

C Work with a classmate. He/she will ask you the first seven questions. You will ask the rest:

1. ¿Qué no haces nunca?
2. ¿Quién no te da regalos nunca?
3. ¿Qué no puedes recordar nunca?
4. ¿Con quién almuerzas todos los días?
5. ¿Quién nunca **te** (*you*) llama por teléfono?
6. ¿Quién no puede hablar español muy bien?

7. ¿A qué hora almuerzas?

8. ¿Quién no toma nunca ni té ni café?

9. ¿Quién siempre llega tarde a la clase?

10. ¿Quién no juega fútbol nunca?

11. ¿Quién siempre se duerme en la clase?

12. ¿Qué no cuesta nada?

13. Yo nunca devuelvo los libros a la biblioteca. ¿Quién tampoco?

14. ¿Hay algunas personas que hablan español en tu casa?

15. ¿Quién no tiene ningún problema con el español?

PRONOUNS AS OBJECTS OF PREPOSITIONS

When subject pronouns, such as **yo, tú, Ud.,** are preceded by a preposition in Spanish, only the first person singular **yo,** and the second person singular **tú,** change. For example, when the subject pronouns occur after the preposition **a,** they change as follows:

a mí	*to me*	**a nosotros**	*to us*
a ti	*to you*	**a vosotros**	*to you (pl.)*
a Ud.	*to you*	**a Uds.**	*to you (pl.)*
a él	*to him*	**a ellos**	*to them (masc.)*
a ella	*to her*	**a ellas**	*to them (fem.)*

The only exception to this rule occurs when the preposition is **con** (*with*). In this case *with me* becomes **conmigo,** and *with you (fam.)* becomes **contigo,** respectively.

Ella quiere bailar **contigo** no **conmigo.**   *She wants to dance with you not with me.*

Some Common Prepositions Are:

de	*of, from*	**a**	*to*	**por, para**	*for*
sobre	*on top, on*	**después de**	*after*	**en**	*in, at, on*
al lado de	*beside, next to*	**entre**	*between*	**dentro de**	*inside*
cerca de	*near to*	**lejos (de)**	*far from*	**sin**	*without*
al lado	*next to, beside*	**antes (de)**	*before*		

Actividad 3

✍   A   Complete the following, changing the subject to objects of a preposition:

1. Ella habla de (*yo*) _____.

2. Nosotros estamos con (*tú*) _____.

3. Ellos hablan por (*tú*) _____.

4. Tú vas a venir después de (*yo*) _____.

5. Ana va a venir después de (*nosotros*) _____.

6. Uds. van a hablar antes de (*ellos*) _____.

7. Ana e Inés quieren estudiar con (*yo*) _____.

8. Los niños lloran por (*Uds.*) _____.

B   Ask the following questions to a classmate:

1. ¿Quieres estudiar conmigo o con otro estudiante?

2. ¿Quieres ir al baile conmigo o con Brad Pitt?

3. ¿Quieres hablar después de mí o antes de mí?

4. ¿Necesitas estudiar conmigo o con el profesor?

5. ¿Es el regalo para ti o para mí?

6. ¿Vas venir a la clase mañana antes del profesor o después de él?

7. ¿Hay más problemas entre tú y tu madre o entre tú y tu padre?

8. ¿Quién viene después de ti en tu familia, una hermana, un hermano o nadie?

THE IMPERSONAL "SE" AS A SUBJECT

The reflexive pronoun **se** is sometimes used to represent the performer of an action when the subject or doer of that action is unknown, impersonal, or unimportant. The construction with **se** merely indicates that an action is taking place without reference to a specific person or agent. In this sense **se** is equivalent to *one, it, they, you* or *people* in English. It normally occurs as the impersonal subject on the third person singular.

La oficina de correo **se abre** a las ocho.	*The post office opens at eight.*
Se venden colchones en la mueblería.	*They sell mattresses at the furniture store.*
No **se puede** descansar aquí.	*One can't rest here.*
¿Cómo **se dice** *fleas* en español?	*How do you say "fleas" in Spanish?*

The use of **se** sometimes replaces the simple passive voice:

Aquí **se habla** español.	*Spanish is spoken here.*
Se venden zapatos en la zapatería.	*Shoes are sold at the shoe store.*

Notice that when the things we refer to are plural, the verb must be pluralized:

Se vend**en** zapat**os** aquí.	*Shoes are sold here. (Or, They sell shoes here.)*
Los banc**os** se abr**en** a las nueve.	*Banks open at nine.*

Actividad 4

✍ A   The impersonal **se** is frequently used to give instructions. Complete the following sentences in which you are giving instructions on how to do some things.

For example:

Se pone el agua en el vaso.

Como se hace un taco	**How to make a taco:**
a. (Calentar-se) _____	la tortilla de maíz o de harina.
b. (Poner-se) _____	el frijol refrito en la tortilla.
c. (Añadir-se) _____	cilantro, tomates, carne y salsa.
d. (Doblar-se) _____	la tortilla en la mitad y se come el taco.

Como se hace un avión de papel:	**How to make a paper airplane:**
a. (Tomar-se) _____	una hoja de papel.
b. (Doblar-se) _____	en la mitad.
c. (Abrir-se) _____	la hoja y se dobla en cada esquina hacia adentro.
d. (Doblar-se) _____	cada esquina de la hoja doblada.

> **calentar (e:ie)** *to heat it up*
> **poner** *to put, to place*
> **añadir** *to add*
> **doblar** *to fold*
> **tomar** *to take*
> **esquina** *corner*
> **maíz** *corn*
> **harina** *flour*
> **hoja** *a sheet*
> **doblada** *folded*
> **hacia** *towards*
> **mitad** *half*

B   Answer the following questions. Use the impersonal se in your answers:

1. ¿A qué hora se abre la biblioteca?
2. ¿Dónde se venden periódicos?
3. ¿Dónde se venden estampillas?
4. ¿Dónde se compran regalos?
5. ¿Dónde se habla francés?
6. ¿En qué se duerme?
7. ¿Dónde se muestran (*show*) películas?
8. ¿Qué se pone en la cama?
9. ¿En qué lugar se muestran obras teatrales?
10. ¿Dónde se almuerza bien?
11. ¿Dónde se venden medicinas?

Cultura y costumbres

El Mate

En el Paraguay, Argentina y Uruguay <u>se toma</u> "mate". El mate es un té, que viene de una planta, la "**yerba mate**". El **mate** <u>se toma</u> frío o caliente. El **mate** frío <u>se llama</u> "tereré" en el Paraguay. Para tomar mate <u>se nece-sita</u> una "bombilla" y una "pava". <u>Se pone</u> el mate en un recipiente que <u>se hace</u> de calabaza o cuerno de vaca. <u>Se pone</u> agua caliente en una pava luego <u>se añade</u> <u>al mate.</u>

En el dibujo vemos la pava, el mate y la bombilla. El recipiente en el que <u>se pone</u> el mate y la bombilla <u>se llama</u> "mate" también.

El mate es un estimulante, aunque no tan fuerte como el café. <u>Se puede</u> tomar con leche y azúcar o "amarga", sin leche ni azúcar. Los indios guaraníes nos dieron (*gave us*) el mate. Ellos lo llaman "ca'ay" en el idioma guaraní que <u>se habla</u> en el Paraguay.

Answer the following questions about "el mate"

1. ¿En que países se toma el mate?
2. ¿Cómo se llama la planta que produce este té?
3. ¿Cómo se toma el mate: frío o caliente?
4. ¿Qué se necesita para preparar y tomar el mate?
5. ¿Cómo se puede tomar el mate?
6. ¿Qué relación existe entre el mate y el café?

¡Averigua!

Escriba la palabra "yerba mate" en la ventanilla de "Google" para ver que dicen los sitios de la red sobre este té.

LECTURA SOBRE HISTORIA Y DATOS GEOGRÁFICOS

El mundo de habla hispana   *The Spanish speaking world*

El español **se habla** en 21 *países y en los Estados Unidos. Hay más de 350 millones de personas que hablan español. *Cada país o región que habla español tiene variaciones o *dialectos que *enriquecen el idioma. Los dialectos son partes de un idioma y aparecen como variaciones de diferentes tipos. Estas variaciones pueden ser geográficas, culturales, profesionales, etc. Las diferencias existen en el vocabulario, la entonación, y en menor *grado, *ciertos *cambios gramaticales.

countries
each
dialects
enrich

certain/degree
changes

Ejemplos de cambios en el vocabulario:

	España	México	Otros países
beans	*judías verdes*	*frijoles*	*porotos*
turkey	*pavo*	*guajolote*	
peas	*guisantes*	*chícharos*	*arvejas*
waiter	*camarero/mozo*	*mesero*	
young man/boy	*joven/mozo*	*chamaco*	*pibe*
corn	*maíz*	*elote*	*choclos*

Se calcula que en los *Estados Unidos hay más de 20 millones de personas que hablan español. La gran mayoría de *estas personas viven en California y Texas y son de origen mexicano. En el *estado de Florida viven un gran número de cubanos.

USA

these

state

En muchos países de habla hispana de Latinoamérica también **se hablan** varios *idiomas indígenas. En el Perú **se habla** Quechua. En el Paraguay **se habla** Guaraní. En México se habla maya y otros idiomas.

Indian languages

Based on the previous reading which statements are <u>true</u> or <u>false</u>?

¿ES VERDADERO O ES FALSO?

1. El español se habla en más de 30 países.   V   F
2. Hay más de 350 millones de personas que hablan español.   V   F
3. Los dialectos son variaciones regionales de un idioma.   V   F
4. Se calcula que en los Estados Unidos más de 100 millones de personas hablan español.   V   F
5. La gran mayoría de las personas que hablan español en los Estados Unidos son de origen mexicano.   V   F
6. En muchos países de habla hispana se hablan idiomas indígenas.   V   F
7. En España se llama "chamaco" a un muchacho joven.   V   F
8. En el Perú se habla maya.   V   F
9. En México se llama "guajolote" al "turkey".   V   F

La América del Sur

Datos sobre Sudamérica

* Brasil es el país más poblado y más grande de la América del Sur. Tiene una población de más de 182 millones de personas.

* El Uruguay es el país más pequeño de Sudamérica.

* En el Brasil se habla portugués.

*El quechua del Perú y el guaraní del Paraguay son los idiomas indígenas con más hablantes en el presente.

* El Paraguay y Bolivia no tienen salida al mar.

* El lago Titicaca entre Perú y Bolivia es el lago navegable más alto del mundo. Está a una altura de 3,805 metros sobre el nivel del mar.

* El promedio de vida en Chile es de 76,3 años.

* La Argentina tiene una población de más de 36 millones de personas.

* La papa es original del Perú.

* La América del Sur ocupa el cuarto lugar en tamaño. Asia ocupa el primer lugar, África el segundo, y la América del Norte el tercer.

¡Averigua!　Actividad en la red

1. Averigua cuáles son las ciudades más grandes de Sudamérica.
2. Averigua cuántos países forman la América del Sur.
3. Averigua la población total de Sudamérica.

EL PRESENTEPROGRESIVO *The Present Progressive*

The sentence *Mario is working right now* is in the present progressive because it is describing what someone is doing in the present, that is, it is describing an on-going action.

In Spanish, the present progressive is formed by conjugating the verb **estar** followed by the present participle, the *–ing* form. The present participle is formed by changing the endings of –**ar verbs** into –**ando,** and –**er** and –**ir** verbs into –**iendo**.

HABLAR	*habl*ando	*COMER*	*com*iendo	*VIVIR*	*viv*iendo

Marilú **está hablando** con su padre.   *Marilú is speaking with her father.*
Estoy comiendo una fruta.   *I am eating a fruit.*
Estamos almorzando en un restaurante.   *We're having lunch in a restaurant.*

Example:

estoy
estás   ⎧ estud**iando**
está   ⎪ com**iendo**
estamos   ⎨ escrib**iendo**
estáis   ⎪ le**yendo**
están   ⎩

Notice that the endings –**ando, -iendo** do not change with the subject of the verb.

Actividad 5

✍ Put the following verbs in the present participle, the –**ando, -iendo** forms:

almorzar	_____	comprar	_____
viajar	_____	tener	_____
volar	_____	recordar	_____
cerrar	_____	abrir	_____
querer	_____	salir	_____

Most stem-changing verbs do not undergo a stem change in the present progressive. However, verbs that in the present tense change their stem from **e** to **i,** maintain this irregularity.

d**e**cir - *to say*   *   p**e**dir - *to ask for*   *   s**e**rvir - *to serve*
d**i***ciendo*   *   p**i***diendo*   *   s**i**r*viendo*
rep**e**tir – *to repeat*   *   s**e**guir – *to follow, to continue*
rep**i***tiendo*   *   s**i**g*uiendo*

In a few verbs, those which end in –**aer, eer, oir,** and **uir,** the –**i** in iendo changes into a **y.**

creer   cre**y**endo   **traer**   tra**y**endo   **leer**   le**y**endo

¿Qué está haciendo este señor?

Choose one.

❑ El señor está comiendo.

❑ El señor está leyendo un libro.

❑ El señor está caminando.

❑ El señor está hablando por teléfono.

❑ El señor está mirando la televisión.

Observaciones

Notas not gramaticales:

De la sierra morena, cielito lindo, viene bajando Un par de ojitos negros, cielito lindo de Contrabando. Ay, ay

a. The present progressive is used in Spanish almost exclusively to describe an **on-going** action. The regular present tense is used to describe habitual, extended actions: *Ella vive con sus con padres. She (currently) lives with parents.*

b. In English the present progressive can be used for acts intended for the future: *Maria is returning tomorrow.* In Spanish, in this case, the present progressive would be ungrammatical.

Q: ¿Qué está haciendo esta mujer?

A: Ella _____

_____

The regular present tense can be used however, in conjunction with an adverb of time: *María vuelve mañana.*

c. The English –**ing** is often used as a noun in such expressions as ***Smoking** is bad for you.* In Spanish, the noun is formed with the infinitive form of the verb: ***Fumar** es malo para ti.*

d. The –**ing** is also used in English as an object of a preposition: *Thank you for **calling.*** In Spanish, the infinitive form is used as an object of a preposition: *Gracias <u>por</u> **llamar.***

EN CONTEXTO

Conversación Simulada

Vocabulary expansion: buscando—*looking for* **repasando**—*reviewing* **partes**—*parts* **ya no**—*no longer* **juntos**—*together* **ignorándola**—*ignoring her* **grupos** —*groups* **ayudar**—*to help* **las cosas**—*things* **en serio**—*seriously* **eso**—*that* **experimentando**—*experimenting*

En La Universidad

Miguel: ¿Qué <u>estás haciendo,</u> Luis?

Luis: <u>Estoy</u> <u>estudiando</u> para el examen de mañana? ¿Y tú?

Miguel: <u>Estoy buscando</u> a Marisol. Ella tiene mis notas de la clase de álgebra.

Luis: ¿Tienen Uds. un examen también?

Miguel: No esta (*this*) semana, pero <u>estamos repasando</u> algunas partes difíciles. Ella sabe más álgebra que yo.

Luis: Yo <u>estoy estudiando</u> solo. No puedo estudiar en grupo.

Miguel: ¿Y qué <u>está haciendo</u> Luz?

Luis: No sé. Ya no estamos juntos. Estamos experimentando con una separación. Tenemos muchos problemas de comunicación. Ella dice que yo **la** (*her*) <u>estoy</u> <u>ignorando,</u> que <u>estoy tomando</u> mis estudios más en serio que a ella.

Miguel: Lo siento mucho. ¿Puedo ayudarles en algo? Marisol y Luz son buenas amigas. Ella puede hablar con Luz y . . . .

Luis: No, gracias. Por ahora es mejor así como están las cosas. Es verdad que no tengo mucho tiempo. <u>Estoy trabajando y estudiando</u> mucho. Quiero completar mis estudios primero. Y tengo que trabajar. Necesito dinero. Luz no comprende eso.

Actividad 6

A   Answer the following questions based on the **Conversación simulada:** *En la universidad*

1. ¿Qué está haciendo Luis?

2. ¿Quién está buscando a Marisol?

3. ¿Quién tiene las notas de Miguel?

4. ¿Quién está estudiando para un examen del día siguiente?

5. ¿Quién sabe álgebra más que Miguel?

6. ¿Quién no puede estudiar en grupos?

7. ¿Qué está haciendo Luz?

8. ¿Qué están haciendo Luis y Luz con su relación?

9. ¿Por qué está ignorando Luis a Luz?

10. ¿Qué no comprende Luz?

11. Según la conversación, ¿quién es Luz?

B   Work with a classmate. Look around the classroom and take turns telling each other what each student in the class is doing. If possible use the following verbs: **escribir, pensar, leer, hablar, traducir, mirar, dormir, bostezar, borrar, abrir, cerrar, caminar, comer, beber.**

Example: *El profesor **está escribiendo** en la pizarra*

NOTE: You are reviewing the **present progressive.** Remember that the action must be in progress at the moment of speaking. You cannot use the progressive form for completed actions. Those actions are called ***stative*** actions. An example would be: *Mary is sitting on her chair.* The action of *sitting down* has been completed. In Spanish such description is rendered by **estar** + **the past participle.** Thus, *Mary is sitting on her chair* becomes in Spanish *Mary **está sentada** en su asiento.*

¿Qué estoy haciendo?

    a. Tú estás bebiendo algo caliente.
    b. Tú estás bebiendo chocolate caliente.
    c. Tú estás bebiendo algo muy frío.
    d. Tú estás bebiendo algo que no te gusta.

Some activities you could easily mimic are: writing, sleeping, studying, playing a game, erasing, talking, hugging, kissing, singing, running, cooking, speaking on the phone, taking a shower, getting dressed, showing some emotions: happiness, anger, crying, etc.

Use your imgaination and your acting ability.

In another variation of this activity each student goes to the blackboard and draws something. The class tries to guess what actions are being depicted.

¿Qué están haciendo estas personas?

¿Qué está haciendo este chico?

- ¿Está leyendo un libro?
- ¿Está caminando?
- ¿Está comiendo?

- ¿Está hablando?
- ¿Está estudiando?
- ¿Está levantando pesas?

¿Qué está haciendo este atleta?

Answer these questions:

1. ¿Qué estás haciendo tú?
2. ¿Qué está haciendo el profesor?
3. ¿Qué están haciendo los estudiantes?
4. ¿Qué está haciendo tu amigo?
5. ¿Dónde estás estudiando?
6. ¿Qué estás estudiando?
7. ¿Quién está leyendo un libro?
8. ¿Quién está escribiendo?
9. ¿Quiénes están hablando en la clase?

Este atleta está levantando pesas.

Actividades en la red

La música latinoamericana es muy variada y rica en tradiciones españolas, criollas e indígenas. En muchos países es evidente la influencia de la música precolombina y la combinación de la música europea con las nuevas creaciones del nuevo mundo.

¿Qué está haciendo este músico?

En el Paraguay predomina el uso del arpa y así se ha creado una variación del uso del arpa típicamente de este país. El arpa paraguaya es famosa en todo el mundo. Hay también otros países con grandes tradiciones de música latina de arpa y guitarra.

La música andina incluye instrumentos precolombinos e instrumentos creados después de la conquista española. En la red se puede encontrar muchos ejemplos de la música hispanoamericana bajo los títulos de **música latinoamericana tradicional, música andina** o simplemente busque ejemplos de nuestra música bajo el nombre de cada país. Por ejemplo, busque **música boliviana, música argentina, música mexicana,** etc. Encuentre los nombres de cinco instrumentos musicales típicos de la música hispanoamericana.

*tocar – *to play a musical instrument.* la guitarra – *the guitar*

Just for the Fun of It

Actividades Creativas - Creative Activities

Use simple lines to draw on a piece of paper the activities described below. You will not be graded on your drawing ability. Exchange your drawings with another student and describe what he/she or you drew.

1. El hombre está hablando
2. El perro está durmiendo.
3. Los muchachos están jugando al fútbol
4. El señor está tomando agua.
5. La chica está manejando el coche.
6. Dos chicas están cantando.
7. La mujer está caminando
8. Los niños están comiendo
9. El profesor está escribiendo en la pizarra.
10. El estudiante está durmiendo.
11. Dos chicos están leyendo.
12. Todos están corriendo.

7

CAPÍTULO SIETE

Vocabulary preview
Stem changing verbs: *e* to *i*
Irregular first-person verbs
Saber vs. Conocer
Vocabulario práctico
Cultural note: The *abrazos*
Direct Object Pronouns
Functional vocabulary

Hay un dicho que dice . . .

Lo barato sale caro.
You only get what you pay for.

ECHEMOS UN VISTAZO AL VOCABULARIO   *Vocabulary Review*

VERBOS   *Verbs*

servir (*e:i*)	*to serve*	pedir (e:i)	*to ask for*
conseguir (*e:i*)	*to obtain, to get*	repetir (e:i)	*to repeat*
conocer	*to know, to be acquainted with*	conducir	*to drive*
traducir	*to translate*	nadar	*to swim*
saber	*to know, to have knowledge*	hacer	*to do, to make*
poner	*to put, to place*	salir	*to go out, to leave*
quedar	*to be located*	ver	*to see*
confirmar	*to confirm*	reservar	*to reserve*

SUBSTANTIVOS   *Nouns*

Cosas   **Things**

el avión	*airplane*	las agencia de viajes	*travel agency*
los pasajes	*tickets*	el billete, el boleto	*ticket (not a fine)*
la embajada	*embassy*	los folletos turísticos	*tourist brochures*
la sopa	*soup*	el postre	*dessert*
la ensalada	*salad*	la carne	*meat*
el helado	*ice cream*		

ADJETIVOS   *Adjectives*

helado	*iced, ice cream*	ocupado (-a)	*busy*	cansado (-a)	*tired*

MÁS VOCABULARIO   *Additional Vocabulary*

de memoria	*by heart*	entonces	*then*	sin	*without*	ruido	*noise*

COGNADOS   *Cognates*

Words which end in *–ist* in English connoting affiliation, occupation, or ideology have cognates in Spanish ending in *–ista*. For example:

dentist	*dentista*	artist	*artista*	communist	*comunista*
pacifist	*pacifista*	analist	*analista*	soloist	*solista*

However, some nouns that denote occupation and in English end –**ist,** in Spanish end in –**go:**

psycholog*ist*	*sicólogo*	anthropolog*ist*	*antropólogo*	sociolog*ist*	*sociólogo*

Other cognates in this lesson are: *reservación, información, internacional, pasaporte, visa, documento*

IRREGULAR VERBS IN THE PRESENT TENSE: STEM-CHANGING VERBS "E" TO "I"

A group of verbs undergo a stem-change from **e** to **i** in their stem. This change normally occurs in the next to the last syllable if the vowel is a stressed **e**. The **nosotros** and **vosotros** forms do not undergo this change.

PEDIR *to ask for, to request, to order (as in a restaurant)*

pido   pedimos
pides   pedís
pide   piden

Notice the absence of the preposition *for* in this verb. The concept of *for* is imbedded in the meaning of this Spanish verb **pedir.**

Here is a list of some common verbs that belong to this category:

servir	*to serve*	repetir	*to repeat*	decir	*to say*
seguir	*to follow*	conseguir	*to get, to obtain*		

> **NOTE:** *Seguir,* when it is followed by the gerund form (the *–ing* ending), can be translated as **to continue** or **to keep doing** something:
>
> El sigue estudiando.   *He keeps studying.*
> Martín sigue llamando.   *Martín keeps calling.*

¿Cuándo vas a servir la cena, mamá?   *When are you going to serve dinner, mom?*
¿Cuándo sirve la cena tu mamá?   *When does your mom serve dinner?*
Ellos repiten las palabras del profesor.   *They repeat the teacher's words.*
¿Dónde se consigue gasolina por aquí?   *Where do you (does one) get gas around here?*

Actividad 1

Complete the following sentences using the -**e:i** changing verbs: *servir, repetir conseguir, pedir, seguir.* First establish the context to choose the correct verb.

1. En el restaurante yo siempre _____ agua.
2. En la Argentina se _____ la cena después de las siete.

3. Los estudiantes _____ las palabras nuevas muchas veces.

4. ¿Dónde se _____ el mejor pan en este pueblo?

5. ¿Quién siempre _____ ensalada en la cafetería?

6. ¿Qué _____ después del postre? ¿La ensalada o el café?

7. Mi madre _____ la sopa muy caliente.

8. Yo _____ muchas veces algunas palabras en español pero nunca me acuerdo.

9. Nosotros _____ a la chica desde la clase hasta el carro.

10. Genaro _____ viniendo a clase pero nunca estudia.

VERBS THAT ARE *IRREGULAR* IN THE FIRST PERSON SINGULAR ONLY

A group of verbs are irregular only in the first person singular of the present indicative tense. These verbs follow the regular conjugation with the other subjects.

The most common verbs in this group are:

salir*	*to leave, to go out*	**conocer***	*to know*	**traer**	*to bring*
poner	*to put, to place*	**hacer**	*to do, to make*	**saber***	*to know*
ver	to see	**conducir**	*to drive, conduct*		

SALIR	**salgo**	sales	sale	salimos	salís	salen
HACER	**hago**	haces	hace	hacemos	hacéis	hacen
TRAER	**traigo**	traes	trae	traemos	traéis	traen
PONER	**pongo**	pones	pone	ponemos	ponéis	ponen
CONOCER	**conozco**	conoces	conoce	conocemos	conocéis	conocen
TRADUCIR	**traduzco**	traduces	traduce	traducimos	traducís	traducen
CONDUCIR	**conduzco**	conduces	conduce	conducimos	conducís	conducen
VER	**veo**	ves	ve	vemos	veis	ven
SABER	**sé**	sabes	sabe	sabemos	sabéis	saben

Observaciones

a. The stem-changing verbs **decir e:i** (*to say*), **venir e:ie**, **tener e:ie** are also irregular in the first person singular:

DECIR	**digo**	dices	dice	decimos	decís	dicen
VENIR	**vengo**	vienes	viene	venimos	venís	vienen
TENER	**tengo**	tienes	tiene	tenemos	tenéis	tienen

b. The verb **salir*** changes meaning when it is followed by **some prepositions:**

salir a	*to go out to do something.*
salir de	*to leave a place*
salir con	*to go out with, to date someone*
salir para	*to leave for (a final destination)*

c. **Saber*** and **conocer*** are both translated in English as *to know.* Notice, however, that in Spanish they are not interchangeable. The differences between **saber** and **conocer** are explained in the next section of the book.

Actividad 2

A   Complete the following sentences using the verbs we have just reviewed. Make sure that the verbs you add to fill in the blanks make sense within the context of each sentence

1. Yo nunca _____ con chicas que son más altas que yo.

2. Yo no _____ nada los sábados ni los domingos.

3. Yo nunca _____ mis libros a la clase porque son muy pesados (*heavy*).

4. El profesor _____ las oraciones del inglés al español.

5. Mi padre _____ su coche en el garaje. Yo _____ mi coche en la calle.

6. Yo nunca _____ mi coche a más de 60 millas por hora.

7. Los estudiantes no _____ comida a la clase.

8. Los Garcías _____ para México en una semana.

9. Marisol _____ una flor en la mesa.

10. ¿Qué _____ cuando tienes mucho tiempo libre?

11. Yo siempre _____ del español al inglés las palabras nuevas.

12. Yo no _____ muy bien. Necesito anteojos.

13. Nosotros _____ de la casa muy temprano.

14. ¿Dónde _____ tus llaves cuando entras en tu casa?

B   Work with a classmate. Take turns asking and then answering the following questions:

1. ¿Con quién sales a menudo?

2. ¿Qué haces después de la clase?

3. ¿Qué cosas traes a la clase?

4. ¿Dónde pones tus libros en tu casa? ¿En tu cuarto, el comedor o en la cocina?

5. ¿Puedes pensar en español o todo lo traduces primero al inglés?

6. ¿Conduces tú muy rápido o eres un conductor conservador?

7. ¿Qué ves cuando miras por la ventana?

8. ¿Cómo se hace un avión de papel?

9. ¿Qué pone el profesor en su escritorio o mesa enfrente de la clase?

10. ¿Qué no traes nunca a la clase?

11. ¿Quién pone su libro debajo del pupitre (*school desk*)?

12. ¿Sales mucho los fines de semana?

13. ¿Puedes ver bien sin anteojos?

14. ¿Quién hace mucho ruido (*noise*) en la clase?

Saber Contrasted with Conocer

The English verb *to know* has two translations in Spanish: **saber** and **conocer.** These two verbs are not interchangeable.

Saber	← to know →	**Conocer**	
yo	sé	yo	conozco
tú	sabes	tú	conoces
Ud., él, ella	sabe	Ud. él, ella	conoce
nosotros	sabemos	nosotros	conocemos
Uds., ellos, ellas	saben	Uds., ellos, ellas	conocen

Conocer *(to know)* is normally used in the sense of *to be acquainted with* or *to be familiar with* a person or thing. It has to do with recognizing something you are familiar with.

For example:

Yo **conozco** San Francisco muy bien.   *I know San Francisco very well.*
Martín **conoce a*** mi padre.   *Martín knows my father.*

*Notice that when the object of **conocer** is a person, the personal **a** must be used.

Saber *(to know)* is used in the sense of *to know something about people or things, or to have information about something.* But when **saber** is followed by a verb in the infinitive form it means to *know how to do something.*

For example:

a. ¿**Sabes** tú cuando es el próximo examen?   *Do you know when the next test is?*
b. No, no lo **sé.**   *No, I don't know.*
c. Yo no **sé** conjugar muchos de los verbos.   *I don't know how to conjugate many of the verbs.*

Actividad 3

✐   Determine, according to the context, if you should use **saber** or **conocer.**

1. Yo no _____ a la esposa del profesor.

2. María no _____ hablar inglés muy bien.

3. Isabel _____ a muchas personas importantes en la política.

4. Lucía no sale con chicos que ella no _____ bien.

5. Los estudiantes no _____ traducir del inglés al español.

6. Mi madre no _____ a Celia, mi novia, y por eso (*and that is why*) ella piensa que Celia no es buena para mí.

7. Alberto _____ Buenos Aires muy bien, pero no conoce Santiago. Ni sabe en que país está Santiago.

8. Nosotros _____ a muchas personas que hablan español.

9. Beto dice que él no _____ nadar.

10. Yo _____ un restaurante muy bueno y muy barato.

Las cataratas del Yguazú

¡Averigua!

Usa la red para encontrar la información.

¿Conoces estas cataratas?

¿Sabes en que país están ubicadas?

¿Qué significa la palabra Yguazú?

Andrés Segovia

¡Averigua! Usa la red

¿Sabes quién es?

¿Por qué es famoso?

¿Sabes de qué país es?

¿Lo conoces personalmente?

Source: © Bettmann/CORBIS

EN CONTEXTO

Conversación Simulada

CELIA Y SU NOVIO

Celia: Lo siento, Marcos, pero no puedo salir contigo esta noche. Tengo que estudiar.

Marcos: Es una buena excusa. Yo sé que tú sabes todo. No necesitas estudiar.

Celia: En serio (*seriously*). No sé conjugar los verbos y no me acuerdo del vocabulario.

Marcos: No es verdad. Tú sabes más que yo. ¿Qué voy a hacer yo sin (*without*) ti esta noche?

Celia: No sé. ¿Por qué no estudias conmigo? Necesito traducir veinte oraciones del inglés al español.

Marcos: No, gracias. No soy un buen tutor. ¿Conoces a Guillermo González? Él sabe hablar español y es un buen tutor.

Celia: Prefiero estudiar sola. Voy a poner música suave en el estéreo y voy a estudiar.

Marcos: Está bien. Voy a salir con unos amigos. Conozco un lugar donde podemos beber y comer.

Celia: Está bien. Veo que tienes ganas de salir, pero yo no puedo. Te (*you*) veo más tarde.

Marcos: No sé. No sé que voy a hacer. Adiós.

Answer the following questions based on the Conversación Simulada:

1. ¿Quién quiere salir con Celia?

2. ¿Por qué no puede salir Celia con Marcos?

3. ¿Qué dice Marcos?

4. ¿Qué no sabe hacer Celia?

5. ¿Quién sabe más que Marcos?

6. ¿Quién quiere estudiar con Marcos?

7. ¿Quién necesita traducir veinte oraciones?

8. ¿Quién conoce a Guillermo González?

9. ¿Qué clase de lugar conoce Marcos?

10. ¿Qué tiene ganas de hacer Marcos?

11. ¿Qué va a hacer Marcos sin Celia?

La página de referencia

Vocabulario funcional práctico

CONVERSATION KEYS

To carry a conversation in a give and take situation, we have a number of short phrases and expressions to agree, disagree, to congratulate, to encourage, to pause, to ponder, to show surprise, to show disbelief, to encourage, etc. These phrases are very important to aid the flow of the conversation. You must learn them on your own.

EXCLAMATIONS OF SURPRISE

1. ¿De veras?	*Really?*
2. ¡Qué bien!	*Nice! That's good!*
3. ¡Qué bárbaro!	*I'll be darned! That's incredible!*
4. ¡No me digas!	*Don't say!*
5. ¡Ay, caramba!	*Gee!*
6. ¡Virgen Santísima!	*Oh, my goodness!*

CHECKING ON EACH OTHER

1. ¿Cómo va todo?	*How is everything going?*
2. A las mil maravillas.	*Just wonderful!*
3. Me alegro de verte.	*I am glad to see you.*
4. Te ves bien.	*You look good.*
5. Encantado de verte.	*Great to see you.*
6. ¿Y cómo está la familia?	*And how is the family?*
7. Todos bien.	*Everybody is fine.*
8. Hace tiempo que no te veo.	*I haven't seen you for a while.*
9. ¿Qué hay de nuevo?	*What's new?*
10. Pues, nada. Lo mismo de siempre.	*Well, nothing really. The same old thing.*
11. ¡Así es la vida!	*That's life!*
12. Bueno, nos vemos.	*Well, I'll see you.*
13. Que te vaya bien.	*Take care. I hope everything goes well with you.*
14. Ahí te veo.	*See you around.*

Cultural Note

The *Abrazos* and *Palmaditas*   Public Display of Affection and Other Customs

Foreigners often make the observation that Spanish speaking people are "emotional." For example, they would mention how openly they manifest their affection toward each other. Children kiss their parents often. Even adult children, male or female, would not hesitate to give their parents a kiss on the cheek to show their affection.

One of the most obvious displays of emotion is the *abrazo* - the hug that is exchanged among friends, relatives, adults and children. The *abrazo* is a ritual that follows some specific routine. You use the *abrazo* with almost anybody, especially among friends and family. Children who are "good mannered" (*de buena educación*) would infallibly give an *abrazo* to all adults when they arrive at their homes as guests. This ritual is repeated when it is time for goodbyes. Even at parties in family homes with more than twenty guests, the children of the family give *abrazos* to everyone present as they arrive, and as they leave. The parents supervise the ritual very proudly. The children have shown respect and good manners.

The *abrazo* is performed by putting your right arm over the left arm of the other person. Your left arm then goes under the right arm of the other person. In this position both of you are looking over each other's right shoulder. Once in this position, each person pats each other (*the palmada* o *palmaditas*) on the back, sometimes with enthusiasm, especially among men.

The *abrazo* is normally a warm demonstration of friendship or love among people. It is also sometimes used with someone you have just met to open up a friendship and to show trust and acceptance.

The *abrazo* is given on most occasions. It doesn't have to be a special day or after an emotional event, necessarily. It is also more popular among middle and upper class people.

Handshakes are also very common and frequently precede the *abrazo,* but be aware that many Latin Americans will not give you a strong or firm handshake. To many Spanish speakers, a firm or hard handshake could be interpreted as a challenge to the manhood of the recipient.

Another custom has to do with the way women greet each other. They hold each other's arm from the elbow, and then bend to give each other a brief, passing kiss on both cheeks. Women are also frequently seen walking the streets arm in arm. They might be just friends, sisters, or mother and daughter.

Estas chicas se saludan dándose besitos en amabas mejillas.

This apparent display of "emotion" is also observed in heated conversations among friends and relatives. An outside observer may interpret this outburst of words and gestures as a fight in progress, but it is not. One minute they are having an intensive exchange where voices are raised and hands are used to emphasize points, to reject suggestions, or to put final touches to well worded statements. A moment later everything is calm and every body goes his or her way as if nothing has happened.

In contrast, and perhaps because of these customs, Latin Americans and Spaniards tend to stereotype Americans as cold or unresponsive.

QUIZ: THE *ABRAZOS* AND *PALMADITAS*

¿Es verdad o falso?

1. *El abrazo* means the hug or embrace.   V   F
2. The *abrazo* is a way of expressing emotion.   V   F
3. Well bred children kiss their parents frequently.   V   F
4. You only embrace people you know well.   V   F
5. Parents teach their children to never hug anybody.   V   F
6. The *abrazo* is followed by pats on the back.   V   F
7. Well behaved children never approach or touch family guests in their home. V   F
8. The *abrazo* is only given on special days and occasions.   V   F
9. A handshake never precedes an *abrazo.*   V   F
10. A firm handshake is a sign of warmth and affection.   V   F
11. It is taboo for women to walk holding hands or locking arms.   V   F
12. Women kiss each other on the cheek as a way of greeting.   V   F

13. Conversations might be heated.   V   F

14. Frequent gestures and raised voices are just part of a conversation.   V   F

15. Spaniards and Latin Americans have the wrong impression that Americans are
    cold and uncaring.   V   F

Actividad 4

Write an eight line dialog in which two friends meet after not seeing each other for a while.

1.

2.

3.

4.

5.

6.

7.

8.

JUST FOR THE FUN OF IT   Juegue, Aprenda y Diviértase

Identify and give the English translation of the following cognates found in the reading of *The abrazos*:

observación _____	ejemplo _____	mencionar _____
adulto _____	obvio _____	ritual _____
específico _____	rutina _____	familia _____
repetido _____	presente _____	supervisa _____
respeto _____	persona _____	posición _____
entusiasmo _____	usado _____	ocasión _____
popular _____	clase _____	precede _____
recipiente _____	final _____	calma _____
aparente _____	gestos _____	progreso _____
intensivo _____	en _____	minuto _____

Score: 25-30 ¡excelente!   20-24 ¡muy bien!   15-19 ¡bien!   10-14 regular   0-5 deficiente

DIRECT OBJECT PRONOUNS

The **subject pronouns,** *yo, tú, Ud., él, ella, nosotros, vosotros, Uds., ellos, ellas* represent the performers of an action. The **direct object pronouns,** on the other hand, represent the recipient of the action. The **direct object pronouns** are used to replace a direct object that has been mentioned previously.

The direct object pronouns are formed as follows:

me	*me*	**nos**	us
te	*you (fam.)*	**os**	*you (pl.,fam.*
lo	*him, you, it (masc.)*	**los**	*you, them (masc.)*
la	*her, you, it (fem.)*	**las**	*you, them (fem.)*

Subject	Verb	Direct object
↓	↓	↓
Lucía	llama	a su madre

> The **direct object** is the noun that normally follows the verb. This noun is the direct recipient of the action described by the verb. The object of the verb may be a person or an inanimate object. When it is a person, the direct object is generally introduced after the verb by the personal **a.** *Maria llama **a** su madre.* The direct object of a verb normally answers the question **what** or **whom** is receiving the action

The direct object pronouns **me, te, nos** and **os** *do not* show gender in their endings. The direct object pronouns **lo, los, la, las** *do* show gender and number agreement with the noun they replace.

Direct object	Direct object pronoun
↓	↓
a. Lucía llama **a su madre.** →	c. Lucía **la** llama.
b. Martín abre **el libro.** →	d. Martín **lo** abre.

In sentence **c** above, "*a su madre*" is replaced by **la.** In sentence **d,** "*el libro*" is replaced by **lo.** Notice that the direct object pronouns precede the verb and agree in gender and number with the nouns they replace.

1. No tengo **el lápiz.**

   No **lo** tengo.

   *I don't have **the pencil.***

   *I don't have **it***

2. Olga ve **a los niños.**
   Ella **los** ve.

   *Olga sees **the children.***
   *She sees **them.***

3. El chico mira **a las chicas.**
   El chico **las** mira.

   *The boy looks at **the girls.***
   *The boy looks at **them.***

Notice that the personal **a** is not used when the direct object pronoun replaces the direct object.

In compound forms, such as in the present progressive, or when one conjugated verb is followed by the infinitive, the direct object pronoun may be attached to the second verb or placed before the first:

Cristina va a comprar la casa.   *Cristina is going to buy the house.*

   a. Cristina va a comprar**la.**   *Cristina is going to buy **it.***
   b. Cristina **la** va a comprar.   *Cristina is going to buy **it.***

Cristina está haciendo tortillas.   *Cristina is making tortillas.*

     a. Cristina está haciéndo**las.**   *Cristina is making **them.***
     b. Cristina **las** está haciendo.   *Cristina is making **them.***

Observaciones

    a. The **no** in negative sentences is placed immediately before the object pronoun. In cases where the object pronoun is placed after the second verb, the **no** is placed immediately before the first verb.

       Cristina **no la** va a comprar.⎫
       Cristina **no** va a comprar**la.**⎬   *Cristina is not going to buy it.*

       Cristina **no la** está comprando.⎫
       Cristina **no** está comprándo**la.**⎬   *Cristina is not buying it.*

    b. The direct object pronouns **lo,** can be *you (formal, masc.), it (masc. noun), and her.* **Los** could be *you (pl. formal, masc.), them (masc. nouns)* or *you (pl. masc.)* according to the context.

    c. **La,** can be translated as *you (formal fem.), it (fem. noun), and her.* **Las** could be *you (pl. fem.) them (fem. pl. persons or thing).* You must pay attention to the context to verify which one is to be used.

Note: In some dialectal variations the speaker is allowed to replace **lo** and **la** with **le** when the direct object is a person. **Le** *(to her, to him, to you)* is an indirect object pronoun which answers the question **to whom** or **for whom.**

Yo **le** conozco   ***instead of***   Yo **lo** conozco.

The standard forms for third person direct object pronouns are **lo, la, los, las** and that is what we will use in this book.

Actividad 5

   A   Answer the following questions. In your answers, replace the direct object with the direct object pronoun

Example:

¿Quién tiene **los libros**?   Yo **los** tengo.

    1. ¿Quién tiene **el cigarro**? (Yo)

    2. ¿Quién juega **al fútbol**? (Maradona)

    3. ¿Dónde pones **los lápices**? (Yo)

    4. ¿Quién quiere mucho **a sus hijos**? (Mi padre)

    5. ¿Quién ama a Julieta? (Romeo)

    6. ¿Quién conoce **a Cameron Díaz**? (Su esposo)

    7. ¿Quién prepara **la tortilla española**? (Mi madre)

8. ¿Quién compra **los libros**? (Los estudiantes)

9. ¿Quién besa **a la chica**? (El hombre feo)

10. ¿Quién **te** llama por teléfono en la noche? (Mi madre)

11. ¿Dónde tienes **tus llaves**? (Yo)

12. ¿Dónde pones **tu dinero**? (Yo)

13. ¿Quién está borrando (*erasing*) **el pizarrón**? (El profesor)

14. ¿Dónde compras tú **la cerveza**? (Yo)

 B   Change every sentence replacing the **direct object** with the **direct object pronoun:** Do it with a classmate, taking turns on each sentence:

Ejemplo:

    a. Martín tiene **los libros.** → Martín **los** tiene.

1. Ana compra **los vestidos.**

2. Ángel visita **a las chicas** y las llama por teléfono.

3. Nosotros llamamos **a nuestros amigos.**

4. Uds. comen **la paella.**

5. Martín come **el postre** en la cocina con su perro.

6. Ellos piden **ensalada** en el restaurante.

7. Su madre compra **la carne** en una carnicería.

8. Juan pone **los billetes** en su cartera.

9. Yo sirvo **la cena** a las siete.

10. Graciela abraza **a su madre.**

11. Mi madre sirve **la sopa** muy caliente.

12. Ella toma **la leche** fría.

13. Nora va a comprar **los pasajes para México.**

14. ¿Cuándo van a confirmar **nuestra reservación**?

EN CONTEXTO

Conversación Simulada

Tomás y Candy

Tomás llama a su esposa Candy a la casa de su madre, pero Candy no está ahí. Entonces Tomás la llama a su trabajo. Candy contesta el teléfono:

–¿Bueno?
–Habla Tomás.
–Ah, Tomás. ¿Qué pasa? ¿Está todo bien?
–Sí, todo está bien, pero no puedo encontrar (*find*) las llaves del coche. ¿<u>Las</u> tienes tú?
–Un momento. Ah, Tomás, <u>las</u> tengo en mi bolsa. Lo siento mucho.
–¿Y mi cartera?
–<u>La</u> tengo también.

–Necesito ir a una reunión a las dos. Voy a pasar por tu trabajo para recoger<u>las</u> (*to collect them*).

–Un momentito. ¿Cómo vas a llegar aquí? No tienes coche.

–Voy a llamar un taxi.

–Voy a dejar las llaves sobre mi escritorio. Yo no voy a estar aquí. Tengo que ir a una reunión también.

–Voy a recoger<u>las</u> ahora mismo. <u>Te</u> veo después.

–Mira, lo siento Tomás. Es mi culpa (*It is my fault*).

–Está bien. No te preocupes. Nos vemos luego.

Answer the following questions about **Tomás** and **Candy.**

    1. ¿A quién llama Tomás?

    2. ¿Dónde está Candy?

    3. ¿Qué dice Candy cuando responde el teléfono?

    4. ¿Qué necesita Tomás?

    5. ¿Quién tiene las llaves de Tomás?

    6. ¿Qué tiene que hacer Tomás a las dos?

    7. ¿Cómo va a llegar Tomás al trabajo de Candy?

    8. ¿Dónde va a dejar Candy las llaves?

    9. ¿Y quién tiene la cartera de Tomás?

  10. ¿Cuándo va recoger sus cosas Tomás?

VOCABULARIO FUNCIONAL PRÁCTICO

Los Viajes

MODOS DE TRANSPORTE Y MODOS DE VIAJAR

el avión	*the plane*	por avión	*by plane*
el tren	*the train*	por tren	*by train*
el camión*	*the bus*	por (en) coche	*by car*
el coche	*the car*	por tierra	*by land*
volar	*to fly*	en autobús	*by bus*
caminar	*to walk*	a caballo	*on horse back*
andar en	*ride on a bike*	viajar por barco	*travel by ship* or
bicicleta			*to sail*

*NOTE: *There are several words for bus and types of public transportation coming from different countries:***bus:** *el autobús, el bus, la guagua (P.Rico, Cuba), el micro (a small bus), el camión.*

¡**AVERIGUA!** *Actividades en la red*

    1. ¿Cuánto cuesta un pasaje de ida y vuelta de Los Ángeles a la Ciudad de México?

    2. ¿Es posible viajar en automóvil desde los Estados Unidos hasta la Argentina?

    3. ¿Hay trenes que van desde México hasta Costa Rica?

    4. ¿Cómo se llama la carretera que cruza toda Sudamérica?

    5. ¿Hay vuelos directos de San Diego a Santiago de Chile?

    6. ¿Cuánto cuesta mandar una carta desde los Estados Unidos al Perú?

7. ¿Cuántos pesos mexicanos equivalen a un dólar americano?
8. ¿Cómo se llama la moneda de Guatemala?
9. ¿Cómo se llama el famoso lago entre Bolivia y Perú?
10. ¿Es posible viajar por barco desde San Diego a Río de Janeiro, Brasil?

Actividades fuera de la clase - Exploration through the Internet

Un viaje por el mundo hispánico

Find out through the Internet:

1. ¿Cómo se llama la capital de la Argentina?
2. ¿Dónde se habla quechua?
3. ¿Cuánto cuesta un pasaje de ida y vuelta a la Ciudad de México?
4. ¿En qué países están las cataratas del Iguazú?
5. ¿En qué país se encuentra Tegucigalpa?
6. ¿Cómo se llama la moneda (*money, coin*) de España?
7. ¿Cuántos dólares hay en dos mil pesos mexicanos?
8. ¿En qué países de la América Latina hay pirámides?
9. ¿Dónde se comen empanadas?
10. ¿En qué país se encuentra el Machu Picchu?
11. ¿Qué idioma se habla en el Brasil?
12. ¿Cuál es el deporte más popular del mundo hispánico?
13. ¿Cómo se llaman los principales periódicos en la Argentina, España y México?
14. ¿Cuántos habitantes tienen México y España?
15. Su capital es Montevideo. ¿Cómo se llama este país?
16. ¿En qué país se encuentra la Pirámide del Sol?
17. Cuando estás usando la red (*the Web*) en español, ¿cómo se dicen las siguientes palabras?

click	word processor	computer
the Web	open	close
search	navigate	surf
keyboard	code	e-mail
password	screen	message
exit	reply	site

8

CAPÍTULO OCHO

Vocabulary preview
Demonstrative adjectives and
demonstrative pronouns
Indirect object pronouns
Pedir vs. preguntar
Indirect and direct object pronouns,
combined
Cultural note: *The International Passion*

Hay un dicho que dice . . .

En país de ciegos el tuerto es rey.
In the land of the blind, the one-eyed man is king.

ECHEMOS UN VISTAZO AL VOCABULARIO *Vocabulary Review*

VERBOS

preguntar	*to ask about*	pedir *(e:i)*	*to ask for (request),* *to order (in a restaurant)*
mandar	*to send; to command*	esquiar	*to ski*
jugar (u:ue)	*to play (games)*	regalar	*to give (a present)*
prestar	*to lend*	enviar	*to send*
llevar	*to wear; to carry*	mostrar (o:ue)	*to show*

SUBSTANTIVOS

Gente   People

el niño	*child (masc.)*	el entrenador	*coach, trainer*
la niña	*child (fem.)*	el jugador	*the player*
la tía	*aunt*	el futbolista	*soccer player*
el tío	*uncle*	el público	*the public*
el árbitro	*the referee*	el deportista	*the sport person*

Cosas   Things

el partido	*the match (game)*	la falda	*skirt*
el juego	*the game*	la cancha	*soccer field*
los patines	*skates*	los esquís	*skis*
la raqueta	*racket*	el arco	*net*
el fútbol	*soccer*	el básquetbol	*basketball*
el béisbol	*baseball*	el tenis	*tennis*
el club	*club*	el parque	*the park*
la mochila	*backpack*	el caballo	*horse*
el campo	*field, outdoors*	la moda	*fashion*
la bolsa de dormir	*sleeping bag*	la entrada	*ticket (for an event); entrance*
la pelota	*ball (soccer or baseball)*	la tienda de campaña	*tent*
la bicicleta	*bike*	la motocicleta	*motorcycle*

Más Palabras

aquí	*here*	si	*if*	qué	*what, which, how*
allá	*over there*	sí	*yes*	¿para quién?	*for whom?*
ahí	*there*	que	*that*	¿a quién?	*to whom*
demasiado	*too, excessively, too much*				

DEMONSTRATIVE ADJECTIVES

The words *this* and *that, these* and *those* followed by a noun, are called **demonstrative adjectives**. In Spanish, the demonstrative adjectives agree in gender and number with the noun they modify. Additionally, in Spanish, beyond *this* and *that,* a third demonstrative is added: *that over there*: *aquel, aquella.*

DEMONSTRATIVE ADJECTIVES:

Singular	*This*	**Plural**	*These*
masculine	**este**		**estos**
feminine	**esta**		**estas**
	That		*Those*
masculine	**ese**		**esos**
feminine	**esa**		**esas**
	That (over there)		*Those (over there)*
masculine	**aquel**		**aquellos**
feminine	**aquella**		**aquellas**

Examples:

est**a** casa	*this house*	est**as** cas**as**	*these houses*
es**a** casa	*that house*	es**as** cas**as**	*those houses*
aquella casa	*that house (over there)*	aquell**as** cas**as**	*those houses (over there)*
est**e** chico	*this boy*	est**os** chic**os**	*these boys*
es**e** chico	*that boy*	es**os** chic**os**	*those boys*
aqu**el** chic**o**	*that boy (over there)*	aquell**os** chic**os**	*those boys (over there)*

Observaciones

a. Demonstrative adjectives are normally placed before the noun. Descriptive adjectives in the same sentence are usually placed after the noun: **Esta** casa **blanca** – *This* white *house.*

b. Notice the gender and number agreement of the demonstrative adjective with the noun it modifies.

c. Demonstrative adjectives are usually repeated before each noun: ***Esta** muchacha, **este** chico y **aquella** señora son estudiantes aquí.*

d. The demonstrative adjectives are used to point out the distance and position (in space) of people and objects in relationship to the speaker. They can also be used to establish the same relationship in time.

este día - *this day*   ese día – *that day*   aquel día – *that day (a long time ago)*

EN CONTEXTO

Conversación Simulada

Luis y Nidia son esposos. Ellos tienen tres hijas: Marta, Nora y Julia. Las hijas tienen un cuarto lleno de sus cosas.

Nidia:	¿De quién es **este** libro rojo?
Luis:	Es de Julia. **Ese** libro azul es de Marta. **Aquel** libro verde es de Nora.
Nidia:	¿Y de quién son **esos** patines?
Luis:	**Eso** no lo sé. Pero **esta** raqueta de tenis es de Nora.
Nidia:	No comprendo por qué tenemos todas **estas** cosas en **este** cuarto.
Luis:	Porque **este** es el cuarto más grande de la casa.
Nidia:	**Este** cuarto es un desastre. Las muchachas lo tienen que arreglar hoy, o no van a poder mirar la televisión por una semana.

Vocabulario: patines—skates   raqueta—racket   desastre—disaster
arreglar—to fix; to rearrange

Actividad 1

    A   Work with a classmate and take turns pointing at things and people. Use *esta, esa, aquella* and their plural forms. Say something about each person or object you point to.

Examples:

1. Ese libro es grande.
2. Aquel chico es alto.
3. Aquellas plumas son negras.
4. Esos zapatos son nuevos y muy bonitos.

B   Add any appropriate demonstrative adjective or noun to complete the following phrases:

1. _____ casas
2. este _____
3. _____ clase
4. _____ mujeres
5. estas _____

6. estas _____
7. _____ hombres
8. esta _____
9. aquel _____
10. ese -_____

DEMONSTRATIVE PRONOUNS

Demonstrative adjectives become **pronouns** when:

    a. what the speaker is referring to is clear and;
    b. the noun is omitted.

To distinguish the demonstrative adjective from the demonstrative pronoun, you must add an accent mark on the stressed syllable of the pronoun:

ésta	**éstas**	**ésa**	**ésas**	**aquélla**	**aquéllas**
éste	**éstos**	**ése**	**ésos**	**aquél**	**aquéllos**

No quiero **esta** raqueta, quiero **ésa.**   *I don't want this racket, I want that one.*
Éste es nuevo, **aquél** es viejo.   *This one is new, that one (over there) is old.*

Notice that the demonstrative pronoun is formed in English by adding *one,* as in *this one.*

Another set of demonstrative pronouns are used (*the neuter form*s) when references are made to unspecified nouns, general ideas or concepts. They always end in **–o** and they are never followed by a noun nor given a written accent mark: **esto** *(this one),* **eso** *(that one),* and **aquello** *(that one over there).*

¿Qué es **eso?**   *What is that?*   **Eso** es un problema.   *That is a problem.*
Esto no tiene sentido.   *This doesn't make sense.*

Actividad 2

Work with a classmate. Look around, point to "this" and "that" and ask the questions below. You may also take things out of your pocket and ask the same questions.

¿Qué esto?   *¿Qué es eso?*   *¿Qué es aquello?*

EN CONTEXTO

Conversación Simulada

La madre y la hija:

Nidia: ¿Qué es **eso**, Julia?
Julia: Mamá, tú lo sabes. Es mi falda nueva.
Nidia: Pero, dios mío, es demasiado corta.
Julia: **Eso** no es verdad. Todo es relativo. Ahora todo el mundo lleva falda corta para patinar. Es la moda.
Nidia: **Esto** es un problema. Tenemos que hablar con tu padre.
Julia: ¿Pero qué va a saber papá **de esto?** Es moda de mujeres.
Nidia: Pero no es **esta** falda solamente. **Ese** vestido rojo es demasiado corto. **Ése** azul muestra *(shows)* todo. Tú solamente tienes catorce años.
Julia: ¿Qué es **esto** mamá? Estamos hablando de la moda moderna y tú no sabes mucho de **eso**. Mira a **aquella** chica en la calle. Ella solamente tiene trece años y lleva una falda más corta que **ésta**.
Nidia: Vamos a ver que dice tu padre.
Julia: Ay, ¡caramba! **Esta** casa es un infierno, aquí no se puede vivir en paz *(in peace)*. ¡Mamá, yo voy a llevar puesta **esta** falda o nada!

Answer the following questions about the conversation between Nidia and Julia:

1. ¿Quién es Nidia?

2. ¿De qué están hablando Julia y Nidia?

3. ¿Para qué necesita Julia la falda corta?

4. ¿Qué está de moda ahora?

5. ¿Qué es un problema según la madre?

6. ¿Con quién quiere hablar la madre?

7. ¿Quién no sabe nada de moda de mujeres?

8. ¿Quién dice: *Mira a aquella chica?*

9. ¿Qué tipo de falda lleva la chica?

10. ¿Cuántos años tiene la chica?

11. ¿Es Julia una chica obediente o rebelde?

INDIRECT OBJECT PRONOUNS

The indirect object pronouns show:

a. **To whom** something is given, told, explained, reported, etc.
b. **For (the sake of) whom** an action is performed.
c. **From whom** something is taken, bought, removed, and so on.
d. **For whom** a service or disservice is acted upon, if the direct object points to something belonging a person. In English, **the possessives** are used to show this relationship:

*El barbero **le** corta el pelo cada semana* — *The barber cuts **her** hair every week.*

Additionally, the indirect object pronouns in Spanish play other functions.

Indirect Object Pronouns

me	*to me, for me*	**nos**	*to us, for us*
te	*to you (fem.), for you*	**os**	*to you (pl.); for you (pl., fam.)*

le *(se)*	*to you, for you (form.)* *to him, for him* *to her, for her* *to it*	**les** *(se)*	*to you (pl.), for you (pl.)* *to them, for them (masc.)* *to them, for them (fem.)* *to them, for them (objects)*

Notice that indirect object pronouns do not show gender, although they normally agree in number with the indirect object they replace.

Ella **me** escribe en español.	*She writes to me in Spanish.*
Marilú **me** compra muchos regalos.	*Marilú buys many presents for me.*
El profesor **nos** explica la gramática.	*The professor explains the grammar to us.*
Juan **le** presenta su novia a él.	*Juan introduces his girlfriend to him.*

Position of the Indirect Object Pronouns

All object pronouns are usually placed immediately **before** a conjugated form of the verb.

Yo siempre <u>le</u> digo la verdad.   *I always <u>tell him</u> the truth.*

OPTIONAL ORDER

If the conjugated verb is followed by another verb in the infinitive or the present progressive, the object pronouns may also be attached to the verb in the infinitive or the present participle form:

Yo voy a decir<u>le</u> la verdad.	*I am going to tell him the truth.*
Yo estoy diciéndo<u>le</u> la verdad.	*I am telling him the truth.*
Marilú quiere decir<u>te</u> algo.	*Marilú wants to tell you something.*

Observaciones

Notas gramaticales:

a. The indirect object pronouns may co-occur with the indirect object nouns they replace.

Yo <u>le</u> doy el libro **a Marisa.**   *I give the book to Marisa.*

Notice that the phrase *a Marisa* is already telling us to whom the book was given. In Spanish, however, the indirect object pronoun must be included. *A Marisa* may be omitted but not the *<u>le</u>.* The sentence *Yo doy el libro a Marisa,* may be understood, but it is not grammatically correct in Spanish.

b. The third person pronouns *le* and *les* are ambiguous. In the sentence *Juan le presenta su novia,* it is not clear who the <u>le</u> stands for, since **le** could mean *to you, to him, to her.* To solve this ambiguity, Spanish uses **prepositional pronouns** or **phrases.** They may be added **at the end** or **at the beginning** of a sentence when an object pronoun is used.

Prepositional Pronouns

These prepositional pronouns may be placed at the end or the beginning of a sentence before the indirect object pronoun for emphasis or for clarification.

a mí	*to me, for me*	**a nosotros**	*to us*
a ti	*to you (fam.)*	**a vosotros**	*to you*
a Ud.	*to you*	**a Uds.**	*to you (pl.)*
a él	*to him*	**a ellos**	*to them*
a ella	*to her*	**a ellas**	*to them*

Examples:

Él **le** pasa la pelota **a él.**	*He passes him the ball.*
Olga **le** presta el dinero **a Ud.**	*Olga lends you the money.*
Su tía **les** manda las entradas **a ellos.**	*Her aunt sends them the tickets.*
A mí no **me** gusta la gente descortés.	*I don't like rude people.*
A ellos les dan ganas de jugar fútbol.	*They feel like playing soccer.*

The object pronouns **me, te, nos, os** are not ambiguous, however, the prepositional pronouns may be added to them to add emphasis or to make contrasts.

Tío Tomás **me** manda los regalos **a mí** no a ti.
Papá te está hablando **a ti**, no **a mí**.

*Uncle Tom sends the present **to me**, not **to you**.*
*Dad is talking **to you**, not **to me**.*

Actividad 3

   A   Use the prepositional pronouns at the end of these sentences as a clue to fill in the blanks with the appropriate indirect object pronoun:

1. Marisol _____ manda una carta **a mí.**

2. Ese niño nunca _____ habla **a nosotros.**

3. El profesor _____ da la tarea **a ellos**.

4. Su tío _____ regala una raqueta **a él.**

5. La madre _____ compra faldas muy cortas **a ellas.**

6. Alberto _____ está hablando **a Uds.**

7. El jugador _____ pasa el balón **a ellos.**

8. El policía _____ pregunta **a mí** donde vivo.

EN CONTEXTO

Conversación de Familia

Personajes: **Norma,** *la madre de José*
Miguel, *el padre de José*
Lucía, *la hermanita menor de José*
Marcos, *el hermano mayor de José*

personajes	*character*
zapatos	*shoes*
dulces	*candies*
le encanta	*he/she loves*

Norma: La semana que viene es el cumpleaños de José, ¿Qué le vamos a regalar?

Marcos: Yo le voy a regalar un balón de fútbol.

Miguel: Lo que (*what*) él necesita son zapatos de fútbol.

Marcos: Sí, yo lo sé, pero cuestan mucho.

Lucía: Yo le quiero dar unos dulces.

Norma: Tenemos que darle algo especial. Él es un buen chico. Estudia mucho, trabaja mucho, mantiene su cuarto limpio y siempre me está ayudando en la cocina.

Miguel: Él me dice que quiere una bicicleta nueva. Le voy a comprar una bicicleta, pero no nueva sino usada.

Norma: Esa es una buena idea. A él le gusta andar en bicicleta.

Marcos: Abuela dice que le va a mandar un regalo también.

Lucía: ¡Un regalo de la abuela! A mí ella no me manda nunca nada. Ella no me quiere tanto como a José.

Norma: No es verdad, Lucía. Tu abuela siempre te envía regalos, pero tú nunca te acuerdas de su cumpleaños. A ella le gusta recibir tarjetas de sus nietos.

Miguel: Está bien. Le vamos a hacer una fiesta de sorpresa. A José le encantan las sorpresas.

Lucía: Él nos va a matar si no hacemos nada. Él está esperando muchos regalos y una fiesta de cumpleaños. ¡Yo nunca tengo una fiesta de cumpleaños de sorpresa!

Norma: Ay, Lucía, siempre piensas solamente en **ti misma** (*yourself*).

B   Work with a classmate. Based on the conversation above, ask and/or answer the following questions:

1. ¿Cuándo es el cumpleaños de José?
2. ¿Qué le va regalar Marcos?
3. ¿Quiénes son Norma y Miguel?
4. ¿Qué necesita José?
5. ¿Por qué no le va a comprar Marcos los zapatos de fútbol a José?
6. ¿Qué le quiere dar Lucía a José por su cumpleaños?
7. ¿Qué clase de chico es José?
8. ¿Qué le va a comprar Miguel a José?
9. ¿Qué le gusta hacer a José?
10. ¿Qué le va a mandar la abuela?
11. ¿A quién la abuela nunca le manda nada?
12. ¿A quién le gusta recibir tarjetas y regalitos?
13. ¿A quién le van a hacer una fiesta de sorpresa?
14. ¿Qué dice Lucía de la fiesta de sorpresa?
15. ¿Es Lucía una adulta o una niña, **según** (*according to*) su conversación?

C   Ask a classmate the following questions:

1. ¿Quién nos **enseña** *(teaches)* español en la clase?
2. ¿A quién le das regalos en la Navidad?
3. ¿Quién te da regalos en tu cumpleaños?
4. ¿A quién le vas a mandar una carta pronto?
5. ¿Quién te presta dinero cuando necesitas?
6. ¿A quién le muestras tus notas al final del semestre?
7. ¿A quién le vas a dar el regalo más caro este año?
8. ¿Quién nos habla mucho en español en esta clase?

D   Add the correct prepositional pronouns to the following sentences.

1. Mi tío nos va a dar regalos __ _____.
2. Julia ama a José. Ella le va a dar un beso ___ ____ .
3. Nuestros padres nos prestan dinero ___ _____.
4. El entrenador les da un balón __ _____.
5. Antonio me da entradas para el partido ___ _____.
6. El niño te está hablando ___ _____.
7. ¿Quién le corta el pelo ___ _____?
8. ¿Quién les compra el pan __ _____?
9. Él me limpia el coche __ _____.
10. Mi madre me prepara un pastel __ _____.

PEDIR vs. PREGUNTAR

These two verbs, *pedir* and *preguntar,* are translated in English as *to ask* or *to ask for,* but in Spanish, they are not interchangeable.

Pedir (e:i) means *to ask for* in the sense of requesting something to be given.

Yo le **pido** dinero a todo el mundo.	*I ask everybody for money.*
Yo le **pido** el coche a mi padre.	*I ask my father for the car.*

Remember that in Spanish **por** (for) is not added to *pedir.* Remember that *pedir* is also used as the verb **to order,** not in the sense of commanding anything, but **ordering** as one would order food in a restaurant.

*Julia **pide** un refresco en el restaurante.*

Preguntar means *to ask for (about)* in the sense of asking for information:

Martín le pregunta a Nora dónde vive.   *Martín asks Nora where she lives.*

Notice that **hacer una pregunta** means *to ask a question*:

Profesor, ¿puedo **hacer una pregunta?**   *Professor, may I ask a question?*

Actividad 4

✍   Fill in the blanks in the following examples adding **pedir**, **preguntar**, or **hacer una pregunta,** whichever makes the most sense.

1. Julia le _____ dinero a su papá.

2. Yo le _____ a mi madre donde está mi padre.

3. La niña le _____ muchas preguntas a su padre.

4. Mario me _____ el libro.

5. El profesor me _____ cuántos años tengo.

6. ¿Qué quieres _____ a Santa Clos?

7. Es importante hacer _____ en la clase.

8. Mi tía me _____ quien tiene su raqueta de tenis.

9. El futbolista le _____ la pelota a su **compañero de juego** *(team mate)*.

10. Nora nos _____ regalos caros para su cumpleaños.

B   Ask a classmate the following questions. Ask him/her to use the indirect and direct object pronouns in his/her answers.

1. ¿Quién te va a dar regalos en la Navidad?

2. ¿Quién te va a servir la cena esta noche?

3. ¿Cuándo le vas a escribir una carta al presidente?

4. ¿A quién le vas a vender tu libro usado?

5. ¿Quién te va a prestar el dinero para comprar una casa?

6. ¿Quién te va a hacer preguntas sobre la gramática?

7. ¿Quién te va a traducir las oraciones?

8. ¿A quiénes les vas a hacer preguntas sobre la lección?

9. ¿Quién nos va a explicar esta lección?

10. ¿Dónde le vas a dejar los mensajes a tu amigo?

11. ¿Quién te va a lavar el coche?

Más Actividades

As an additional spoken practice **the teacher** may direct the following activity:
Form groups of three to six students. **Follow the steps below:**

First the teacher tells one student:

Teacher: *Mike, te voy a dar un libro para Julia.*

And then the teacher asks the same student, "*¿Qué te voy a dar?*

Mike:	*Me vas a dar un libro para Julia.*
Teacher:	*Julia, ¿quién te va a dar un libro?*
Julia:	*Me lo va a dar Mike.*
Teacher:	*Mike, ¿a quién le vas a dar un libro?*
Mike:	*Se lo voy a dar a Julia.*

The same procedure can be followed with other sentences:

Teacher: _____, le vas a explicar la lección a _____.

_____, le vas a leer una carta a _____.

_____, le vas a mandar un mensaje a _____.

_____, le vas a mostrar el anillo a _____.

_____, le vas a decir la verdad a _____.

_____, le vas comprar un coche a _____.

_____, le vas a dar un millón de dólares a _____.

La página de referencia

Pronouns

Subject Pronouns	*	Direct Object Pronouns	*	Indirect Object Pronouns	*	Reflexive Pronouns
Yo←I		me→me		me→to me		me →myself
Tú←you (fam.)		te→you (fam.)		te→to you		te→yourself
Ud.←you (formal)		lo/la→you		le →to you		se→yourself
Él←he		lo →him		le→to him		se→himself
Ella←she		la→her		le→to her		se→herself
Nosotros←we Nosotras←we		nos→us		nos→to us		nos→ourselves
Uds.← you-all		los/las→you-all		les→to you-all		se→to yourselves
Ellos←they (m.)		los→them		les→to you-all		se→themselves
Ellas←they (f.)		las→them		les→to them		se→themselves

The English direct object pronoun **it** could be either **lo** or **la**, depending on the gender of the thing <u>it</u> is representing: **a.** Yo **lo** tengo. (el libro) **b.** Yo **la** tengo. (la pluma).

Examples

Maribel **lo** habla.	*Maribel speak **it**. (Spanish)*
Maribel **me** habla.	*Maribel speaks **to me**.*
Maribel **se** habla.	*Maribel speaks **to herself**.*
Maribel **nos** habla.	*Maribel speaks **to us**.*
Maribel **les** habla.	*Maribel speaks **to you-all** or **to them**.*

Yo **me** hablo.	*I speak **to myself**.*
Yo **te** hablo.	*I speak **to you** (familiar).*
Yo **los** llamo.	*I call **them**.*
Yo **lo** comprendo **a él**.	*I understand **him**.*
Yo **lo** comprendo.	*I understand it.*
Yo **les** doy dinero **a ellos**.	*I give money **to them**.*
Yo **se lo** doy **a ellos**.	*I give **it to them**.*

Cultural Note

An International Passion

To find a common ground of communication with the Spanish speaking world, one has to know, even a little bit, about soccer. Soccer, called **la pasión o la fiebre del fútbol** *(soccer passion, or soccer fever),* is the number one sport in most of Central, South America and Spain. Not knowing anything about soccer is equivalent to someone visiting the United States and not knowing or understanding baseball; or not knowing about Abraham Lincoln, George Washington, hamburgers and fries, all put together.

Some knowledge of at least the vocabulary of soccer constitutes a good beginning for anybody trying to learn Spanish.

Soccer is a complex game that requires great skills physically as a well as mentally. Eleven players per team play two 45 minutes halves. Only three substitutes are allowed per game. The goalkeeper is the only player allowed to use his/her hands to stop a ball, and only in a restricted area. It is extremely hard to score a goal. Many Americans, especially some journalists who do not understand the game of soccer, tend to be surprised by the passion it generates. Soccer is a very competitive sport; the more you understand it, the more you might enjoy it. Millions of people all over the world follow the fate of their heroes, nationally as well internationally. It is truly a worldwide sport.

Students of Spanish must learn about soccer. Such knowledge could become a key to a door for good opportunities for communication and friendship in Spanish. Learn about Pelé and Armando Maradona, if not about many other famous players that are heroes to several millions of people.

La Fiebre del Fútbol

El fútbol es el deporte más popular del mundo. Durante los campeonatos mundiales cada cuatro años millones de personas lo miran en la televisión, siguen los detalles en periódicos y revistas. Millares de aficionados que tienen mucha suerte pueden asistir a los partidos. El resto sigue las aventuras y desventuras de su equipo por televisión.

El campeonato mundial organizado por la FIFA, (*Federación Internación de Fútbol Asociado*) cada cuatro años en diferentes países y diferentes continentes atrae la atención de todo el mundo. El fútbol es realmente un deporte mundial. En el año 2002 las finales del campeonato mundial se llevaron a cabo (*took place*) en Corea y Japón. Las finales del campeonato mundial del año 2006 se van a llevar a cabo en un país europeo.

Dos años antes de los juegos finales del campeonato mundial hay partidos eliminatorios en diferentes regiones del mundo. Casi todos los países del mundo tienen un equipo nacional y tratan de llegar a la final. De cerca de 150 países participantes sólo treinta y dos llegan a las finales.

VOCABULARIO ASOCIADO CON EL FÚTBOL *Terms Needed to Understand and Speak about Soccer in Spanish*

el fútbol	*soccer*	el balón	*soccer ball*	jugar	*to play*
la cancha	*soccer field*	el árbitro	*referee*	patear	*to kick*
parar	*to stop*	el pase	*the pass*	la falta	*foul*
el jugador	*player*	el futbolista	*soccer player*	el juego	*the match*
el partido	*match*	el *gol*	*the goal, score*	el arco	*the net*
el marcador	*the score*	el deporte	*sports*		
el guardameta	*goalkeeper*	las tribunas	*the stands*		
los aficionados	*fan*	el portero	*goalkeeper*		
el tiro penal	*the penalty kick*	el tiro de esquina	*the corner kick*		
el campeonato mundial	*The World Cup*	el fuera de lugar	*the outside*		
hacer un gol	*to score*	el partido de juego	*the soccer match*		
el torneo de fútbol	*soccer tournament*	el balompié	*soccer ball*		

Actividad 6

✍   Complete the following sentences using the soccer terminology we have just reviewed:

1. El jugador de fútbol _____ la pelota.

2. Él _____ para la pelota con las manos.

3. Si un jugador comete una falta muy seria el árbitro otorga un_____a favor del otro equipo._____

4. El campeonato mundial se lleva a cabo cada _____ años.

5. Un partido de _____ dura noventa minutos.

6. Cuando un jugador hace un _____ las tribunas gritan.

7. Cada equipo tiene _____ jugadores en la cancha.

8. Es muy difícil hacer _____.

9. La FIFA organiza _____ _____ _____ cada cuatro años.

10. Sólo 16 equipos llegan a las _____.

11. _____ es el deporte más popular del mundo.

12. Sólo el _____ puede tocar la pelota con la mano dentro de la cancha.

13. _____ y Armando _____ son los jugadores de fútbol más famosos del mundo.

En el fútbol la competencia es intensa. El principal objetivo es controlar la pelota con los pies sin tocar al oponente.

Observe esta foto y discútalo

Estos dos jugadores buscan el control del balompié, pero uno de ellos está cometiendo una falta. ¿Cuál es la falta? ¿Qué hará el árbitro? ¿Cómo reaccionará la hinchada si el árbitro no ve la falta?

REPASO GENERAL

EN CONTEXTO

Lea Lo Siguiente y Conteste las Preguntas Que Siguen:

Es a veces fácil y a veces difícil aprender un idioma nuevo. Es fácil cuando el estudiante tiene un sistema. Es muy difícil cuando el estudiante no tiene un sistema. Por ejemplo, si el estudiante no lee su libro en casa y viene a la clase sin prepararse, todo es difícil. Pero si el estudiante hace su tarea y lee el libro en casa, el profesor puede enseñar mejor y el estudiante puede aprender más.

No se puede aprender un idioma sin participar en clase. El estudiante tiene que practicar con sus compañeros de clase y con su profesor. Tampoco se puede aprender si el estudiante es indiferente a la importancia del idioma y a la importancia del estudio independiente. Cada estudiante debe aceptar la responsabilidad de aprender, de facilitar el aprendizaje (*learning*). A veces hay profesores terribles que interfieren con el aprendizaje en clase, pero es raro. Casi todo el tiempo el estudiante fracasa porque tiene malos hábitos en su modo de estudiar. Un buen sistema para aprender es: venir a clase todo el tiempo, leer antes de la clase el capítulo que está enseñando el maestro y hacer la tarea. Ayuda mucho también si el estudiante es curioso y le gusta experimentar con el nuevo idioma. Si el estudiante no quiere usar el idioma para comunicarse, entonces, aprenderlo es difícil. Claro que, cada estudiante tiene su propio sistema. ¿Sabes qué sistema o método usas? ¿Vas a adoptar un sistema para facilitar tu propio (*own*) aprendizaje?

Answer the following questions:

1. ¿Es fácil o difícil aprender un nuevo idioma?
2. ¿Cuándo es muy difícil aprender un idioma?
3. ¿Cómo puede el estudiante ayudar al profesor a enseñar mejor?
4. ¿Qué tiene que hacer el estudiante con su compañero de clase?
5. ¿Qué pasa si el estudiante es indiferente a la importancia del estudio?
6. Cuando tú no aprendes mucho, ¿es siempre la culpa de tu profesor?
7. Da un ejemplo de un buen sistema para estudiar lenguas extranjeras:
8. ¿Qué método usas tú para facilitar tu aprendizaje?
9. ¿Crees que si estableces un sistema de estudio podrías (*could*) aprender más y más rápido?

9

CAPÍTULO NUEVE

Vocabulary preview
Possessive pronouns
Reflexive constructions
The imperative and object pronouns
in negative and affirmative commands

Hay un dicho que dice . . .

Más vale pájaro en mano que cien volando.
A bird in the hand is worth two in the bush.

ECHEMOS UN VISTAZO AL VOCABULARIO *Vocabulary Preview*

VERBOS *Verbs*

Notice the "**se**" added to the ending of all reflexive verbs

acordar**se** (o:ue)	*to remember*	rasurar**se** (afeitarse)	*to shave*
bañar**se**	*to bathe*	levantar**se**	*to get up*
lavar**se**	*to wash oneself*	sentar**se** (e:ie)	*to sit down*
vestir**se** (e:i)	*to get dressed*	preocupar**se**	*to worry*
acostar**se** (o:ue)	*to go to bed; to lie down*	poner**se**	*to put on*
quitar**se**	*to take (it) off*	probar**se**	*to try on*
olvidar**se**	*to forget*	quejar**se**	*to complain*
llamar**se**	*to call one self*	enojar**se**	*to get angry*

SUBSTANTIVOS

Cosas	**Things**		
el baño	*bathroom*	el espejo	*mirror*
el botiquín	*medicine cabinet*	el peine	*the comb*
la máquina de afeitar eléctrica	*shaving machine*	el pantalón	*pants*
el cepillo	*the brush*	el pelo	*hair*
la peluquería	*barbershop; beauty salon*	la tarjeta	*card*
la tarjeta de crédito	*credit card*	el vestido	*dress*
el aire	*air*	la vida	*life*

Gente	**People**
el peluquero/la peluquera	*barber; hair dresser*

COGNADOS

Spanish words ending in *-cial are* normally cognates of their English counterpart:

artificial	*artificial*	comercial	*comercial*	crucial	*crucial*
especial	*special*	racial	*racial*	social	*social*
residencial	*residencial*	judicial	*judicial*	superficial	*superficial*
sustantial	*substantial*	provincial	*provincial*	torrencial	*torrencial*

LOS PRONOMBRES POSESIVOS *Possessive Pronouns*

The possessive pronouns are:

el mío			el tuyo			lo nuestro		
la mía	{		la tuya	{		la nuestra	{	
		mine			yours			ours
los míos			los tuyos			los nuestros		
las mías			las tuyas			las nuestras		

el suyo		
la suya	{	yours
		his
		hers
los suyos		theirs
las suyas		

> Any of these forms, *suyo, suyos, etc.* can refer to a singular or plural subject. The endings agree with the object possessed, not the possessor.

The possessive pronouns in Spanish usually, but not always, function like the English possessive pronouns. In Spanish, for instance, they agree in gender and number with the noun they replace.

Examples:

a.	El **suyo** (*el libro*) es rojo.	*Yours, his, hers or theirs is red.*
b.	El **mío** (*el libro*) es azul.	*Mine is blue.*
c.	Los **nuestros** (*los libros*) son azules.	*Ours are blue.*
d.	La **suya** (*la casa*) es roja.	*Yours, his, hers, theirs is red.*

Notice that in example "**a**" the ending of suy<u>o</u> matches the gender and number of the noun **el libro,** which it replaces. Also notice that the possessive pronouns match the ending of the object possessed, and not the possessor.

Ambiguous Possessives

The possessive pronouns **suyo, suya, suyos** and **suyas** are ambiguous, like the possessive adjectives **su** and **sus,** when the context is not clear. An alternate construction may be used for clarification:

	{	el de Ud.
		el de él
el suyo	{	el de ella
		el de Uds.
		el de ellos
	{	el de ellas

> In this form (the **article** + **de** + the **subject pronoun**) the article changes gender and number to agree with the noun being substituted:
>
> **El** carro de él.
> **Los** carr**os** de él.
> **Las** cas**as** de él.

THE POSSESSIVE PRONOUN MAY BE USED:

a. As a **subject** when it replaces it:

La madre de él siempre habla mucho.   *La suya siempre habla mucho.*

b. As a possessive pronoun when it replaces a noun after the verb **ser.** The meaning in this case implies that you are answering the question *Which one? - ¿Cuál es tu casa?*

Esta es **la mía**   **This one is mine.**

c. As an object of the *verb*:

Pásame **los míos.**   Pass *me* mine.

Actividad 1

 A   Work with another student to practice the use of the possessive pronouns. Point and ask each other whose (books, pens, etc.) something is:

Example:

¿De quién es la pluma?   *Es mía.*

1. ¿De quién es el lápiz?   _____

2. ¿De quién son los libros?   _____

3. ¿De quién son los zapatos?   _____

4. ¿De quién es esa mochila?   _____

5. ¿De quién es aquel cuaderno?   _____

6. ¿De quién es el coche rojo?   _____

B   Complete these sentences:

Examples:

Su pluma es roja. **La mía** es azul.
Sus coches son nuevos. **Los nuestros** son viejos.

1. Mi casa es grande, (*hers*) _____ es más pequeña.

2. Nuestra profesora es bonita, (*hers*) _____ es fea.

3. Mi casa es blanca, (*his*) _____ es azul.

4. Nuestros libros son caros, (*theirs*) _____ son baratos.

5. Tu pronunciación es buena, pero (*ours*) _____ es mejor.

6. Sus hijos son malos, (*ours*) _____ son buenos.

7. Tu libro está en buenas condiciones, en cambio (*mine*) _____ está en malas condiciones.

Un trío que toca música latina

Este es un trío de guitarristas que toca música latinoamericana. Los tríos son muy populares en la América Latina. Este es un trío que toca en los Estados Unidos. Es un grupo profesional llamado Ladrillo. El grupo tiene un repertorio de música folclórica, tradicional y ritmos populares. Los tríos normalmente tocan tres guitarras y a veces tienen maracas para acompañar a ciertas canciones.

La guitarra acústica juega un papel importante en la música latina tradicional y popular. Muchos de los grandes guitarristas y compositores de música para guitarra son de origen hispano. Por ejemplo, Andrés Segovia, Agustín Barrios, Héctor Villa-Lobos y Manuel Ponce. Segovia es de España, Barrios del Paraguay, Villa-Lobos del Brasil y Ponce de México.

Vocabulario: guitarristas – *guitar players*   tocar – *to play a musical instrument*
llamado – *called*   acompañar – *to accompany*   juega – *plays*

THE REFLEXIVE CONSTRUCTIONS

The reflexive construction occurs when the performer of an action (*the doer)* and the recipient of that action is the same entity. To show this relationship, the following reflexive pronouns are used: *me, te, se, nos, os.* These pronouns are similar to the direct and indirect object pronouns we studied before, except for the third person singular and plural where *se* is used. Almost any transitive verb can be made reflexive if it makes sense.

THE REFLEXIVE PRONOUNS TAKE THE FOLLOWING FORMS:

me	*myself*	nos	*ourselves*
te	*yourself (fam.)*	os	*yourselves (fam.)*
se	*yourself*	se	*yourselves (pl.)*
se	*himself*	se	*themselves (masc.)*
se	*herself*	se	*themselves (fem.)*

SUBJECT PRONOUNS	REFLEXIVE PRONOUNS	VERBS
↓	↓	↓
yo	me	miro
tú	te	miras
Ud.	**se**	mira
él	**se**	mira
ella	**se**	mira
nosotros	nos	miramos
vosotros	*os*	*miráis*
Uds.	**se**	miran
ellos	**se**	miran
ellas	**se**	miran

In the sentence, ***Yo me miro,*** the person who looks at, and who is being looked at, are the same; thus, we have a reflexive construction.

Some of the verbs used most frequently in the reflexive construction are:

acostar**se** (o:ue)	*to lie down, to go to bed*
rasurar**se**	*to shave*
afeitar**se**	*to shave*
bañar**se**	*to bathe*
despertar**se** (e:ie)	*to wake up*
levantar**se**	*to get up*
sentar**se** (e:ie)	*to sit down*
vestir**se** (e:i)	*to get dressed*
lavar**se**	*to wash oneself*
peinar**se**	*to comb one's hair*

> The reflexive verbs are usually listed with the **se** attached to the infinitive form of the verb. Many verbs that are used in Spanish in the reflexive construction can't be translated into English with a reflexive pronoun. The reflexives in Spanish perform many functions which do not correspond to the reflexive in English.

Actividad 2

Mark (☑) the reflexive constructions in the following sentences:

1. Ella me mira. _____
2. Nosotros nos miramos. _____
3. Juan se lava. _____
4. Juan lava el carro. _____
5. El chico se peina. _____
6. Ellos nos miran a nosotros. _____
7. Ella se llama Alicia. _____
8. Tú te miras en el espejo. _____
9. Ella te llama a ti. _____
10. Yo me hablo cuando estoy solo. _____
11. Julia peina a su hija. _____
12. Uds. se acuestan muy tarde. _____

Position of the Reflexive Pronouns

The reflexive pronouns, like all object pronouns, are placed before the conjugated verb:

Yo **me** baño.

However, in structures where the second verb is in the infinitive form or the gerund (**-ando, -iendo**), the reflexive pronoun may precede the conjugated verb or be attached to the infinitive or the gerund forms:

a. Yo **me** voy a bañar.
b. Yo voy a bañar**me.**
a. Yo **me** estoy bañando.
b. Yo estoy bañándo**me**.

Some verbs can have one meaning when used reflexively and another meaning when they are not. Here is a list of some common verbs that change their meaning when they occur in a reflexive construction.

acostar (*o:ue*)	*to put to bed*	acostar**se**	*to go to bed or lie down*
poner	*to put, to place*	poner**se**	*to put something on (clothing)*
levantar	*to lift*	levantar**se**	*to get up*
quitar	*to remove*	quitar**se**	*to take something off (clothing)*
llamar	*to call*	llamar**se**	*to call oneself*
ir	*to go*	ir**se**	*to leave, to go away*
vestir (*e:i*)	*to dress someone*	vestir**se**	*to get dressed*
sentar (*e:ie*)	*to seat (someone)*	sentar**se**	*to sit down*
probar (*o:ue*)	*to try, to taste*	probar**se**	*to try on*

Some Spanish verbs are used in the reflexive form with inanimate subjects. These subjects logically cannot act upon themselves, so they are not directly the agents producing the action.

In these cases the construction may be translated in English with the passive voice:

El aire se contamina más cada día porque hay demasiados coches.
The air is polluted more each day because there are too many cars.

Other verbs are reflexive in Spanish, but are not reflexive in English. In fact they wouldn't make sense in English if they were made reflexive.

acordar**se**	*to remember*	enojar**se** *(con)*	*to become angry*
olvidar**se**	*to forget*	preocupar**se** *(por)*	*to get worried*
quejar**se** (de)	*to complain*	descomponer**se**	*to break down*

Actividad 3

✍   **A**   Review the reflexive verbs on pages 192 and 157 and then complete the following sentences. Pay attention to the context and use the reflexive construction only when necessary.

1. Ella va a la tienda y _____ un vestido rojo, pero lo compra.
2. No sé su número de teléfono. No _____. Tengo mala memoria.

3. Los meseros en el restaurante *La Bodega* son muy malos y la comida es terrible. Yo siempre _____ al gerente.

4. La madre _____ a los niños primero, después se viste ella.

5. Yo siempre _____ a las seis de la mañana y después me visto.

6. Julia *(verse)* _____ en el espejo y ve a una chica muy bonita. "Ésa soy yo" dice Julia.

7. Julia tiene una cita con su novio y _____ el perfume más caro que tiene.

8. Raúl entra en la casa. Él lleva puesto una abrigo. En la casa hace calor. Raúl _____ el abrigo y lo pone en el sofá sobre el gato.

9. Soy un buen padre. Siempre acuesto primero a los niños y después yo _____ porque estoy cansado.

10. Arístides Espinosa es un hombre muy nervioso y violento. Él _____ fácilmente y sin provocación.

11. La señorita Rocío entra en el cuarto y dice:

    —No veo sillas. ¿Dónde voy a _____ ?

12. El niño tiene las manos limpias. Él *(lavarse)* _____ las manos con agua y jabón.

Mi rutina diaria *Complete the following statements:*

Casi sin fallar yo me adhiero a la siguiente rutina:

A las seis de la mañana: (despertarme) _____

A las seis y quince: (levantarme) _____

Inmediatamente: (cepillarse los dientes) _____

Preparo café, recojo el periódico, saco al perro afuera y después:

A las seis y cuarenta y cinco (bañarse) _____ con agua bien caliente.

A las siete menos cinco (afeitarse) _____

A las ocho y cinco (vestirse) _____

Mientras me visto tomo café, canto mi canción favorita y pienso en excusas para no ir a trabajar, pero nunca encuentro una buena. Voy a trabajar. Regreso a casa. Ceno mientras miro las noticias en la televisión. Y después . . . .

A las nueve y media (quitarse) _____ los zapatos

(desvestirse) _____ y (acostarse) _____

A veces (dormirse) _____ en el sofá mientras miro la televisión.

Los fines de semana esta rutina cambia completamente.

(acostarse) _____ y (levantarse) _____ muy tarde.

Describe a continuación tu rutina diaria: Write a list of your daily routine activities, from the time you get up to the time you go to bed:

1.

2.

3.

4.

5.

Actividad 4

LECTURA

La vida de Enrique

Enrique **se queja** de su vida. Él no vive una vida emocionante. Él dice que necesita más aventuras. Él dice que cada día **se levanta**, **se baña**, **se afeita**, **se viste**, desayuna y va a su trabajo. Después del trabajo Enrique vuelve a su casa, cena, mira la televisión, **se desviste**, **se acuesta**, lee un poco hasta que **se duerme**. A la mañana siguiente la misma rutina **se repite**: se levanta, se baña, se afeita, se viste, desayuna y va a su trabajo. Sus padres piensan que él es un excelente muchacho. Enrique no está de acuerdo. ¿Cómo se dice en español, "I don't have a life"?- le pregunta a su amigo, Ernesto. Ernesto le dice que no sabe.

Los fines de semana la vida de Enrique es mejor. Él se levanta tarde, no se baña ni se afeita y sale con sus amigos. Él regresa a casa muy tarde y muy cansado. Los domingos va a la iglesia, aunque (*even though*) él no es muy religioso. Él va a la iglesia porque Nora, una chica bonita, va a la iglesia.

Enrique quiere salir con Nora. Nora sabe eso, pero Enrique se viste muy mal y Nora piensa que él es un poco raro (*weird*). Además, Nora se aburre cuando él habla del dinero que tiene su padre. Nora a veces **se duerme** mientras Enrique habla. Y lo peor es que Enrique muchas veces sale sin **peinarse** y no **se corta** el pelo regularmente. A veces Enrique **se olvida** que Nora es una chica muy conservadora y que sus padres son muy estrictos y que tienen mucha influencia sobre Nora.

 Vocabulario de Preletura: vida—*life* emocionante—*exciting* desvestirse—*to undress* de acuerdo—*agree* aunque—*even though* salir con—*to go out with* raro—*weird, strange* aburrirse—*to get bored* a veces—*at times* lo peor—*the worst*

 A   Answer the following questions about Enrique:

1. ¿Cómo se llama el muchacho?

2. Describa la rutina diaria de Enrique.

3. ¿Tiene Enrique una vida muy emocionante?

4. ¿Cómo es la vida de Enrique los fines de semana?

5. ¿Qué hace Enrique los fines de semana?

6. ¿Adónde va Enrique los domingos? ¿Y por qué?

7. ¿Qué piensa Nora de Enrique?

8. ¿Quién se aburre de Enrique? ¿Y por qué?

9. ¿Qué le pasa a veces a Nora cuando Enrique está hablando mucho?

10. ¿Qué se olvida de hacer Enrique muchas veces?

11. ¿Qué clase de chica es Nora?

12. ¿Cómo son los padres de Nora?

✍   CONTEXTOS

¿Qué van a hacer las siguientes personas?

1. Rosa sale del baño. _____
2. Vicente escucha el despertador. _____
3. Maribel está poniendo agua en la tina. _____
4. Mariano tiene un peine en la mano. _____
5. José tiene mucho frío. _____
6. Pedro y Rosalba están en la playa y van a cambiarse de ropa. _____
7. Antonio no quiere tener una barba. _____
8. Reinaldo se levanta y va a prepararse para ir al trabajo. _____

El hombre se cepilla los dientes y se admira en el espejo. Él cree que es muy guapo.

El hombre se está peinando, pero no tiene mucho pelo. ¡Pobrecito! Él necesita una peluca o un transplante de pelo.

THE IMPERATIVE OR COMMAND FORM

Telling Others What to Do

The command form in Spanish has one special set of endings for the *usted* and *ustedes* forms, and a different set for the *tú* and *vosotros* forms of address. First, we will study giving commands in the **Ud.** and **Uds.** forms.

To learn how to form the imperative, you must be familiar with the first person of the present indicative, the **yo** form, of all verbs.

Study the following table:

Verbs ending in **-ar** change the **-o** to **-e** and **-en.**

Infinitive	First person singular present indicative	Imperative form Ud. (command)	Uds. (command)
	yo	Ud.	Uds.
hablar	**habl**o	hable	hablen
estudiar	**estudi**o	estudie	estudien
caminar	**camin**o	camine	caminen
recordar	**recuerd**o	recuerde	recuerden
pensar	**piens**o	piense	piensen
volar	**vuel**o	vuele	vuelen

Notice that the command form of **volar**, **pensar**, and **recordar** maintain the irregularity of the first person (*yo*) in the present tense. This change applies to all irregular verbs.

Verbs ending in **–er** and **–ir** change the **-o** to **–a** and **–an.**

	yo	**Ud.**	**Uds.**
comer	**com**o	coma	coman
abrir	**abr**o	abra	abran
salir	**salg**o	salga	salgan
servir	**sirv**o	sirva	sirvan
volver	**vuelv**o	vuelva	vuelvan

Actividad 5

✍ Change the following verbs, **first** into the <u>**yo**</u> form of the present indicative and **then** into the singular and plural command forms:

Presente tense		**Command form**	
	yo	**Ud.**	**Uds.**
regresar	_____	_____	_____
tener	_____	_____	_____
volver	_____	_____	_____
escribir	_____	_____	_____
pedir	_____	_____	_____
llamar	_____	_____	_____
poner	_____	_____	_____
traer	_____	_____	_____

Irregular Verbs

The verbs **ser, ir**, **dar, estar** and **saber** do not take their stem for the command form from the first person singular, and therefore must be memorized:

ser	soy	<u>**sea**</u>	**sean**
ir	voy	<u>**vaya**</u>	**vayan**
dar	doy	<u>**dé**</u>	**den**
saber	sé	<u>**sepa**</u>	**sepan**
estar	estoy	<u>**esté**</u>	**estén**

AFFIRMATIVE AND NEGATIVE COMMANDS AND THE POSITION OF OBJECT PRONOUNS

In affirmative commands, the object pronouns follow the verbs and are attached to them:

Háble**me**.	*Talk to me.*
Ábra**las**.	*Open them.*
Dígan**les** algo.	*Tell them something.*
Siénte**se** ahí.	*Sit down there.*

Object pronouns, including reflexive pronouns, precede the command in the negative form:

No **me** hable.	*Don't talk to me.*
No **las** abran.	*Don't open them.*
No **le** digan nada.	*Don't tell him anything.*
No **se** siente ahí.	*Don't sit there.*

Observaciones   Notas Gramaticales

  a. The command form takes the same endings as the present subjunctive (Lesson 16), with the exception of the affirmative forms of **tú** and **vosotros,** which undergo special changes.

  b. The familiar command form of **tú** uses a different set of endings:

   -**ar** verbs end in –**a** if they are in the affirmative, and end in –**es** if they are in the negative:

   habl**a** (*tú*)   **no** habl**es** (*tú*)

   -**er** and –**ir** verbs end in –**e** in the affirmative and in –**as** in the negative.

com**e**	no com**as**
abr**e**	no abr**as**

Note: The **tú** and **vosotros** forms of the imperative will be reviewed in lessons ahead.

¡*No **fume** en la clase de español!*

*No **mire** la televisión si está estudiando.*
***Mírela** después de completar su tarea.*

Actividad 6

 A   Give your partner the following commands and ask her/him to act them out. Add to this list as many commands as you can:

1. Levante las manos.
2. Baje las manos.
3. Ponga la mano derecha sobre su cabeza.
4. Ponga la mano izquierda en la mesa.
5. Cierre los ojos y cuente del uno al quince.
6. Escriba en el pizarrón su nombre completo.
7. Borre el pizarrón con la mano derecha.
8. Abra su libro en la página ochenta.
9. Diga, "todos van a recibir una "A"".
10. No haga nada por 15 segundos.
11. Camine alrededor del salón de clase.
12. Siéntese cerca de un estudiante alto.
13. Levántese rápidamente.
14. Abra su libro en la página cien.
15. Ponga su pluma en la página cien.
16. Ponga el libro debajo de su mesa.
17. Cierre los ojos y abra la boca.
18. Abra los ojos y cierre la boca.
19. Pregúntele al profesor/a como está.
20. Tome una hoja de papel en blanco.
21. Escriba en el papel su nombre completo y su fecha de nacimiento.

B   Complete these statements below with the command that best fits the context.

Choose from the following verbs, or add one from your own vocabulary.

limpiar	llegar	comprar	descansar	depositar
pedir	decir	hacer la tarea	no beber	
no fumar	estudiar mucho			

1. Señora, _____ el cuarto, por favor.
2. Vaya a su casa y _____. Tome mucho líquido y dos aspirinas cada cuatro horas.
3. Si necesita gasolina _____ en la estación de gasolina más barata.
4. Vaya al banco y _____ quinientos dólares.
5. Llame a su padre y _____ que su carro no anda.
6. Vaya a un restaurante y _____ una carne asada.
7. Dígale a su amigo: no _____ tarde a mi fiesta de cumpleaños.

8. Pretenda que Ud. es un padre que le está hablando a su hijo de catorce años y ordénele que:

1.   4.
2.   5.

C   Change the following affirmative commands into the negative form:

1. Páseme la sal, por favor.

2. Llámeme mañana después de las doce.

3. Deme el dinero hoy.

4. Tráiganos el libro.

5. Démelo a mí.

6. Mándeme el cheque.

7. Pregúnteselo a él.

8. Siéntese en la silla azul.

9. Levántese antes de las once.

10. Estúdielo rápidamente.

11. Míreme así.

12. Tóqueme la mano.

13. Dígaselo a él.

14. Hábleme más despacio.

Tire la basura en el basurero.
No la tire en la calle o en el piso.

D   What would the following people most likely say to others in the command form? Work in groups of two or three.

Por ejemplo: el doctor al paciente: "Tome dos aspirinas y llámeme mañana."

1. la madre al hijo:

2. el hijo a la madre:

3. el profesor a los estudiantes:

4. el novio a la novia:

5. el policía al conductor del carro veloz:

6. el jugador de fútbol a otro jugador de fútbol:

7. el hombre a su perro Rin Tin Tin:

8. un estudiante de español a otro:

9. una chica a un pretendiente insistente:

10. un director de cine a la actriz dramática:

10

CAPÍTULO DIEZ

Vocabulary preview
The preterit of regular verbs
The preterit of *ser, ir* and *estar*
Contrasting *por* and *para*
Speaking about the weather

Hay un dicho que dice . . .

Al pan pan y al vino vino.
Tell it like it is.

ECHEMOS UN VISTAZO AL VOCABULARIO   *Vocabulary Preview*

Verbos

ayudar	*to help*	entrar	*to enter*
cocinar	*to cook*	limpiar	*to clean*
barrer	*to sweep*	llover	*to rain*
nevar	*to snow*	preparar	*to prepare*
pasar por	*to come by; go by*	salir	*to go out, to leave*
	to stop by	salir con	*to go out with*

Substantivos

Gente	**People**		
el abuelo	*grandfather*	el suegro	*father-in-law*
la abuela	*grandmother*	la suegra	*mother-in-law*
el nieto	*grandson*	el yerno	*son-in-law*
los nietos	*grandchildren*	la nuera	*daughter-in-law*
la nieta	*grandaughter*	el cuñado	*brother-in-law*
el criado	*servant*	la cuñada	*sister-in-law*
el cocinero	*the cook*		

Cosas	**Things**		
la aspiradora	*vacuum cleaner*	la cocina	*kitchen*
la lata (el bote)	*can*	la escoba	*broom*
la lavadora	*washing machine*	la ropa	*clothing*
la salsa	*sauce*	los tallarines	*spaghetti*
los aderezos	*dressings*	el espagueti	*spaghetti*
el supermercado	*supermarket*	la secadora	*dryer*

Weather-Related Vocabulary—Seasons of the Year

el abrigo	*coat*	el invierno	*winter*
el paraguas	*umbrella*	el verano	*summer*
el impermeable	*raincoat*	la primavera	*spring*
la sombrilla	*parasol*	el otoño	*autumn*
el tiempo	*the weather (or time)*	la nube	*cloud*
nublado	*cloudy*	lluvioso	*rainy*
soleado	*sunny*	el viento	*wind*
la lluvia	*rain*	el sol	*sun*
la nieve	*snow*	la luna	*moon*

✍ C   Use one of the verbs listed here to complete the sentences below. You **must** use the preterit and the verb that correctly completes the context of the sentence.

ayudar	to help	*barrer*	to sweep	*preparar*	to prepare	*llover*	to rain
ver	to see	*viajar*	to travel	*entrar*	to enter	*lavarse*	to wash oneself
romper	to break	*secar*	to dry	*comer*	to eat		
comprar	to buy	*encontrar*	to find	*casarse*	to get married		

1. Ayer yo _____ en un restaurante muy caro.

2. La semana pasada él _____ un coche nuevo.

3. Los niños _____ el vaso de cristal en mil pedazos (*pieces*).

4. Esta mañana yo _____ el pelo con un champú muy bueno.

5. El año pasado Julia y Miguel _____ en una iglesia del siglo (*century*) XVII. Ahora ya tienen un niño de 9 meses.

6. Anoche nosotros _____ una película muy violenta. No me gustó.

7. Anteayer ella_____ 20 dólares en la calle. ¡Qué suerte!

8. Nora y Gloria _____ por tren a Monterrey y regresaron por avión.

9. El abuelo de Martín _____ la cena para todos. Él es un buen cocinero.

10. Anteayer doña María no _____ la ropa en la secadora (*dryer*) sino afuera (*but rather*) en el sol.

11. Anoche _____ toda la noche. Hay agua por todas partes.

12. El gato _____ por la ventana y salió por la puerta de atrás (back door).

13. Mi nieta _____ el piso ayer, pero ahora ya está sucio otra vez.

14. Rogelio me _____con mi tarea. Él es un buen tutor.

👤 D   Ask the following questions to a classmate. Answer the same questions without looking at your book.

1. ¿Dónde compraste tu libro de español?

2. ¿Con quién hablaste por teléfono ayer?

3. ¿Dónde llovió anoche?

4. ¿Quién te preparó la cena anoche?

5. ¿Cuándo compraste tu coche?

6. ¿A qué hora te levantaste esta mañana?

7. ¿Cuándo viste a tus abuelos la última vez (*last time*)?

8. ¿Con quién saliste el fin de semana pasado?

9. ¿Viajaste el verano pasado?

10. ¿Qué pasó ayer cuando manejaste (*drove*) a alta velocidad?

11. ¿Quién te ayudó a aprender español en la escuela secundaria?

12. ¿A qué hora llegaste aquí hoy?

Irregular Verbs in the Preterit

The verbs **ser, ir** and **dar** are some of many irregular verbs in the preterit. **Ser** and **ir** share the same conjugation and only the context can clarify which one you are using:

SER TO BE   /   IR TO GO

yo	**fui**	I was, I went	nosotros (-as)	**fuimos**	we were, we went
tú	**fuiste**	You were, you went	*vosotros (-as)*	*fuisteis*	you-all were, you-all went

Ud.		you were, you went	Uds.		you-all were, you-all went
él	**fue**	he was, he went	ellos	**fueron**	they were, they went
ella		he was, she went	ellas		they were, they went

Even though **dar** *(to give)* is an **–ar** verb it uses the ending of **–ir** verbs:

di	**diste**	**dio**	**dimos**	**disteis**	**dieron**
I gave	you gave	you, he, she gave	we gave	you-all gave	you-all, they gave

Actividad 2

Fill the blanks with the appropriate conjugation of the verb in the preterit.

1. Ayer yo (ir) _____ al cine.

2. Ella me (dar) _____ un beso en la mejilla.

3. Uds. (ir) _____ al mercado.

4. Nosotros (ser) _____ buenos estudiantes.

5. Yo le (dar) _____ la tarea al profesor.

6. Él me (dar) _____ una F.

7. Ellos (ir) _____ a Guatemala por avión.

8. Tú no me (dar) _____ la dirección de Alicia.

9. Tú (ir) _____ al cine solo.

10. Él (ser) _____ el hombre que nos vendió el coche.

11. Uds. (ser) _____ muy amables con la señora.

12. Tú (ser) _____ mi primer amor.

Answers: 1. fui 2. dio 3. fueron 4. fuimos 5. di 6. dio 7. fueron 8. diste 9. fuiste 10. fue 11. fueron 12. fuiste

Actividad 3

EN CONTEXTO

Conversación Simulada

El viaje a México

Julia: ¡Hola, Nora! ¿Qué pasó?

Nora: Nada. Fui a una **agencia de viajes*** y me dieron la mala noticia.   *travel agency
No tenemos **bastante*** dinero para ir a México.   *enough

Julia: Miguel y yo fuimos a México el año pasado y no costó mucho.
No fuimos a una agencia de viajes. Un día, Miguel simplemente
llamó a su trabajo, les dio una excusa y **volamos*** a Cancún.   *we flew

Nora: Uds. tienen más dinero que nosotros. Martín usó nuestros **ahorros***   *savings
cuando compró nuestro coche.

Julia: No tenemos más dinero que Uds. Miguel le **pidió prestado*** mil   *borrowed
dólares a su madre, vendió su motocicleta vieja y trabajó unas horas
extras antes de nuestro viaje. Fuimos muy felices en México. Algo
como una segunda **luna de miel.***   *honey moon

Nora: Pero, ¿de quién fue la idea? Este viaje fue mi idea. Martín no está
seguro* si quiere ir o no. El cree que vamos a **gastar*** demasiado. Uds.   *sure *to
spend
fueron   porque fue idea de los dos.

Julia: ¡Bah! Los hombres no saben lo que quieren. Tú y él necesitan unas
vacaciones. Nosotros fuimos a México con poco dinero. Fue una gran
experiencia. No usamos todo el dinero que su madre nos dio. Cuando
regresamos yo le **devolví*** todo el dinero a su madre después de un   *gave back
mes. **Claro que*** comimos frijoles por dos meses, pero fue una gran   *of course
escapada*.   *escapade

Nora: Bueno, vamos a ver. Esta noche voy a hablar con Martín y le voy a decir
que Uds. fueron a México con muy poco dinero.

Julia: Bueno, Nora. Te deseo buena suerte. ¡Nos vemos!

Answer the following questions about the *VIAJE A MÉXICO*.

1. ¿A quién le **habló** Julia acerca de un viaje?

2. ¿Adónde **fue** Nora y qué clase de noticias recibió?

3. ¿Quiénes **fueron** a México el año pasado?

4. Según Julia, ¿**costó** el viaje mucho o poco dinero?

5. ¿A quién **llamó** Miguel?

6. ¿Cómo **fueron** Julia y Miguel a México? ¿Volaron o manejaron?

7. ¿Quién **usó** sus ahorros para comprar un coche nuevo?

8. ¿Qué **vendió** Miguel?

9. ¿De quién **fue** la idea del viaje a México?

10. ¿Quiénes no saben nada?

11. ¿Quiénes **fueron** a México con poco dinero?

12. ¿Quién les **prestó** mil dólares a Julia y Miguel?

13. ¿Quiénes **comieron** frijoles por dos meses?

14. ¿Qué **fue** una gran escapada?

15. ¿Qué cree Ud. que **visitaron** Julia y Miguel en México?

Contrast between "Por" and "Para"

The English preposition *for* has two translations in Spanish: **por** and **para.** These two versions of *for* are not interchangeable. Additionally, these two prepositions have other translations in English.

When to Use Para

Para may be used to indicate:

1. **Destination and direction in time and space:** *for, to*

    a. Mariano sale **para** México el lunes.   *Mariano leaves **for** México on Monday.*
    b. Julia viene **para** acá.   *Julia is coming **this way.***
    c. ¿**Para** dónde vas?   *Where are you heading **for**?*

2. **Deadlines:** *by (speaking of time) for when*

    a. Lo quiero **para** mañana.   *I want it for (**by**) tomorrow*
    b. ¿**Para** cuándo lo quieres?   *When do you want it **by**?*

3. **Purpose, goals and objectives:** *for, to be used for, in order to*

    a. Estudia **para** ser médico.   *He studies **to become** a doctor.*
    b. Es un estante **para** libros.   *It is a bookcase. (It is a shelve **for** books)*
    c. Necesito un buen libro **para** leer.   *I need a good book **to** read.*
    d. Hay que comer **para** vivir.   *One must eat **in order to** live.*
    e. Estudiamos **para** el examen.   *We are studying **for** the test.*

4. **Recipient:** *destined for*

    a. El regalo es **para** mamá.   *The present is **for** mom.*
    b. ¿**Para** quién es la carta?   *For whom is the letter?*

5. **Time expressions:**

    a. Van a llegar **para** las once.   *They will arrive **around** eleven.*
    b. Vamos a regresar **para** las nueve.   *We will come **by** nine.*

6. **Comparisons or points of reference:**

    a. **Para** un hombre famoso él es muy humilde.   *For a famous man, he is very humble.*
    b. Es muy alto **para** su edad.   *He is tall **for** his age.*

The preposition **para** also occurs in many idiomatic expressions.

When to Use "Por"

Por may be used to indicate:

1. **Length of time, duration:**

   a. Estudié **por** dos horaS pero no recuerdo nada.

   *I studied **for two hours,** but I don't remember anything.*

   b. ¿**Por** cuánto tiempo vamos a esperar?

   ***For how long** are we going to wait?*

2. **On behalf of, in place of:**

   a. Voy a trabajar **por** ti esta noche.

   *I will work **in your place** tonight.*

   b. Lo hice **por** mi madre.

   *I did it **for** my mother.*

3. **Approximate time or location:**

   a. Creo que vive **por aquí.**

   *I believe he lives **around here.***

   b. **Por esos años** yo trabajaba en Jalisco.

   ***Around that time** I was working in Jalisco.*

4. **Area of transit:** *by, through, along*

   a. Pasé **por** tu casa dos veces y no te vi.

   *I went **by** your house twice, but I didn't see you.*

   b. Caminé **por** las calles buscándola.

   *I walked **along** the streets looking for her.*

   c. El ladrón entró **por** la ventana.

   *The thief entered **through** the window.*

5. **Substitution, exchange, interchange, value** (*price*), **per hour:**

   a. Le di 30 dólares **por** un libro usado.

   *I gave him 30 dollars **for** a used book.*

   b. Me pagan **por** hora, pero muy poco.

   They pay me hourly (per hour), but not much.

   c. ¿Cuánto quieres **por** tu coche?

   *How much do you want **for** your car?*

   d. Quiero cambiar ésta roja **por** la azul.

   *I want **to exchange** this red one **for** the blue one.*

6. **Means** (*by*), **manner:** *by, by way of*

   a. Julia va a regresar **por** tren.

   *Julia is returning **by** train.*

   b. Te voy a llamar **por** teléfono.

   *I'm going to call you **on** the phone.*

7. **Agent or entity responsible for an action:**

   a. El libro *Cien años de Soledad* fue escrito **por** Gabriel García Márquez.

   *The book 'One hundred Years of Solitude was written **by** Gabriel García Márquez. .*

   b. El informe fue escrito **por** el comité para el presidente.

   *The report was written **by** the committee for the president.*

8. **To be about to . . .**

   a. Está **por** llover.

   *It is **about to** rain.*

   b. Miguel estaba **por** llamar a la policía cuando Julia regresó.

   *Miguel was **about to** call the police when Julia returned.*

9. **Reasons, cause:** *because of, on account of*

   a. Nora llegó tarde **por** la lluvia.

   *Nora came late **because of** the rain.*

   b. Perdóneme **por** llegar tarde.

   *Forgive me **for** being late.*

   c. Voy a regresar **por** mi hija más tarde.

   *I'm going to come back **for** my daughter later on.*

Observaciones

a. **Note** the following contrasts between **¿por qué?** and **¿para qué?. ¿Por qué?** always implies an inquiry about the reason. **¿Para qué?,** on the other hand, implies *for what purpose, for what end.* Notice the contrast in the sentences below:

a) ¿Por qué hizo él eso? *Why did he do that?*
   Porque fue necesario. *Because it was necessary.*

b) ¿Para qué hizo eso? *What did he do that for?*
   Para llamar la atención. *In order to call attention to*

b. Other prepositions may take the place of **por** and **para** to convey the same meaning. For example:

Está **a punto de** llover. *It is about to rain.*
Está **por** llover. *It is about to rain*

Julia viene **a** jugar tenis. *Julia comes to play tennis.*
Julia viene **para** jugar tenis. *Julia comes to play tennis.*

c. The preposition **por** is also part of many idiomatic expressions:

ir por	*to go to get*	venir por	*to come to get*
por favor	*please*	por fin	*finally*
por suerte	*luckily*	¡por Dios!	*For goodness's sake!*
por ahora	*for now*	por casualidad	*per chance, by chance*
por la tarde	*in the afternoon*	por si acaso	*just in case*
por ejemplo	*for example*	por supuesto	*of course!*
por lo menos	*at least*	por eso	*for that reason*

Actividad 4

Choose between "por" or "para" according to the context:

1. El carro nuevo es _____ Ud. *(recipient; for whom)*

2. La tarea es _____ mañana. *(deadline)*

3. Ayer estudié _____ tres horas. *(length of time)*

4. Necesito más dinero _____ poder comprar el coche. *(in order to)*

5. Vamos a ir a México _____ tren. *(means of transportation)*

6. Viajamos _____ toda la Argentina. *(through out)*

7. Ella llegó aquí _____ las nueve. *(by, around time)*

8. El libro *La casa de los espíritus* fue escrita *(was written)* _____ Isabel Allende. *(by whom)*

9. Yo escribí este poema _____ ti. *(for whom)*

10. No fui a la universidad _____ temor al examen. *(because of, reason why)*

Estos libros <u>fueron</u> escritos <u>por</u> famosos escritores latinoamericanos. Pablo Neruda es chileno. <u>Ganó</u> el premio Nóbel de literatura. Gabriel García Márquez es colombiano y también <u>ganó</u> el premio Nóbel de literatura. La gran mayoría de las obras de estos escritores <u>fueron</u> traducidas al inglés y muchos otros idiomas. Octavio Paz <u>nació</u> en 1914 y <u>murió</u> en 1998. Pablo Neruda <u>nació</u> en 1904 y <u>murió</u> en 1973. Ambos escritores son muy leídos en la actualidad.

Conversación Simulada

*NEW VOCABULARY AND EXPRESSIONS FOR THE CONVERSATION BELOW:

bastante—*enough* independiente—*independent* valerme por mí mismo—*to be able to take care of myself* ¡Qué lástima!—*What a pity!* lastimosamente—*unfortunately* quizás—*maybe* otras cosas—*other things* tonto—*dumb* prestar—*to borrow* morirse—*to die* al cielo—*to heaven* temor—*fear* pedir prestado—*to borrow* prestar—*to lend*

Ernesto Tiene Problemas

Raúl: ¿Qué te pasa Ernesto?

Ernesto: Tengo problemas en el trabajo. Sólo voy a trabajar allí **por** un día más.

Raúl: ¿**Por qué**? ¿Qué clase de problemas tienes?

Ernesto: *****Es que** sólo me pagan cinco dólares **por** hora. Y no es bastante. Necesito **ganar** más dinero.

Raúl: ¿Y **por qué** no te ayudan tus padres? Ellos tienen dinero **para** todo.

Ernesto: Ellos no quieren ayudarme. Dicen que debo aprender a ser *****independiente,** que debo aprender a *****valerme por mí mismo.**

Raúl: ¡*****Qué lástima!** Los padres hispanos ayudan a sus hijos casi toda la vida. Ellos piensan que si tienen dinero sus hijos no deben sufrir.

Ernesto: Pues, mis padres no son latinoamericanos *****lastimosamente.** Bueno, no sé que hacer. *****Quizás** debo trabajar en dos trabajos porque **para** el doce de agosto tengo que pagar **por** los libros y tengo que tener *****bastante** dinero **para** comprar comida, **para** salir con mi novia y **para** *****otras cosas** más.

Raúl: ¿**Por** cuánto tiempo piensas estudiar?

Ernesto: **Por** tres años más.

Raúl: ¿Por qué no le pides dinero a tu tía Rosa. Ella puede pagar **por** tus clases.

Ernesto: ¡**Por** Dios, Raúl! ¿Estás loco? Mi tía Rosa está **por** morirse. No sé **por** cuánto tiempo va a vivir.

Raúl: Pero, ¿**para qué** quiere ella tanto dinero si no puede llevárselo *****al cielo**?

Ernesto: Raúl, mucha gente con dinero tiene miedo de ayudar **por** temor a que la gente le pida más.

Raúl: Oye, voy a hablar con mi padre y voy a llamarte **por** teléfono. Más tarde voy a pasar **por** tu casa y **para** entonces voy a tener una solución **para** tu problema.

Ernesto: ¿Qué vas a hacer?

Raúl: No te preocupes. **Para** eso tienes un amigo. Somos amigos **para** ayudarnos.

Ernesto: **Por** favor, Raúl. No tienes que hacer nada **por** mí. Yo tengo que aprender a valerme por mí mismo.

Raúl: No seas *tonto, hombre. Uno **para** todos y todos **para** uno. Voy a estar en tu casa **para** las nueve.

Actividad 5

A   Answer the following questions based on the dialog *EL PROBLEMA DE ERNESTO*

1. ¿Por cuánto tiempo más va a trabajar Ernesto?

2. ¿Cuántos dólares por hora le están pagando?

3. ¿Quiénes tienen dinero para todo?

4. ¿Qué debe aprender Ernesto?

5. ¿Qué piensan los padres hispanos?

6. ¿Qué tiene que pagar Ernesto para el doce de agosto?

7. ¿Para qué tiene que tener bastante dinero?

8. ¿Por cuánto tiempo piensa estudiar?

9. ¿Por qué Ernesto no le pide prestado el dinero a su tía?

10. ¿Qué no puede llevar al cielo la tía de Ernesto?

11. ¿Quién va a pasar por la casa de Ernesto?

12. ¿Para qué son los amigos?

13. ¿Qué le dice Ernesto a Raúl?

14. ¿Qué responde Raúl?

B   Complete the following sentences with the correct usage of **por** and **para**:

1. Ni Julia ni Miguel están en casa porque ayer salieron _____ México.

2. ¿_____ cuándo quieres el dinero? ¿Para mañana? No, eso es imposible.

3. Oye, voy a pasar _____ tu casa a eso de la diez. ¿Vas a estar en casa?

4. Voy a viajar _____ tren. No me gusta volar. Tengo miedo de los aviones.

5. No puedo ir a la fiesta. Esta noche tengo que trabajar _____ Miguel porque está enfermo.

6. ¿Cuánto pagaste _____ tu coche?

7. Ella llegó tarde porque primero fue _____ la casa de María.

8. No me gusta estudiar. Estudio _____ mi madre. Ella dice que la educación es muy importante.

9. Miguel y Julia van a estar en México _____ un mes.

10. Compré un regalo _____ mi padre. Mañana es el día de su santo.

C   Ask a classmate the following questions. If necessary make up your answers.

1. ¿Por cuánto tiempo vas a estudiar español?
2. ¿Cuánto pagaste por tu coche, más o menos?
3. ¿Cuántas horas trabajaste ayer?
4. ¿Quién hace muchas cosas por ti?
5. ¿Te gusta viajar por tren o prefieres viajar por avión?
6. ¿Qué te dio tu madre por tu cumpleaños?
7. ¿Cuándo sales para tu casa?
8. ¿Por qué estudias español?
9. ¿Vas para tu casa después de la clase o vas a pasar por una cantina primero?
10. ¿Tienes un lápiz verde por casualidad?
11. ¿Haces más cosas por la mañana o por la tarde?

D   Complete the following using the idiomatic expressions with "*por*" found on page 175.

1. No hagas eso, _____ _____. Gracias.
2. Ah, _____ _____ llegaste.
3. ¿Crees que va a llover? Bueno, voy a llevar mi paraguas _____ _____ _____.
4. El coche no quiere empezar, pero _____ _____ tú sabes de mecánica.
5. ¿Necesitas pedirme prestado mi coche? ¡ _____ _____! Aquí tienes las llaves.

TALKING ABOUT THE WEATHER

¿Qué tiempo hace?   *What is the weather like?*

In Spanish the word *tiempo* means time, but it also means **weather.** The verb **hacer** is used instead of the verb **ser** to speak about certain weather conditions.

Hace	calor	*It is hot.*
	frío	*It is cold.*
	viento	*It is windy.*
	fresco	*It is cool.*
	sol	*It is sunny.*
	buen tiempo	*It is good weather.*
	mal tiempo	*It is bad weather.*

Notice that **mucho** is used instead of **muy** as the modifier: Hace **mucho** calor. *It is very hot.*

Describing other weather conditions that do not use the **hacer** form to describe the weather.

llover (o:ue)	*to rain*	n**e**var (e:ie)	*to snow*
lloviznar	*to drizzle*	neblina	*fog*
nieve	*snow*	lluvia	*rain*
granizo	*hail*	tormenta	*storm*

llover is a stem-changing verb:
llueve—*It rains.*
Nevar (e:ie) is also irregular.
Nieva—I*It snows*

Actividad 6

 A   Look outside and answer these questions:

1. ¿Está lloviendo?

2. ¿Está nevando?

3. ¿Hace viento?

4 ¿Hace mucho frío?

5. ¿Hace mucho calor?

6. ¿Hay nieve en la calle?

7. ¿Hay neblina en la carretera?

8. ¿Llovizna o llueve?

En el dibujo (picture) ¿por qué está llevando paraguas las señorita?

B   Complete the following describing weather conditions:

1. En mi ciudad en el mes enero hace _____.

2. En mi país en el mes de diciembre _____.

3. En noviembre en Alaska _____.

4. En diciembre en la Argentina _____.

5. Hoy aquí _____.

6. Ahora está lloviendo en _____.

7. Ahora está nevando en _____.

8. En julio, al sur del ecuador normalmente hace _____.

9. En Finlandia en el invierno _____ mucho _____.

10. Cuando hace _____ yo llevo un abrigo.

11. Cuando llueve llevo un _____ para protegerme de la lluvia.

12. Cuando hace _____ llevo sombrillas (*parasol*).

La Temperatura

In Spain and Latin America, as in most countries of the world, temperatures are measured on the Celsius scale. For example, 32 Celsius (32C) is equivalent to 90 Fahrenheit (90F).

Other Terms Related to the Weather

Hace mucho calor en el desierto.
Hay mucha humedad.
El cielo está nublado.
Las nubes son muy blancas.
Hay nieve en la calle.
Hay hielo en la calle.
Hay relámpagos.
La temperatura está subiendo.
La temperatura está bajando.
La tormenta está llegando.
Hay niebla en la carretera.

¡Averigua! Consulta la red

1. ¿Qué tiempo hace esta semana en las principales ciudades de Latinoamérica?

   a. Buenos Aires
   b. Santiago de Chile
   c. La Paz
   d. San José

2. ¿Qué tiempo hace en Madrid, España?

Cultural Note

Padres e hijos *Parenthood*

1

Children are at the center of the Spanish speaking families. They participate actively in all family occasions such as dances, festivals, weddings and funerals. They are taken to dances, to festivals and other social events, where in most of the United States only adults attend.

Parents tend to be extremely protective of their children and keep them under constant supervision. Children also tend to live with their parents until they get married. Some of these behaviors are dictated by economic conditions. Most of these young people stay with their parents to get support while they are preparing for a career or looking for a job. It is not uncommon for a household to be composed of several generations: husband and wife, the grandparents, the children of the couple, and at times a nephew or niece. In many countries the lack of well-paying jobs and inadequate housing influence these types of family relationships.

2

Where unemployment is high, families network to cope with the lack of money and job opportunities. This in turn promotes the need for cooperation, closeness and togetherness. Family unity becomes a necessity and it becomes the highest cultural value, eclipsing even the value of education.

3

One of the main differences in child rearing is observed in dealing with the value of the independence of a child. An American parent would **tend to** feel that a child should leave home when he/she reaches adulthood to become independent, to learn "to take care of oneself." A Spanish speaking person may think it is cruel or unloving for a parent to say, "I can't wait for my son or daughter to leave the house and live on his/her own."

In most Latin American countries middle class and upper middle class parents would tend to not allow their children to do menial work believing that this may give the message that they don't love their children. For example, they become critical of American parents when they allow their children to have paper routes or work in fast food restaurants. Poor families, of course, decry that they can't protect their children from the world. Thus, Spanish-speaking children tend to depend on their parent's support a lot longer than American children.

11

CAPÍTULO ONCE

Vocabulary preview
The uses of *hacer* in time expressions
The preterit: irregular verbs
The imperfect tense
The imperative forms of "tú"

Hay un dicho que dice

Lo hecho, hecho está.
What is done is done.

ECHEMOS UN VISTAZO AL VOCABULARIO   *Vocabulary Preview*

VERBOS   *Verbs*

apagar	*to turn off*	caminar	*to walk*
encender	*to turn on*	ir de pesca	*to go fishing*
prender	*to turn on*	ir a bailar	*to go dancing*
enseñar	*to teach, to show*	ir de compras	*to go shopping*

COSAS   *Things*

el arroz	*rice*	la basura	*trash*
el basurero	*trash can*	el fregadero	*sink*
la escoba	*broom*	la secadora	*dryer*
el lavarropas	*washing machine*	la aspiradora	*vacuum cleaner*
el trapo	*rag*	el piso	*floor*
la alfombra	*carpet*	el jabón	*soap*
el detergente	*detergent*	la liquidación	*sale*
la venta	*sale*	la ganga	*bargain*
los trabajos de la casa	*household chores*	el ama de casa	*homemaker*

OTRAS PALABRAS Y FRASES   *Other words and phrases*

casi nunca	*almost never*	de vez en cuando	*once in a while*
en esa época	*then; in those days*	otra vez	*again*
entonces	*then, thus*	de nuevo	*again*
¡rápido!	*quick!*	despacio	*slow*
paciencia	*patience*	que	*that; what; than*
plato	*dish; plate*	arroz con pollo	*chicken with rice*
mismo/a	*same*		

COGNADOS PERFECTOS   *Perfect cognates*

Perfect cognates are words that in English and Spanish are spelled the same way and have the same meaning. Pronunciation, of course, varies according to the language:

Examples:

radio	ideal	doctor	motor	hospital	fatal
real	rural	general	dental	actor	total
animal	violín	gas	capital	metal	pastor

FALSOS AMIGOS *False friends*

Words which have the same or similar spelling in both languages, but have different meanings, are sometimes called *falsos amigos.* For example:

lectura is not *lecture,* but **reading**
fábrica is not *fabric,* but ***factory***

THE USES OF *"HACER"*

To express the idea of how long something has been going on, from the past to the present, Spanish uses the verb ***hacer*** in the manner shown below:

Hace dos años que estudio español.   *I have been studying Spanish for two years.*

In this construction the third person singular of ***hacer*** is used followed by ***the time*** in question and then by ***que*** and the ***verb*** in the ***present tense.***

Hace + dos meses + que + trabajo aquí.

*I have been working here for two months.

Hace + dos horas + que + no como.

I have not eaten for two hours.

*Notice that in English the present perfect is used to express the same idea.

Examples:

¿Cuánto tiempo hace que vives en California?   *How long have you been living in California?*
Hace cinco años que vivo aquí.   *I have been living here for five years.*

Observación Nota Gramatical

Hace preceded or followed by a verb in the **past tense** changes its meaning to express the idea of ***ago*** in English.

Compré ese coche **hace un año** y pico.   *I bought that car a year or so **ago.***

Actividad 1

✍   A   Answer in writing the following questions about yourself:

1. ¿Cuánto tiempo hace que estudias español?
2. ¿Cuánto tiempo hace que no vas a la playa?
3. ¿Cuánto tiempo hace que conoces a tu mejor amigo?
4. ¿Cuánto tiempo hace que tienes tu coche?
5. ¿Cuánto tiempo hace que vienes a estas clases?

B   Ask a classmate the following questions:

1. ¿Cuánto tiempo hace que vives en la misma casa?

2. ¿Cuánto tiempo hace que conoces a tu mejor amigo o amiga?

3. ¿Cuánto tiempo hace que manejas el mismo coche?

4. ¿Cuánto tiempo hace que estás aquí?

5. ¿Cuánto tiempo hace que te levantas antes de las siete de la mañana?

VERBS THAT ARE IRREGULAR IN THE PRETERIT

Several verbs have an irregular stem in the preterit. A group of them change their stem to **u** but have the same endings:

For example: *I was able to, you were able to, he was able to. etc.*

PODER

yo	pude	nosotros	pudimos
tú	pudiste	vosotros	pudisteis
Ud.	} pudo	Uds.	} pudieron
él		ellos	
ella		ellas	

poner	p**u**s-	→	puse	pusiste	puso	pusimos	pusisteis	pusieron
tener	t**u**v-		tuve	tuviste	tuvo	tuvimos	tuvisteis	tuvieron
saber	s**u**p-		supe	supiste	supo	supimos	supisteis	supieron
haber	h**u**b-		hube	hubiste	hubo	hubimos	hubisteis	hubieron
estar	est**u**v-		estuve	estuviste	estuvo	estuvimos	estuvisteis	estuvieron

a. **Another group changes the stem from e and a into i.**

MADE	*WANTED*	*SAID*	*BROUGHT*	*CAME*	*DID,*
	↓	↓	↓	↓	↓
QUERER -	qu**i**se	DECIR - d**i**je	TRAER - traje	VENIR - v**i**ne	HACER - h**i**ce
	quisiste	dijiste	trajiste	viniste	hiciste
	quiso	dijo	traje	vino	hizo
	quisimos	dijimos	trajimos	vinimos	hicimos
	quisisteis	*dijisteis*	trajisteis	*vinisteis*	*hicisteis*
	quisieron	dijeron	trajeron	vinieron	hicieron

b. **The following verbs change the c in their stem into a j.**

CONDU<u>C</u>IR - conduje   TRADU<u>C</u>IR - traduje   DE<u>C</u>IR - dije
to drive   *to translate*   *to say*

c. **Verbs that change the c into j omit the ie in the third person plural:**

Ud.s	} condujeron	*(not condujieron)*
ellos	dijeron	*(not dijieron)*
ellas	tradujeron	*(not tradujieron)*

Example: TRADUCIR *TO TRANSLATE*

yo **traduje**	*I translated*	nosotros **tradujimos**	*we translated*
tú **tradujiste**	*you translated*	vosotros **tradujisteis**	*you (pl) translated*
Ud. él, ella **tradujo**	*you, he, she translated*	Uds., ellos, ellas **tradujeron**	*you (pl.), they translated*

Other Verbs in the Preterit

Irregular **–ar** (e:ie) and **–er** (e:ie) verbs that are stem-changing in the present tense **are not stem-changing** in the preterit:

	Present Tense		**Preterit**		**Present Tense**		**Preterit**
	↓		↓		↓		↓
PENSAR	pienso	→	pensé	*PERDER*	pierdo	→	perdí
	piensas		pensaste		pierdes		perdiste
	piensa		pensó		pierde		perdió
	pensamos		pensamos		perdemos		perdimos
	pensáis		*pensasteis*		*perdéis*		*perdisteis*
	piensan		pensaron		pierden		perdieron

Thus, the following verbs have regular stems in the preterit: *entender, cerrar, empezar, comenzar.* This is true with several other verbs in this category

Stem changing –ir verbs

    a. We saw that **-ir** stem-changing verbs that in the present tense change their stem from **e** to **ie** do not undergo these changes in the preterit.

    b. However, notice that **– ir** stem-changing verbs that change e to i, in the preterit only change this way in the third person singular and plural as shown in the chart below.

	Present Tense		**Preterit**		**Present Tense**		**Preterit**
	▼		▼		▼		▼
PEDIR	pido	→	pedí	**SERVIR**	sirvo	→	serví
	pides		pediste		sirves		serviste
	pide		pidió		sirve		sirvió
	pedimos		pedimos		servimos		servimos
	pedís		pedisteis		servís		servisteis
	piden		pidieron		sirven		sirvieron

The following verbs conform to the same pattern:

mentir	*to lie*	preferir	*to prefer*	reir	*to laugh*
seguir	*to follow*	sentir	*to feel*	repetir	*to repeat*

    c. The verbs **dormir** *–to sleep* and **morir** – *to die,* change the **o** into **u** also in the third person singular and plural:

DORMIR	dormí	**MORIR**	morí
	dormiste		moriste
	durmió		murió
	dormimos		morimos
	dormisteis		*moristeis*
	durmieron		murieron

Other Verbs that are Irregular or Undergo Spelling Changes in the Preterit

a. THE VERB **DAR**–*to give*

Even though the verb **dar** is an –**ar** verb, in the preterit it is conjugated as if it were an -**er/ir** ending verb:

di   diste   dio   dimos   disteis   dieron

b. THE VERBS LEER (*TO READ*), OÍR (*TO HEAR*) AND **CONSTRUIR** (*TO BUILD, TO CONSTRUCT*)

The verbs above change the –**i** into **y** in the third person singular and plural. In Spanish an unstressed **i** may not occur between two vowels.

OIR	oí	**LEER**	leí	**CONSTRUIR**	construí
	oíste		leíste		construiste
	oyó		leyó		construyó
	oímos		leímos		construimos
	oísteis		leísteis		construisteis
	oyeron		leyeron		construyeron

Other common verbs that undergo the same changes are: *creer, incluir, caer, disminuir, huir.*

Actividad 2

EN CONTEXTO

✍   Put the verbs in parenthesis in the preterit form, but first review these new words:

peor aún	*worst yet*	**camión**	*truck*	**avanzar**	*to advance*
chocar	*to crash*	**prender**	*to turn on*	**escuchar**	*to hear*
apenas	*barely*	**responder**	*to answer*	**dejar**	*to leave*
pasarse	*to spend*	**pesadilla**	*nightmare*	**soñar**	*to dream*
revisar	*to check*	**contestador**	**electrónico**	*answering machine*	

*The term **to vacuum** changes from country to country. It could be either *pasar la aspiradora* or *aspirar*

Ayer (levantarse) _____ a las seis de mañana. (Ser) _____ un día terrible. Primero (tener) _____ que levantarme temprano para llevar a mi hermano al aeropuerto. A mi hermano no le gusta levantarse temprano. Me (tomar) _____ diez minutos despertarlo. Peor aún, no (poder) _____ llegar a tiempo al aeropuerto porque (haber) _____ un terrible accidente en la carretera. Un coche y un enorme camión (chocar) _____. No (poder) _____ avanzar ni una milla por hora. (Ver) _____ dos ambulancias, pero no (saber) _____ nada más. Yo (prender) _____ la radio pero no (escuchar) _____ nada.

Por fin llegamos al aeropuerto. Mi hermano apenas (poder) _____ tomar el avión. Yo (regresar) _____ a casa cansada. (estudiar) _____ por dos horas. (llamar) _____ a mi novio Enrique pero él no (responder) _____. Le (dejar) _____ un mensaje: "Enrique, llámame, por favor. Te necesito." Enrique nunca (llamar) _____. Me (pasar) _____ el día esperando su llamada. (ir) _____ a la universidad, (llegar) _____ tarde para el examen. Creo que mi profesor es de otro planeta, me (decir) _____: "Si llegas tarde una vez más voy a darte una efe."

Yo (regresar) _____ a casa de mal humor. (*pasar la aspiradora) _____ _____ el piso. Yo (tirar) _____ la basura. (Mirar) _____ la televisión por tres horas. ¡Hay tantos programas estúpidos! Me (acostar) _____ a las once, pero no (poder) _____ dormir. Cuando al fin (dormirse) _____ (tener) _____ una horrible pesadilla. (Soñar) _____ explosiones en aviones, en trenes, y peor aún, soñé que (recibir) _____ una efe en el examen. Enrique nunca (llamar) _____. (Revisar) _____ el contestador electrónico varias veces. Enrique va a tener un gran problema conmigo.

Actividad 3

A   Put the verbs in parenthesis in the preterit:

1. Yo (poner) _____ los calcetines viejos de mi padre en el basurero.
2. ¿Quién o quiénes (construir) _____ las pirámides en México?
3. El profesor nos (dar) _____ un examen muy difícil.
4. Nora le (pedir) _____ un lavarropas nuevo a su esposo porque lo tenían en liquidación.
5. A Pinocho le creció la nariz porque (mentir) _____.
6. La mesera que (servir) _____ la cena comió con nosotros.
7. Enrique (lavarse) _____ las manos en el fregadero con agua y jabón.
8. Benito Juárez (ser) _____ un gran gobernante mexicano.
9. Ronaldo (hacer) _____ un gran gol en un partido contra Italia.
10. Los estudiantes (leer) _____ la obra *Don Quijote de la Mancha*.
11. Yo le (dar) _____ a mi madre una escoba como regalo de Navidad.
12. Tú me (mentir) _____. A ti no te gustan los trabajos de la casa.
13. Yo (dormir) _____ en el piso. Ella (dormir) _____ en el sofá.
14. El vaso se (caer) _____ de la mesa en la alfombra, gracias a Dios.
15. El loro (*parrot*) (repetir) _____ todo lo que dije.
16. Enrique comió pollo asado. Yo (preferir) _____ comer arroz con pollo.
17. Miguel es un payaso (*clown*). Yo me (reir) _____ de sus chistes.
18. Ella (comprar) _____ una aspiradora nueva.

B   Work with a classmate. This is an oral activity. Complete these sentences using the preterit.

Ejemplo: a. Andrés fue a la cárcel.   b. Yo (ir) _____*fui*_____ a la iglesia.

1. Andrés mintió. Yo (*decir*) _____ la verdad.
2. Julio se durmió en el piso. Yo (*dormirse*) _____ en la cama.
3. María sirvió la cena. Yo (*servir*) _____ el almuerzo.
4. Nora puso la basura en el basurero. Yo la (*poner*) _____ debajo de la cama.
5. Miguel condujo un camión. Yo (*conducir*) _____ un coche.

6. Julia no pudo dormir. Yo no (*poder*) _____ despertarme.

7. Enrique perdió cien dólares. Yo (*perder*) _____ mil.

8. Marcos leyó en inglés. Yo (*leer*) _____ en español.

9. Nora y Miguel entendieron todo. Yo no (*entender*) _____ nada.

10. Julia cerró los ojos. Yo (*cerrar*) _____ la boca.

11. Ana tuvo que levantarse a las seis. Yo (*tener que*) _____ levantarme a las cinco.

12. Enrique quiso beber vino. Yo (*querer*) _____ beber leche.

EN CONTEXTO

Conversación Simulada

Review these new words before you read the *Conversación simulada.*

perderse	*to miss, be lost*	arrestar	*to arrest*	la policía	*the police*
golpear	*to hit*	violento	*violent*	creer	*to believe*
culpable	*guilty*	probar	*to prove*	pasar	*to spend; to happen*
abogado	*lawyer*	la fianza	*the bail*	testigo	*witness*
ropa	*clothing*	reaccionar	*to react*	hasta	*until*
cambiar	*to change*	gritar	*to scream*	empujar	*to push*
caerse	*to fall down*	mueble	*furniture*	tocar	*to touch; to play an*
pelear	*to fight*	caerse	*to fall down*		*instrument*

Notice that *se quieren* means *"they love each other,"* *empezamos a gritarnos* is *"we started to scream at each other."* **La misma cosa** is *the same thing.* **A propósito** is *on purpose.*

Andrés en la Cárcel

Marcos: Oye, Enrique, no pude ir a tu fiesta ayer. Lo siento. ¿Quiénes vinieron?

Enrique: Vinieron Teresa, Oscar, Héctor, Nora y Miguel. Te perdiste una gran fiesta.

Marcos: Lo siento. Tuve que ir al departamento de policía porque arrestaron a mi hermano.

Enrique: ¿De veras? ¿Otra vez? ¿Por qué? ¿Qué hizo?

Marcos: No sé exactamente. Su novia llamó a la policía. Ella les dijo que mi hermano Andrés la golpeó.

Enrique: ¡Qué barbaridad! Eso es increíble. No puedo creerlo.

Marcos: Yo no pude creerlo tampoco. Él me dijo que fue un accidente, que no la golpeó. Él me dijo que no hizo nada. La policía no le creyó.

Enrique: Bien, sabes como son las cosas aquí en México. Eres culpable hasta probar que eres inocente.

Marcos: Sí, lo sé. Cuando viví en los Estados Unidos no fue así.

Enrique: Pues, ¿qué va a pasar ahora entonces?

Marcos: Hace dos días que está ahí. Hablé con un abogado. Puse dinero en el banco para la fianza. Traje testigos. Tuve que llamar a mi padre. Estuve horas esperando en el Departamento de Policía para verlo. Le traje comida y ropa limpia.

Enrique: ¿Cómo reaccionó tu madre?

Marcos: Muy mal. Ella no supo nada hasta hoy. Ella quiso venir a verlo y le dije que no. Mi padre no pudo venir. Estoy muy preocupado.

Enrique: No te preocupes. Hay que tener paciencia en estos casos. La misma cosa le pasó a un amigo, pero al final su novia cambió su historia.

Marcos: Espero que sí. Mi hermano y su novia tienen una relación muy tumultuosa. *Se quieren pero se pelean todo el tiempo. Hablé con ella ayer. Ella me dijo: "Andrés me golpeó. Yo no hice nada malo. Fui a un baile con Genaro. Genaro y yo somos amigos, nada más. Andrés y yo *empezamos a gritarnos cuando regresé del baile. Tu hermano me empujó y yo me caí y me golpeé la cabeza contra un mueble."

Enrique: Me parece que Andrés no lo hizo a propósito. Fue un accidente.

Marcos: Ella me dijo que Andrés lo hizo a propósito. Me dijo: "Andrés va a pagar muy caro por lo que hizo. ¡A mí nadie me toca!"

✍   Answer the following questions about the conversation *ANDRÉS EN LA CÁRCEL*

1. ¿Quién tuvo una fiesta?

2. ¿Quiénes vinieron?

3. ¿Por qué no vino Marcos a la fiesta?

4. ¿Qué hizo el hermano de Marcos?

5. ¿Quién llamó a la policía?

6. ¿Qué le dijo Andrés a la policía?

7. ¿Cuánto tiempo hace que Andrés está detenido?

8. ¿Quién no le creyó a Andrés?

9. ¿Con quién habló Marcos?

10. ¿Qué trajo Marcos?

11. ¿A quién tuvo que llamar?

12. ¿Qué le trajo Marcos a su hermano?

13. ¿Qué quiso hacer la madre de Andrés?

14. ¿A quién le pasó la misma cosa?

15. ¿Quién fue a un baile con Genaro?

16. ¿Quiénes se quieren?

17. ¿Quiénes se gritan?

18. ¿Qué pasó entre Andrés y su novia?

THE IMPERFECT TENSE

The imperfect tense, like the preterit, points to an aspect of the past tense. There is not an exact equivalent of the imperfect tense in English. There are, however, different ways to show in English what this Spanish tense conveys. Before we detail the different instances in which the imperfect is used, we will learn the conjugation of this form.

To form the imperfect tense of **–ar, -er** and **-ir** verbs, the endings are substituted as follows:

HABL**AR**			COM**ER**		VIV**IR**	
	yo	habl**aba**		com**ía**		viv**ía**
	tú	habl**abas**		com**ías**		viv**ías**
Ud., él, ella		habl**aba**		com**ía**		viv**ía**
	nosotros	habl**ábamos**		com**íamos**		viv**íamos**
	vosotros	habl**abais**		com**íais**		viv**íais**
Uds., ellos, ellas		habl**aban**		com**ían**		viv**ían**

Only the verbs *ser, ir* and <u>*ver*</u> are irregular in the imperfect tense:

SER	era	**IR**	iba	**VER**	veía
	eras		ibas		veías
	era		iba		veía
	éramos		íbamos		veíamos
	erais		ibais		veíais
	eran		iban		veían

Ejemplos:

1. Yo vivía con mis abuelos.	*I lived/used to live with my grandparents.*
2. Mi abuelo era un hombre terco.	*My grandfather was a stubborn man.*
3. Íbamos a la playa todos los veranos.	*We would go to the beach every summer.*
4. Era una noche oscura.	*It was a dark night.*
5. Ella estaba muy enferma entonces.	*She was very sick then.*

When to Use the Imperfect

The imperfect is used to describe past events in the following situations:

1. **To tell time in the past:**

a. Eran las cuatro de la tarde.	*It was four in the afternoon.*
b. ¿Qué hora era cuando él llamó?	*What time was it when he called?*

2. **To tell age in the past:**

a. Ella tenía veinte años cuando se graduó.	*She was twenty years old when she graduated.*
b. ¿Cuántos años tenías entonces?	*How old were you then?*

3. **In indirect discourse to paraphrase what someone said:**

a. Nora dijo que estaba embarazada.	*Nora said that she was pregnant.*
b. Julio dijo que tenía mucha sed.	*Julio said that he was very hungry.*

4. **Ongoing events at the time in question:**

a. Vio a alguien que llevaba una pistola cuando entró.	*He saw someone who was carrying a gun when he came in.*
b. Me pareció que estaba borracho ese día.	*It seemed to me that he was drunk that day.*
c. Yo comía cuando él llegó.	*I was eating when he arrived.*

5. **Continued, repeated or habitual actions or events in the past, normally translated into English with "used to" or "would" (not the conditional):**

a. Íbamos al cine cada sábado.	*We would go to the movies every Saturday.*
b. Me hablaba día y noche.	*She spoke (used to speak) to me day and night*
c. Nora y Miguel eran amigos.	*Nora and Miguel used to be friends*

6. **As equivalent to the past progressive in English to describe on-going actions as in examples "a" and "c", or to describe two events that occur simultaneously. Notice that in Spanish, in these cases, you can use either the imperfect (*se bañaba*) or the past progressive (*se estaba bañando*), as seen in example *b.**

a. Miguel se **bañaba.**	*Miguel was taking a shower.*
b. Miguel *se **estaba bañando.**	*Miguel was taking a shower.*
c. Cenaba cuando él me llamó.	*I was eating dinner when he called.*

7. **To establish the mood or background as a backdrop in a narration:**

   a. Era una noche oscura. Yo leía un libro. Sonó el teléfono. — *It was a dark night. I was reading a book. The phone rang . . .*

   b. Llovía. Los niños ya estaban dormidos . . . — *It was raining. The children were already asleep . . .*

8. **To describe mental, physical or emotional states in the past:**

   a. Yo tenía un terrible dolor de cabeza. — *I was having a horrible headache.*

   b. Andrés estaba muy agitado cuando lo apresaron. — *Andrés was in a very agitated state when they arrested him.*

   c. Ayer supe que estabas enfermo. — *Yesterday I found out that you were sick.*

Cantinflas

Cantinflas, cuyo verdadero nombre era Mario Moreno Reyes, era un famoso cómico del cine y el teatro mexicano. Nació en 1911 y murió en 1993. Hizo más de cincuenta películas.

"El Bolero de Raquel" una de las famosas películas de Cantinflas.

Source: © Hulton-Deutsch Collection/CORBIS

Cantinflas se vestía con pantalones que llevaba muy bajo debajo de la cintura, ropa generalmente *haraposa y un *bigote *ralo al que él llamaba "el bikini." La característica que más distinguía a Cantinflas era su manera de hablar. Hablaba en una forma muy particular que ahora se llama "cantinflear" o "cantinfleada."

Muchos de sus personajes en el cine hablaban con rapidez y *sin parar. Y aunque muchas veces parecía que no estaba diciendo nada *intercalaba sus soliloquios con comentarios políticos y sociales.

Inventó muchas palabras y dichos en español. La Real Academia de la Lengua Española reconoció las palabras "cantinflear", "cantinflada" y cantinflesco" como parte del idioma español.

Su genio cómico se comparaba al de Charlie Chaplin. Participó en dos películas hechas por Hollywood. El mejor conocido es *Viaje alrededor del mundo en 80 días.*

Cantinflas era un hombre caritativo. Daba mucho de lo ganaba a los necesitados y existe hoy una fundación que todavía continua lo que él empezó.

Todas sus películas se pueden comprar por medio de la red o alquilarla de uno de los muchos lugares donde alquilan películas.

Vocabulario: *haraposa—*tattered*   *bigote—*mustache*   *ralo—*sparse*
*sin parar—*without stopping*   intercalar—*to insert, intermingle*

Actividad 4

A   Form a group of three classmates. Choose (☑) the statements that apply to you personally and read them to the group:

1. **Cuando yo tenía 12 años...**

	SÍ	NO
a. asistía a una escuela pública.	☐	☐
b. miraba la televisión mucho.	☐	☐
c. mi madre me leía cuentos antes de dormir.	☐	☐
d. tenía una bicicleta.	☐	☐
e. pasaba mucho tiempo en la casa de un amigo.	☐	☐
f. no estudiaba mucho.	☐	☐
g. pensaba que los chicos/as eran muy estúpidos/as.	☐	☐
h. *Add your own statement*		

2. **Cuando yo tenía 16 años yo ...**

	SÍ	NO
a. tenía un/a novio/a.	☐	☐
b. pasaba mucho tiempo mirando videos musicales en la televisión.	☐	☐
c. manejaba un coche muy viejo.	☐	☐
d. me peleaba con mis padres todo el tiempo.	☐	☐
e. estaba enamorado/a de un/a cantante.	☐	☐
f. sólo pensaba en mis estudios.	☐	☐
g. estaba loco/a por un chico o por una chica.	☐	☐
h. ya tenía una licencia para manejar.	☐	☐
i. *Add your own statement*		

3. **Cuando yo iba a la escuela secundaria ...**

	SÍ	NO
a. tenía muchos amigos.	☐	☐
b. jugaba al básquetbol.	☐	☐
c. quería ser artista de cine.	☐	☐
d. gastaba mucho dinero en mi ropa.	☐	☐
e. hacía mucho ejercicio.	☐	☐
f. era muy delgado/a.	☐	☐
g. *Add your own statement.*		

4. **Cuando yo era niño ...**

	SÍ	NO
a. viajaba mucho con mi familia.	☐	☐
b. me enfermaba todo el tiempo.	☐	☐
c. recibía muchos regalos de mis abuelos.	☐	☐
d. no me gustaba estar solo.	☐	☐
e. odiaba a mis hermanos/as.	☐	☐
f. tenía miedo de la oscuridad.	☐	☐
g. era algo (*somewhat*) gordito/a.	☐	☐
h. *Add your own statement.*	☐	☐

✎ B Change the verbs in parenthesis in the imperfect tense:

1. Ella (*querer*) _____ ir al cine, pero no pudo.

2. Tú (*ser*) _____ un buen amigo.

3. Ud. (*vivir*) _____ en una casa más grande.

4. Uds. (*ir*) _____ a la playa todo el tiempo.

5. Enrique (*hablar*) _____ mejor antes.

6. Los niños (*jugar*) _____ en la calle.

7. En la tienda no (*haber*) _____ ropas buenas.

8. Rosalba ya no me llama. Antes ella me (*llamar*) _____ todo el tiempo.

9. Yo (*leer*) _____ cuando ella entró a mi cuarto.

10. La señora (*bailar*) _____ la cumbia.

11. Ella dijo que su padre (*estar*) _____ borracho.

12. Nosotros lo (*ver*) _____ de vez en cuando.

✎ C Choose the verb that best completes these sentences. You must understand the context before you complete them. You must use the imperfect tense.

> *limpiar, escribir, poder, tomar, trabajar, pedir, hablar, ser, jugar preparar, tener, tomar, ir, ser, comer, ser*

1. Ahora yo manejo mi coche. Antes yo _____ el autobús.

2. Ahora yo limpio mi casa. Antes, era rico y la criada _____ la casa.

3. Ahora la gente se comunica por teléfono. Antes la gente _____ cartas.

4. Ahora yo tengo que preparar mi propia comida. Antes mi madre la _____.

5. Ahora que ya no trabajo no tengo que levantarme hasta las ocho. Antes cuando _____ tenía que levantarme a las seis de la mañana.

6. Ahora que tengo 18 años ya puedo manejar. Antes cuando _____ 15 años solamente, yo no _____ conseguir una licencia.

7. Ahora que ya soy un adulto, ya no me piden identificación en las cantinas. Antes cuando sólo tenía 19 años me la _____ todo el tiempo.

8. Ahora que vivo en la ciudad sólo me toma (or tardo) diez minutos en llegar al teatro. Antes cuando vivía en el campo me _____ una hora.

9. Ahora que soy viejo ya no juego fútbol. Antes cuando _____ joven _____ todo el tiempo.

10. Ahora que soy viejo ya no voy a la playa. Antes cuando _____ joven _____ a la playa todos los fines de semana.

11. Ahora que soy rico ya no como arroz y frijoles todos los días. Antes cuando _____ pobre yo _____ arroz y frijoles todos los días.

12. Ahora que ya hablo español ya puedo comunicarme con mis amigos de México. Antes cuando yo no _____ ni una palabra de español yo no _____ con ellos.

The Preterit versus the Imperfect

✍ A   Choose the correct verb form based on the context. According to the explanations on pages 191–192 , which tense, preterit or imperfect, would you use in each case?

1. Cuando *fue/era* niña yo vivía con mis abuelos.

2. *Era/fue* una noche oscura. *Llovía/llovió.* Yo *estuve/estaba* leyendo un libro de cuentos. El teléfono *sonó/sonaba* una vez. Yo me *levantaba/levanté* y lo *constaba/contesté.* Era mi madre. *Estaba/estuvo* enferma. *Fui/iba* a verla esa misma noche.

3. Ayer *vi/veía* a un hombre que *caminaba/caminó* muy rápido. En sus manos *llevaba/llevó* una bolsa negra. Acababa de robar un banco. La policía lo *arrestaba/arrestó* inmediatamente. El ladrón dijo que el dinero *era/fue* de él.

4. *Eran/fueron* las ocho de la noche. Yo *tenía/tuve* sólo 9 años. Mis padres *estaban/estuvieron* en el hospital visitando a mi abuelo enfermo. Yo *estaba/estuve* sólo en la casa. *Tenía/tuve* miedo porque en la televisión estaban mostrando una película de horror. *Escuché/escuchaba* un ruido detrás de la casa. *Abría/abrí* la puerta para ver que era. Yo *temblé/estaba* temblando. En ese momento escuché que el garaje se abría. "Papá" grité, pero era solamente mi hermano mayor. Le dije que había oído ruidos detrás de la casa. Él me dijo que probablemente *fue/era* un gato nada más.

🗩 B   Ask a classmate the following questions:

1. ¿Dónde vivías cuando tenías diez años?

2. ¿Tenías o no tenías miedo cuando tus padres te dejaban sólo en la casa?

3. ¿Quién era tu mejor amigo entonces?

4. ¿Cuál era tu juguete favorito?

5. ¿Tenías hermanos mayores o menores?

6. ¿Ibas a una escuela pública o privada?

7. ¿Tenías una bicicleta o un triciclo?

8. ¿Cuál era tu comida favorita?

9. ¿Cuál era tu programa favorito en la televisión?

10. ¿Tenías un perro, un gato o un conejo?

11. ¿Vivías cerca o lejos del centro de la ciudad?

13. ¿Caminabas a la escuela o ibas en un carro o autobús?

14. ¿Cuál era tu asignatura favorita en la escuela?

15. ¿Tenías ya un novio (o una novia)?

THE IMPERATIVE FORMS OF *TÚ*

The imperative or command for *tú* takes two forms. There is one form for **affirmative commands** and another for **negative commands**.

-AR VERBS	AFFIRMATIVE COMMAND	NEGATIVE COMMAND
tom**ar**	tom**a**	no tom**es**

-ER AND -IR VERBS

beber	bebe	no bebas
escribir	escribe	no escribas

Notice that the affirmative command of **tú,** in **-ar** and **-er** regular verbs, is formed by dropping the **r** from the infinitive form. *This is the same form as the third person singular of the verb.*

trabajar	**hablar**	**comer**	**correr**
↓	↓	↓	↓
trabaja	habla	come	corre

In **-ir** regular verbs the ending (-ir) is replaced by **-e:** vivir – vive; escribir - escribe

Verbs that are **irregular** use the stem of the first person singular (the **yo** form) of the present indicative as the stem. *This is the same as the third person singular of the verb:*

	Present indicative		Affirmative command		Negative command
pensar	yo pienso	→	piensa	→	no pienses
comenzar	yo comienzo	→	comienza	→	no comiences
pedir	yo pido	→	pide	→	no pidas

Negative Commands

The negative command for **-ar** verbs is formed by replacing the ending with **-es:** tomar → no tomes. The negative command of **-er** and **-ir** verbs is formed by dropping the infinitive ending and replacing it with **-as:** beber → no bebas; abrir → no abras.

No comas con las manos. Come con la cuchara.
Don't eat with your hands. Eat with the spoon.

No cierres los ojos. Cierra la boca.
Don't close your eyes. Close your mouth.

No hables en inglés. Habla en español.
Don't speak in English. Speak in Spanish.

SOME VERBS HAVE IRREGULAR COMMAND FORMS THAT MUST BE MEMORIZED:

INFINITIVE	AFFIRMATIVE	NEGATIVE
estar	está	no estés
poner	pon	no pongas
hacer	haz	no hagas
tener	ten	no tengas
decir	di	no digas
ser	sé	no seas
salir	sal	no salgas
venir	ven	no vengas
ir	ve	no vayas

Actividad 5

A   Mis padres siempre me dicen qué debo hacer o no hacer. Por favor, pretende que retienes autoridad sobre mi madre y cambia los mandatos negativos en afirmativos y voy a ser muy feliz.

Mamá	Tú
1. No pongas los pies en la mesa.	1.
2. No hables cuando tienes comida en la boca.	2.
3. No digas malas palabras.	3.
4. No regreses a casa después de las doce.	4.
5. No fumes en la casa.	5.
6. No estés en el teléfono por más de diez minutos.	6.
7. No mires la televisión todo el día.	7.
8. No bebas bebidas alcohólicas.	8.
9. No manejes como un loco.	9.
10. No pierdas ni un día de clase.	10.
11. No te vayas a la cantina.	11.

B   Pretende que eres mi madre. Dime que no haga las siguientes cosas.

1. Bebe mucha cerveza.	1.
2. Maneja a cien millas por hora.	2.
3. Come comida rápida y con muchas calorías.	3.
4. Di muchas mentiras.	4.
5. Pon el dedo en la boca.	5.
6. Duerme en el piso con el perro.	6.
7. Sé una mala persona con todo el mundo.	7.
8. Llama a tus amigos cada momento.	8.
9. Escribe en la mesa con una navaja.	9.
10. Dile a tu profesor que está un poco loco.	10.

Position of Object Pronouns

As in previous cases with the command form, object pronouns are placed as follows:

a. In affirmative commands the object pronoun follows the verb and is attached to it:

1. Dame el dinero.	*Give me the money.*
2. Dile la verdad.	*Tell him the truth.*
3. Pásamela a mí.	*Pass it to me.*

b. In negative commands the object pronouns precede the verb:

1. No me des el dinero.   *Don't give me the money.*
2. No le digas la verdad.   *Don't tell him the truth.*
3. No me la pases a mí.   *Don't pass it to me.*

✍ C   Change the following commands into the negative form:

1. Llámame mañana.   _____

2. Dime la verdad.   _____

3. Abre la puerta.   _____

4. Explícame la lección.   _____

5. Pásame la sal.   _____

✍ D   Change the following commands into the affirmative:

1. No me hables fuerte.   _____

2. No me mires.   _____

3. No me lo preguntes.   _____

4. No se lo digas a él.   _____

5. No nos mientas.   _____

Sonríe, niña. Y tú niño, no pongas la mano en el bolsillo. Sácala. Pon tu brazo alrededor de tu hermanita. Así. Bien, bien. ¿Listos?

Total Physical Response (TPR) activities

To do this activity the teacher will begin by giving a string of short commands to the class. Each student will act out the commands. The teacher will repeat the commands until everybody understands what to do. There is no hurry. There is no need to say anything at first. Just play the game:

Primera parte

1. Abre el libro en la página veintisiete.

2. Pon un lápiz o una pluma en la página veintisiete.

3. Cierra el libro.

4. Pon el libro debajo de tu asiento.

5. Levántate y dale la espalda al profesor.

6. Siéntate.

7. Recoge el libro que está debajo de tu asiento.

8. Pon el libro sobre pupitre.

9. Abre el libro.

10. Toma el lápiz y ponlo debajo del libro.

Segunda parte

The teacher will repeat the same commands in a different order. Each student must act out the commands.

Tercera parte

The teacher will give the same commands but applied to different situations:

1. Abre la boca.

2. Cierra la boca.

3. Abre los ojos.

4. Pon tu lápiz en tu bolsillo o bolsa.

5. Pon tu lápiz debajo de tu libro.

6. Toma una hoja de papel.

7. Escribe tu nombre en la hoja de papel.

8. Levántate.

9. Ahora siéntate.

10. Pon tus manos sobre tu libro.

Cuarta parte

Students, in pairs, will take turns giving each other commands and acting them out.

12

CAPÍTULO DOCE

Vocabulary preview
The past progressive
The preterit and the imperfect
The verbs *conocer, saber* and *querer* in the past tense
The prepositions *en* and *a*

Hay un dicho que dice . . .

Dios los cría y ellos se juntan.
Birds of a feather flock together.

ECHEMOS UN VISTAZO AL VOCABULARIO *Vocabulary Review*

VERBOS *Verbs*

conocer	*to know; to meet (for the first time)*	encontrar (o:ue)	*to find*
		encontrarse con	*to meet*
mirar	*to look at*	quedar	*to be located*
sentir (e:ie)	*to feel (tactile)*	quedarse	*to stay; to remain*
sentirse (e:ie)	*to feel (inner feeling); to regret*		
querer (e:ie)	*to want*	querer a (e:ie)	*to love somebody*

SUBSTANTIVOS *Nouns*

COSAS	THINGS	GENTE	PEOPLE
la cartera	*purse; wallet*	el cartero	*mailman*
la joyería	*jewelry store*	el joyero	*jeweler*
la zapatería	*shoe store*	el zapatero	*shoemaker*
el calzado (el zapato)	*shoe*	el cuñado	*brother-in-law*
la vidriera (el escaparate)	*store window*	la cuñada	*sister-in-law*
el calcetín	*socks*	el marido (esposo)	*husband*
el sombrero	*hat*	el suegro	*father-in-law*
el traje de baño	*bathing suit*	el salvavidas	*lifeguard*
la ropa	*clothing*	el tendero	*shopkeeper*
el centro comercial	*mall*	el dependiente	*clerk*
el vendedor	*salesman*		

ADJETIVOS *Adjectives*

nuevo	*new*	viejo	*old*	sucio	*dirty*	limpio	*clean*

Additional Vocabulary

escribir a máquina	*to type*	ir de vacaciones	*to go on vacation*
ir de compras	*to shop*	pagar al contado	*pay cash*
en casa	*at home*	todo el día	*all day long*
estar muerto	*to be dead*	juguetón	*playful*
mentiroso	*liar*	político	*politician*
trabajoso	*difficult*	mientras	*while*

Idiomatic Expressions

tener la suerte	*to be lucky*	darse cuenta	*to realize*
por otra parte	*on the other hand*	hasta tú	*even you*

EL PASADO PROGRESIVO *The Past Progressive*

The **past progressive** has two forms in Spanish. The imperfect progressive and the preterit progressive. The preterit progressive is formed with the preterit of **estar** plus the **–ando, -iendo** (the present participle) form of the verb. It is mainly used to describe a completed event that was ongoing within a specified, confined period of time.

Estuve leye**ndo** de la noche a la mañana.	*I was reading from morning to night.*
Estuve llamándote cada dos horas.	*I was calling you every two hours.*

The **imperfect progressive,** which occurs more frequently, is formed with the **imperfect** of **estar** plus the **present participle** form of the verb. It is used to describe an on-going, open-ended happening. It's basically used like the present progressive, but for past events.

Est**aba** estudi**ando** cuando me llamaste.	*I was studying when you called me.*
¿Qué est**abas** hac**iendo** en la casa de Ana?	*What were you doing at Ana's house?*
Est**ábamos** llegando cuando él salió.	*We were arriving when he came out.*

Review

The verb **estar** is conjugated in the imperfect as follows:

estaba	estábamos
estabas	*estabais*
estaba	estaban

Actividad 1

A   Change the following statement from the present progressive to the imperfect progressive:

1. Estoy leyendo en mi cama.   1.
2. Estamos hablando mucho.   2.
3. Andrés y Marisol están peleándose.   3.
4. Tú y yo estamos escribiendo.   4.
5. Tú estás viviendo en Los Ángeles.   5.

B   Ask a classmate the following questions. Ask him/her to make up the answers.

1. ¿Qué idiomas estabas estudiando cuando te llamé?
2. ¿Qué estabas haciendo en el centro comercial?

3. ¿Por qué te estabas peleando con tu novio/a?

4. ¿Qué le estabas diciendo a tus padres?

5. ¿Qué estabas haciendo en la cancha de fútbol?

6. ¿Por qué estabas bebiendo solo?

7. ¿Quién te estaba hablando en la joyería?

THE PRETERIT VS. THE IMPERFECT

These two tenses are **not** interchangeable. The speaker must decide from a context which one to use. The preterit and the imperfect may be contrasted as follows:

THE PRETERIT:

1. **Refers to a completed action in the action in past.**

   Genaro escribió una carta.
   Genaro wrote a letter.

   Me llamó por teléfono y me habló de Inés.
   He phoned me and spoke to me about Inés.

2. **Is used in direct discourse to quote what someone has expressed.**

   Ella dijo: "Tengo mucha hambre."
   She said, "I am very hungry."

3. **Describes sequences of events.**

   Cuando yo le hablé, él se paró.
   When I spoke to him he stopped.
   Vino, vio, venció.
   He came, he saw, he conquered.

4. **Describes what took place once. (one-time event)**

   Enrique fue a la casa de Nora.
   Enrique went to Nora's house.

5. **Describes what actually happened once.**

   La boda fue en septiembre.
   The wedding took place in September.

THE IMPERFECT:

1. **Refers to an ongoing or habitual the past.**

   Genaro escribía cartas.
   Genaro used to write letters.

   Me llamaba por teléfono y me hablaba de Inés.
   He would (used to) phone me and he would talk to me about Inés.

2. **It is used in indirect discourse to paraphrase what someone expressed.**

   Ella dijo que tenía mucha hambre.
   She said that she was very hungry.

3. **Describes events that were concurrently going on.**

   Cuando yo le hablaba él se paraba,
   When I would talk to him, he would stop.
   Venía, me miraba y entonces iba a casa.
   He used to come, used to watch me and then he would go home.

4. **Describes habitual, customary actions.**

   Enrique iba a la casa de Nora.
   Enrique used to go to Nora's house.

5. **It is used to tell time (the hour of the day) and the age of a person.**

   Eran las doce de la noche.
   It was twelve, midnight.

6. **In a story the preterit is used to narrate, to tell what happened.**

Ella miró por la ventana y vio a su perro que corría en frente de un coche.

She looked out of the window and saw her dog run in front of a car.

Marcos tenía veintidós años.
Marcos was twenty-two years old.

6. **Describes what was going to take place, but it didn't happen.**

La boda era en septiembre, pero él éll desapareció.

The wedding was going to take place in September, but he disappeared.

7. **In a story, the imperfect is used to describe or create a background on which events took place (the preterit) in the past.**

Era un día lluvioso. Había nubes negras en el cielo. Hacía frío.

It was a rainy day. There were dark clouds in the sky. It was cold.

8. **To describe a physical or emotional state.**

Mirna estaba muy enojada
Mirna was very angry

El chico tenía fiebre.
The boy had a fever.

Se llamaba Diego Rivera. ¿Quién era? ¿Qué hacía? ¿Qué conexión tiene con una famosa pintora mexicana?
¡Averigualo en la red!

Source: © Bettmann/CORBIS

Time Expressions

Some time expressions are **more likely** to occur with one tense or another, in this case the imperfect or the preterit.

PRETERIT		IMPERFECT	
una vez	*once*	siempre	*always*
ayer	*yesterday*	frecuentemente	*frequently*
la semana, (día año, etc) pasada	*last week*	todas las semanas (días, años, etc)	*every week (day year, etc)*
hace una hora	*an hour ago*	a menudo	*often*
anoche	*last night*	todo el tiempo	*all the time*
esta noche	*tonight*	con regularidad	*habitually*

Some "time expressions" may be used with either the preterit or the imperfect as the context demands it.

Actividad 2

 A   **Circle** the correct verb form in the following narration. Use either the preterit or the imperfect according to the context. To decide which tense to use, consider if the actions are describing ongoing or completed actions. Notice if the narrator is speaking about a continuous event or condition versus a one-time event within the narrative.

Cuando yo *era/fui* niño mis padres viajaban mucho. Yo solo *tenía/tuve* 8 años cuando empecé a viajar con ellos. Me tomó muchos viajes para aprender a viajar. Era trabajoso viajar. *Tenía/tuvo* uno que preparar las maletas con tiempo. Mis padres tenían/tuvieron que conseguir pasaportes y visas. Yo simplemente *tenía/tuve* que preocuparme de poner calcetines, camisas, pantalones, traje de baño y zapatos en mi maleta. Mis padres no me *permitieron/permitían* llevar mis juguetes favoritos porque *eran/fueron* pistolas de plásticos, cuchillos y espadas de plásticos, pero muy reales. Yo *tuve/tenía* una cartera donde *puse/ponía* documentos de identidad porque mis padres *temían/temieron* que un día yo me perdiera. Y eso fue lo que *pasó/pasaba*. Un día en la ciudad de México me *perdí/perdía*. Me *separé/separaba* de mi madre una vez mientras ella estaba mirando unos escaparates en un centro comercial muy grande.

Al principio no me *sentía/sentí* mal. Estaba seguro que mis padres me iban a encontrar en cualquier momento. Pero no *fue/era* así. *Caminé/caminaba* por el centro comercial por dos terrible horas. *Estaba/estuve* desesperado. Entonces yo no *hablé/hablaba* español. *Vi/veía* a un policía y le *conté/contaba* lo que *pasó/pasaba*. El policía, gracias a Dios, *hablaba/habló* un poco de inglés. Me *dijo/decía*, "No te preocupes. Vamos a encontrar a tus padres."

En ese momento *vi/veía* a mi madre. Ella me estaba buscando con otro policía. *Lloré/lloraba* de alegría. *Abrazaba/abracé* a mi madre y le dije que la *quería/quise* muchísimo.

B   **Answer the following questions about the narration above. Use short answers:**

1. ¿Es el narrador un niño o un adulto?

2. ¿Qué hacían mucho sus padres?

3. ¿Cuántos años tenía el niño cuando empezó a viajar con sus padres?

4. ¿Era fácil o trabajoso viajar?

5. ¿Qué tenía que hacer el niño?

6. ¿Quiénes conseguían los pasaportes y las visas?

7. ¿De qué se tenía que preocupar el niño?

8. ¿Por qué no le permitían sus padres llevarse sus juguetes favoritos?

9. ¿Dónde ponía el niño sus documentos?

10. ¿Qué pasó un día?

11. ¿Qué estaba haciendo la madre del niño cuando éste se perdió?

12. ¿Cuánto tiempo caminó el niño?

13. ¿Hablaba el niño español?

14. ¿A quién le habló el niño?

15. ¿Qué o a quién vio el niño?

16. ¿Qué hizo el niño cuando vio a su madre?

17. ¿Qué le dijo el niño a su madre?

✍ C   Complete the following about your teacher. Ask him/her the pertinent questions to elicit the response with the information you need.

1. Cuando era niño mi profesor/a vivía en _____.

2. El juguete favorito de mi profesor/a era _____.

3. El mejor amigo de mi profesor/a se llamaba _____.

4. Los padres de mi profesor/a eran muy _____.

5. Mi profesor/a vivía en una casa _____.

6. Los padres de mi profesor/a hablaban/no hablaban español cuando él/ella era niño/a.

7. Mi profesor/a tenía muchos/as novios/as (pocos/pocas) en la escuela secundaria.

8. Mi profesor/a sacaba _____ notas en sus asignaturas.

9. La asignatura favorita de mi profesor/a era _____.

10. El actor favorito de mi profesor/a era _____.

11. La actriz favorita de mi profesor/a era _____.

12. El programa de televisión favorito de mi profesor/a era _____.

Changes in Meaning from Preterit to Imperfect

A limited number of verbs change their meaning from one tense to another.

The most common verbs in this category are: *saber, conocer, querer, poder.*

PRETERIT		IMPERFECT	
Conocer			
conocí	*I met (for the first time)*	conocía	*I knew, I was acquainted with*
Saber			
supe	*I found out*	sabía	*I knew (facts), I knew how to*
Querer			
no quise	*I refused*	no quería	*I didn't want to*
quise		*I wanted* quería	*I tried to*
Poder			
pude	*I could (and did)* podía		*I was able to*

LECTURA

Benito Juárez (1806–1872)

Benito Juárez es considerado como uno de los padres de la nación mexicana. Tiene la misma importancia que muchos héroes nacionales en los Estados Unidos.

Juárez era un indio zapoteca. Cuando Benito tenía doce años el no sabía leer ni escribir. Él vivía con sus abuelos y después con unos de sus tíos. Se dice que cuando era niño no hablaba español. Hablaba solamente zapoteca.

En Oaxaca vivió con una hermana que se llamaba Josefa. Estudió en un seminario para ser sacerdote *(priest)* aunque nunca completó el programa.

Ocupó varios cargos políticos *(political positions).* Llegó a ser *(he became a)* abogado *(lawyer).* Defendía a las comunidades indígenas. Creía en la separación del estado y la iglesia. Tenía ideas muy liberables para su época. Creía en la importancia de los derechos humanos *(human rights)* y en la paz. Fue elegido presidente del país dos veces. Vivió en los Estados Unidos durante dos períodos de exilio político. Murió el 18 de julio de 1872.

Con frecuencia se repite uno de sus famosas declaraciones que dice: *"Entre los individuos, como entre las naciones, el respeto al derecho ajeno es la paz."* (*Among individuals as well as among nations, respecting the rights of others is peace.*)

Answer the following questions about Benito Juárez:

1. ¿De dónde era Benito Juárez?
2. ¿A quién consideran como uno de los padres de la nación mexicana?
3. ¿De que raza era Juárez?
4. ¿Con quiénes vivía él?
5. ¿Qué idioma hablaba cuando era niño?
6. ¿Cómo se llamaba su hermana?
7. ¿Era él conservador o liberal?
8. ¿En qué creía Juárez?
9. ¿Qué llegó a ser Juárez?
10. ¿Cuántas veces fue elegido presidente?
11. ¿Cuándo murió?

Actividad 3

La Historia de mis Abuelos

 A   As you read this selection underline all the verbs in the imperfect form. Then re-read the selection and underline all the verbs in the preterit.

THERE ARE AROUND FORTY-THREE VERBS IN THE IMPERFECT, AND TWELVE IN THE PRETERIT.

Mis abuelos están muertos ahora. Pero **tuve la suerte** *de vivir cerca de ellos. Mi abuelo era un hombre muy juguetón. Mi abuela era muy seria porque siempre estaba enferma. Mi abuela siempre llevaba un sombrero amarillo. Yo no sabía por qué. Un día supe que lo llevaba porque el día que ella conoció a* *mi abuelo él le había dado una flor amarilla. Ella era una vendedora de joyas en una joyería. Mi abuelo era zapatero y era dueño de una zapatería que vendía calzados italianos. Cuando no había mucha gente que estaban comprando zapatos mi abuelo escribía en una máquina de escribir negra, vieja. Cada día que el cartero llegaba a la tienda mi abuelo le daba un sobre con sus escritos porque él enviaba sus poemas a revistas y periódicos. Los poemas eran terribles, él decía que un día iba a ser famoso. Un día le pregunté por qué escribía todo el tiempo. Él me dijo: "Escribo para no pensar."*

*Nunca comprendí eso hasta que **me di cuenta** de que yo miraba la televisión también para no pensar. Mi abuelo tenía opiniones muy fuertes. Por ejemplo, él decía que el marido de su hija, mi tía Elena, era un perezoso. El marido se llamaba Beto. Beto decía que mi abuelo era el peor **suegro** del mundo. Mi abuelo decía que todos los políticos eran mentirosos. Él tenía un **cuñado** que era político.*

*Cuando mis abuelos **iban de vacaciones** siempre me llevaban. En el viaje me compraban **ropa y zapatos nuevos.***

*Cuando era joven mi abuelo había sido **salvavidas, tendero** y **vendedor** de carros usados. Ayer fui al cementerio para llevarles flores y me acordé de cómo eran ellos. Cuando regresé a casa busqué los poemas de mi abuelo y los releí. No eran tan malos como yo pensaba, pero no eran muy buenos tampoco. Aquí les muestro un ejemplo.*

El hombre es una rata sin cola
La vida es su jaula y sólo puede escaparse
De su prisión, cuando abraza a la muerte.

Un poema terrible ¿verdad? Hasta tú puedes escribir mejor. Pensé todo el día en mi abuelo. Yo no quería ser sentimental, pero no podía olvidar los viejos tiempos.

✎   B   Write in the columns below all the verbs in the imperfect form, and then all the verbs in the preterit found in *La historia de mis abuelos.*

PRETERIT   **IMPERFECT**

_____	_____	_____	_____
_____	_____	_____	_____
_____	_____	_____	_____
_____	_____	_____	_____
_____	_____	_____	_____
_____	_____	_____	_____
_____	_____	_____	_____
_____	_____	_____	_____

✎   C   Choose **verdad** or **falso** according to the reading *LA HISTORIA DE MIS ABUELOS*

1. Su abuelo está muerto.   v   f

2. El narrador vivía lejos de su abuelo.   v   f

3. El abuelo era un hombre muy serio.   v   f

4. La abuela nunca estuvo enferma.   v   f

5. Él no sabía por qué la abuela llevaba un sombrero amarillo.   v   f

6. La abuela llevaba un sombrero amarillo porque era de
   de Amarillo, Texas.   v   f

7. El abuelo era joyero.	v	f
8. El abuelo escribía en una máquina de escribir.	v	f
9. El abuelo era un poeta famoso.	v	f
10. El abuelo dijo que escribía para no pensar.	v	f
11. El narrador miraba la televisión para no pensar.	v	f
12. El abuelo decía que todos los políticos eran mentirosos.	v	f
13. El narrador iba con sus abuelos en sus vacaciones.	v	f
14. Cuando era joven el abuelo era bombero.	v	f
15. El narrador fue al cementerio.	v	f
16. Él releyó los poemas de su abuelo.	v	f

Variacones Regionales

Las siguientes cosas tienen diferentes nombres en diferentes países:

CORN: **a**) maíz, avatí (abatí) *Para., Arg., Panamá, Ur.* **b**) mazorca, choclo, Para., Arg. **c**) elote (Méx.).
LIGHTBULB: foco, bombillo, bujía eléctrica.
POTATO: papas (Lat. Am.); patatas (Spain)
JACKET: campera, chamarra, Americana, chaqueta, casaca.
MATCHES: fósforo, cerillo.
SWEATER: suéter, pulóver, jérsey.

The preterit vs. the imperfect

A comparative chart

Preterit	Imperfect
*completed action	*on-going past event, *progressive action*
*snapshot of an action framed as a single act with a definite beginning and end	*video-taping view of events framed as a flowing, extended occurrence
*to describe a series of completed actions in the past	*to tell time (hour of the day in the past)
	*to tell about one's age in the past
	*to describe habitual actions
	*to describe mental, physical or emotional states in the past
	*to paraphrase what someone said
	*describe characteristics in the past

Cue words and time expressions that introduce these two aspects of the past:

Preterit	Imperfect
ayer	*siempre, mientras*
una vez, dos veces, etc.	*regularmente*
de repente, de pronto	*frecuentemente*
el mes pasado,	*cuando era niño*
el año pasado, etc	*de costumbre*
	él dijo que.

EL PRETÉRITO

Ejercicio de Repaso del Pretérito

Actividad 4

Verbos:

tener- *to have*	ir - *to go*	correr - *to run*
dar - *to give*	encontrar - *to find*	repetir - *to repeat*
poner - *to put*	regresar - *to return*	sentir - *to feel*
seguir - *to follow*	despedirse - *to say good-bye*	
pedir - *to ask for*	prestar - *to loan*	contestar - *to answer*
morir - *to die*	dejar - *to leave*	perder - *to lose*
acostarse - *to go to bed*	levantarse - *to get up*	mentir - *to lie*
poder - *to be able to*	ajuste - *adjustment*	ahorrar - *to save*

Tell a classmate what a good day you had yesterday. Change the verb in parenthesis into the preterit:

AYER (tener) _____ un día de suerte *(luck)*. En la mañana, cuando (ir) _____ a correr, un perro me (seguir) _____. Llamé al dueño. Él (ser) _____ un hombre muy guapo y rico. Me (dar) _____ cien dólares por encontrar a su perro.

—¡Cien dólares!—le dije y él (repetir) _____:
—Sí, cien dólares.

Él se (despedirse) _____ y yo (ir) _____ al banco y (poner) _____ el dinero en mi cuenta de ahorros *(savings account)*. Después (regresar) _____ a casa. Yo (sentir) _____ una gran alegría. El hombre y su perro, me imagino, se (sentir) _____ muy bien también. Tres horas después me (llamar) _____ a mi novio y él me (pedir) _____ cien dólares. Me dijo:

—Oye, tengo una emergencia. Si me prestas cien dólares hoy, te voy a dar ciento cincuenta mañana.

Yo le (contestar) _____:

—Ven y vamos al banco.

Y eso no fue todo. Mi madre llamó y me dijo:

—Lo siento mucho. Tu tía María (morir) _____. Ella te dejó diez mil dólares porque eras su sobrina favorita.

Yo me (sentir) _____ muy mal por un rato. Mi tía María era mi tía favorita, pero ya tenía noventa y nueve años. Pero eso no (ser) _____ todo. A las diez de la noche mi amiga Rosalía me (llamar) _____ por teléfono y me dijo:

—Oye, chica, no lo vas a creer. ¿Recuerdas el anillo de diamantes que tú (perder) _____ el año pasado?
—Sí, me acuerdo, pero la compañía de seguro *(insurance ccompany)* me (dar) _____ tres mil dólares.

—¡Qué suerte tienes! Yo estaba buscando unos aretes debajo del sofá, y adivina qué (*guess what*). Sí, (encontrar) _____ tu anillo.

—¿De veras? ¡Ay, Dios mío! Qué día increíble. Pero mañana va a ser mejor—

yo me (decir) _____ y yo (acostarse) _____. Pero eso no (ser) _____ todo. Cuando (levantarse) _____ esta mañana me (llamar) _____ el mecánico que iba a arreglar mi coche y me (decir) _____:

—Oiga, señorita Martinelli. El otro mecánico le (mentir) _____. Su coche no necesita un carburador nuevo. Sólo necesita un ajuste de válvulas y tenemos una especial para eso. Ud. va a ahorrar el cincuenta por ciento.

—Yo no lo (poder) _____ creer ¡Qué suerte tuve!

13

CAPÍTULO TRECE

Vocabulary preview
Idiomatic uses of *acabar de*
Expressing *likes or dislikes* with *gustar*
The verbs *doler* and *hacer falta*
The neuter "*lo*"
Using ¿*qué?* and ¿*cuál?* with the verb *ser*

Hay un dicho que dice . . .

Al que madruga Dios le ayuda.
God helps those who help themselves.

ECHEMOS UN VISTAZO AL VOCABULARIO *Vocabulary Preview*

VERBOS *Verbs*

arreglar	*to fix, to arrange*	morir (o:ue)	*to die*
funcionar	*to work (mechanical objects)*	mentir (e:ie)	*to lie*
elegir (e:i)	*to elect, to choose*	despedirse (e:i)	*to say good-bye*
divertirse (e:ie)	*to have fun*	doler (o:ue)	*to hurt*
gustar	*to like; to be pleasing to*	hacer falta	*to lack to need*
acabar de	*to have just (done something)*		

SUBSTANTIVOS *Nouns*

Cosas

la ropa	*clothes*	la chaqueta	*jacket*	la chamarra	*jacket*
los aretes	*earrings*	el anillo	*ring*	el collar	*necklace*
la corbata	*tie*	el traje	*suit*	la moda	*fashion*
el camisón	*nightgown*	el oro	*gold*	la plata	*silver*
la cabeza	*head*	la oreja	*outer ear*	el cuerpo	*body*
el lugar	*place*	la escalera	*stairs*	el piso	*floor*
la escalera mecánica	*escalator*				

ADJETIVOS

aburrido, aburridor	*boring*	estar aburrido	*to be bored*
ser aburrido	*to be boring*	varios	*several, various*

Additional Vocabulary and Expressions

por suerte	*luckily*	según	*according to*	sobre	*about*
ahorros	*savings*	tía	*aunt*	tío	*uncle*

Cognados

The suffix *-ido (-ida)* is a source of many cognates in Spanish and English. Most Spanish words ending in *-ido -(ida)* will be cognates to English words ending in *-id*.

rápido	*rapid*	frígido	*frigid*	pálido	*pallid, pale*	líquido	*liquid*
sólido	*solid*	sórdido	*sordid*	válido	*valid*	plácido	*placid*
estúpido	*stupid*	tímido	*timid*	ácido	*acid*	árido	*arid*

ACABAR DE . . . *To Have Just Done Something*

In Spanish the construction **acabar de + a verb** in the infinitive form is used to convey the idea of **to have just done something.**

For example:

1. Acabo de llegar.   *I have just arrived.*
2. Acabamos de verlo.   *We have just seen him.*
3. Ellos acaban de regresar. *They have just returned.*

Notice that the verb **acabar** is conjugated in the present tense and according to the subject pronoun.

Actividad 1

✍ Complete the following with the construction **acabar de + verb**

Modelo: Nosotros/comer   Acabamos de comer.
            Nora/llamarme   Nora acaba de llamarme.

1. Rosalía/limpiar la casa.

2. Rogelio/casarse.

3. Mis padres/comprarme un coche nuevo.

4. Mi novio/regalarme una corbata.

5. Ella/lavarse la cabeza.

6. Nora/encontrar el anillo de la señorita Martinelli.

7. El mecánico/arreglar el coche.

8. Roberto/mentirme.

Actividad 2

Answer the following questions:

1. ¿Qué acabas de comprar?
2. ¿Quién acaba de escribir en el pizarrón?
3. ¿Qué capítulo acabas de estudiar?
4. ¿Qué ropa acabas de comprar?
5. ¿Qué acaba de decir el profesor o la profesora?

THE VERB "*GUSTAR*"—EXPRESSING LIKES AND DISLIKES

The Spanish verb **gustar** is used to convey the idea of liking. This verb doesn't match the English construction **to like.** It is closer to the construction *to be pleasing to.* The meaning, however, is akin to what is expressed in the idea of the verb **to like.**

Me gusta la comida mexicana.	*I like Mexican food.*
Le gusta jugar fútbol.	*He (she) likes to play soccer.*
Nos gusta el vino.	*We like wine.*

Notice that the person liking something is represented, **not** by a subject pronoun, **but** by an indirect object pronoun. Thus we can show this construction as follows:

(a mí)	me		me	
(a ti)	te		te	
(a Ud.	le		le	
(a él) le	le		le	
(a ella)	le	gusta el café	le	gustan los dulces
(a nosotros)	nos		nos	
(a vosotros)	os		os	
(a Uds.)	les		les	
(a ellos/ellas	les		les	

The verb ending of **gustar** comes from the entity being liked. For example:

a. Me gust**a** tu vestido.   *I like your dress.*
b. Me gust**an** tus vestidos.   *I like your dresses.*

In example *__a__ gustar* is in the singular (**gusta**) form because the thing being liked (*el vestido*) is in the singular. In sentence *__b__* the thing liked (*tus vestidos*) is a plural noun, therefore **gustan** is used to match the plural subject.

Soy muy chula, pero modesta.
No me gustan los muchachos que no me llaman nunca
¡Ay, y cómo me gusta el chocolate!

Para contestar

1. ¿Qué piensa esta chica de si misma?
2. ¿Quiénes no le gustan?
3. ¿Qué le gusta mucho?

Note: Although the third person singular **gusta** and the third person plural **gustan** are the most frequently used conjugation of the verb **gustar,** the other conjugations may also occur and must be learned.

GUSTAR   *gusto*   *gustamos*
            gustas   *gustáis*
            gusta   *gustan*

Example:

a. No le gusto a ella.   *She doesn't like me (I'm not pleasing to her).*
b. No le gustamos a él.   *He doesn't like us (We are not pleasing to him).*
c. Tú le gustas a Nora.   *Nora likes you (You are pleasing to Nora).*

Notice that the indirect object pronoun is always used in this construction. The sentence, *Yo gusto la chica,* for example, is ungrammatical.

The indirect object pronouns **le** and **les** have more than one meaning and can be ambiguous. To clarify this ambiguity the prepositional pronouns **a Ud., a él, a ella, a Uds., a ellos, a ellas** may be used.

A él le gusta bailar.   *He likes to dance.*
A ella le gusta estudiar las matemáticas.   *She likes to study mathematics.*
A Uds. les gusta la cerveza.   *You (pl.) like beer.*

The prepositional pronouns **a mí, a ti, a nosotros,** and **a vosotros** may also be used to add emphasis to the sentence.

A mí no me gusta estudiar.   *I don't like to study.*

To express the idea of *I like it* or *I like them,* Spanish doesn't use the direct object pronouns in this construction:

I like **it.**   *Me gusta.*
I like **them.**   *Me gustan.*

When a proper noun is the indirect object in the **gustar** construction, it must be preceded by **a.**

A Pedro le gusta el mar.   *Pedro likes the beach.*
A Ramón y Pedro les gusta beber.   *Ramon and Pedro like to drink.*
A mi madre le gusta caminar por la playa.   *My mother likes to walk on the beach.*

When two or more verbs are used after **gustar,** this verb remains in the singular form:

A ella le **gusta** leer y viajar.   *She likes to read and to travel.*
Me gustar comer y beber.   *I like to eat and drink.*

Actividad 3

   A   Follow the model below and tell which of the two choices you like or dislike more:

MODELO	la leche - la soda	Me gusta más la soda.
	el cine - el teatro	Me gusta más el cine.

1. el vino-la cerveza   _____
2. el baile-el estudio   _____
3. el trabajo-la diversión   _____
4. los exámenes-las fiestas _____
5. el mar-las montañas   _____
6. la tristeza-la alegría   _____

   B   Ask a classmate the following questions:

1. ¿Qué te gusta hacer los fines de semana?
2. ¿Qué te gustar beber por la mañana?
3. ¿Qué días te gusta estudiar?
4. ¿Qué tipo de coches te gustan más?
5. ¿Quién te gusta mucho?   — *Who is pleasing to you?*
6. ¿Qué no te gusta hacer los domingos?
7. ¿Qué no te gusta comer con tu comida?
8. ¿Qué actores de cine te gustan?
9. ¿Qué bandas de rock te gustan?
10. ¿A quién le gustas tú mucho?   — *Who are you pleasing to?*
11. ¿Quién te gusta mucho en tu familia?
12. ¿Cuál de tus clases te gusta mucho?

Several other verbs share the grammatical construction of **gustar.** These verbs also use the indirect object pronoun in the position of the subject in English. Some English verbs such as *to interest, to fascinate, to worry* and others are also constructed like **gustar:**

Nora nos preocupa.	*Nora worries us.*
Los deportes me fascinan.	*Sports fascinate me.*
No me interesa la política.	*Politics doesn't interest me.*

Verbs that belong to the **gustar** group:

interesar	*to interest*	preocupar	*to worry*
parecer	*to seem*	encantar	*to charm; to like a lot*
disgustar	*to disgust; dislike*	irritar	*to irritate*
molestar	*to bother, to annoy*	faltar	*to be lacking*
hacer falta	*to miss (a person)*	fascinar	*to fascinate*
doler	*to hurt*		

The expressions **caer bien** and **caer mal** often replace **gustar** to express the idea of liking or disliking a **person.**

Teresa me cae mal.   *I don't like Teresa.*
Enrique me cae bien.   *I like Enrique.*

Caer** is conjugated in the present tense as follows:* ***caigo, caes, cae, caemos, caen.

✐   C   ¿Which of the following statements apply to you? Checkmark them.

1. No me gustan las personas que hablan mucho.   ☐

2. Me gusta caminar en la playa.   ☐

3. Me irritan las personas que manejan demasiado lento.   ☐

4. Me encanta escuchar música y bailar.   ☐

5. Me fascina el mar.   ☐

6. No me interesa la literatura.   ☐

7. No me importa si una persona tiene dinero o no.
    Me importa si son honestas o no.   ☐

8. No me interesa la poesía.   ☐

9. Me interesa la ciencia.   ☐

10. Me gusta mucho leer poemas.   ☐

11. A mi madre le ofenden las personas que usan malas palabras todo el tiempo.   ☐

12. A mi padre no le ofende nada.   ☐

13. A mi madre le irrita cuando yo pongo el estéreo muy alto.   ☐

14. A mi hermana le molestan mis amigos porque fuman mucho.   ☐

15. A mi hermana le cae mal mi mejor amigo.   ☐

16. A mi hermana le caen bien los hombres guapos.   ☐

17. A mis padres les fascina la música clásica.   ☐

18. A mi me gusta más el rock que la música clásica.   ☐

19. Me gusta más la guitarra eléctrica que la acústica.   ☐

20. Me hace falta mucho dinero para viajar.   ☐

21. A mi madre le preocupa la violencia en los Estados Unidos.   ☐

22. A mi no me preocupa nada.   ☐

✍ D   First change 12 of the statements above into the interrogative form. Then ask a classmate all the
         questions you wrote.

Model   1. No me gustan las personas que hablan mucho.
                ¿Te gustan las personas que hablan mucho?

             15. A mi hermana le cae mal mi mejor amigo.
                ¿Cómo le cae a tu hermana tu mejor amigo?

 1.

 2.

 3.

 4.

 5.

 6.

 7.

 8.

 9.

10.

11.

12.

Enrique y Luisa no se Llevan Bien

Enrique y Luisa son novios, pero tienen algunos conflictos muy serios porque tienen gustos muy diferentes.

Luisa: Vamos al cine o al teatro, Enrique. Estoy cansada de mirar deportes en la televisión.

Enrique: No **me gusta** el teatro. Y **a ti te gusta** ver solamente películas románticas. Yo prefiero las pelícu-
                las con mucha acción.

Luisa: Pero eso no es verdad, **me encantan** las películas de aventuras.

Enrique: Está bien, vamos al cine. Pero no invites a una amiga.

Luisa: Tengo que invitar a una amiga. Mis padres no me permiten ir sola.

Enrique: ¡Ay caramba! ¡Estamos en el siglo veintiuno!. **Me parece que** tus padres todavía viven en el
                pasado. **Me molesta** cuando tu padre me hace preguntas: "¿Y qué profesión tiene Ud., joven?"
                "¿Cuáles son sus intenciones hacia mi hija, joven?" La próxima vez le voy a responder: "Señor,
                mis intenciones son quererla y llevarla lejos de aquí."

Luisa: Tú no entiendes, Enrique. **Le caes bien** a mi padre, pero él quiere protegerme.

Enrique: ¿Protegerte de mí? ¡Vamos! Nuestros padres son muy anticuados.

Luisa: Entonces, ¿vamos o no vamos al cine?

Enrique: Sí, pero tenemos que ver una película de artes marciales.

Luisa: Pero, Enrique. Tú sabes que no **me gustan** las películas violentas.

Enrique: Entonces nos quedamos aquí y miramos un partido de fútbol.

Luisa: Enrique, ¿por qué eres así? Nunca **te importa** lo que yo quiero.

Enrique: No es verdad. Eres tú quien nunca quiere hacer lo que yo quiero. ¿Ya te olvidaste? Yo quería ir a
                un boxeo el sábado pasado. Pero **a ti te disgusta** el boxeo y no hicimos nada.

Luisa: No **me disgusta,** pero no **me interesan** los deportes violentos.

Enrique: Está bien, Luisa. Vamos al cine a ver una película romántica.

✍ Choose between ¿**qué**? or ¿**cuál**?:

1. ¿_____ es la dirección de Julio?

2. ¿_____ libro está leyendo?

3. ¿_____ son tus películas favoritas?

4. ¿_____ es felicidad?

5. ¿_____ es la fecha de hoy?

6. ¿_____ tienes en la mano?

7. ¿_____ son tus libros y cuáles son de Enrique?

THE ABSOLUTE SUPERLATIVE

The absolute superlative is used to express a high degree of a quality such as **most, very,** or **highly.** It is mainly used with adjectives. To form the absolute superlative the suffix –**ísimo, íma** is added to the adjective.

If the adjective ends in a vowel such as **a** or **o** these endings must be dropped and replaced with –**ísimo.** The suffix ending must agree in gender and number with the nouns it is modifying:

bueno – buen**ísimo**   buenos – buen**ísimos**
alt**a** – alt**ísima**   alt**as** - alt**ísimas**

If the adjective ends in a consonant the suffix –**ísimo** is added to the last letter:

dificil – dificil**ísimo**   fácil – facil**ísimo**

Always add the stress mark to the suffix –**ísimo.**

El coche nuevo de Marcos es rapid**ísimo.**   *Marcos' new car is extremely fast.*
La novia de Raúl es bell**ísima.**   *Raul's girlfriend is very, very beautiful.*

The same qualities may also be heightened by adding the adverbs **muy, sumamente** or **extremadamente,** before the adjective:

Es una casa muy, muy grande.   *It is a very large house.*
Es una situación extremadamente difícil.   *It is an extremely difficult situation.*
Nora es sumamente nerviosa.   *Nora is very, very nervous.*

✍   Use the suffixes –**ísimo, ísima, ísimas, ísimos** to describe the following:

1. Esa chica es (*bella*) _____.

2. Esta situación es (*grave*) _____.

3. El examen que nos dio el profesor fue (*difícil*) _____.

4. No tengo tiempo para nada. Estoy (*ocupado*) _____.

5. El río Nilo es (*largo*) _____.

6. Los pasajes de Los Ángeles a Madrid son (*caros*) _____.

7. El vuelo de Nueva York a Buenos Aires está (*retrasado*) _____.

8. Ana bajó del tren (*mareada*) _____.

HOW TO FORM ADVERBS

To form adverbs in Spanish, the suffix –**mente** (the equivalent of –*ly in English*) is attached directly to the end of adjectives. But note that:

a. Adjectives that end in -**o** take the feminine form (-*a*) to change into an adverbial form:

correcto/a	correct**a***mente*	*correctly*
claro/a	clar**a***mente*	*clearly*
cuidadoso/o	cuidados**a***mente*	*carefully*
lento/a	lent**a***mente*	slow**ly**

b. Adjectives that end in **e** or a consonant, such as **n, l, z,** do not change their ending before adding the suffix –*mente:*

feli**z**	feli**z***mente*	*happi**ly***
fáci**l**	fáci**l***mente*	*easi**ly***
frecuent**e**	frecuent**e***mente*	*frequent**ly***

c. If the adjective has an accent mark, the accent mark remains in the same position in the adverbial form:

rá́pida	rá́pidamente	*quickly*
difícil	difícilmente	*with difficulty*

d. When one or more adverbs follow each other, the suffix –**mente** is normally used only on the last adverb:

Clara* y concisa**mente**   *clearly and concisely*

*The adjective preceding the adverb must be in the feminine form.

Actividad 4

✍   A   Change the adjectives below into the adverbial form:

1. Enrique está hablando (*lenta*) _____.

2. Tengo que terminar mi trabajo (*rápido*) _____.

3. Mi padre me dice (*clara*) _____ que no debo manejar su coche.

4. Le expliqué el problema (*clara y concisa*) _____.

5. Examinó el dinero (*cuidadoso*) _____.

6. Voy a pasar el examen (*fácil*) _____.

Adverbs are words that modify a verb, adjective or other adverbs to show how, when or where something is done. There are many adverbs beyond the ones formed from adjectives with -**mente.**

Adverbs of time:

ahora	mañana	tarde	siempre	cuando
a veces	una vez	a menudo	raras veces	otra vez
muchas veces	cada día	después	finalmente	por fin (*at last*)

✍ B   Complete the following sentences with the appropriate adverb. Choose from the following adverbs:

ahora	raras veces	frecuentemente	a menudo después
rápidamente	cada día	lenta y claramente	siempre

1. Yo _____ almuerzo en mi carro.
2. Yo llamo a mi novia por teléfono _____.
3. Voy a al cine _____.
4. Yo me baño _____.
5. Nora y Enrique se pelean _____.
6. _____ que tengo ir al banco para poner dinero en mi cuenta.
7. _____ estoy completando este ejercicio.
8. Voy a ir al banco _____ de la clase.
9. Yo no le entiendo a Rosalba. Ella habla _____.
10. Yo siempre entiendo a José porque el habla _____ ____ _____.

MEXICANISMOS

The Spanish spoken in Mexico is rich with colloquialism to express superlatives:

Padre For something to be "***padre***" is to be very good. So when something is very, very good it is "***padrísimo***" or it is "***muy padre.***"

> —La fiesta de Marisela estuvo **padrísimo.**

Lo máximo is another expression used to express superlative qualities.

> —Me gusta como canta Julio Iglesias. Él es **lo máximo.**

De primera expresses that something is of the first quality, triple "AAA," etc.

> —Este estéreo suena **de primera.** Es padrísimo.

A todo dar This is another popular expression used to say that something is going very well, or that something is very good. The English equivalent would be something like "far out" or "out of sight."

> —¿Y cómo va todo?
> —Pues, **a todo dar.**

VOCABULARIO PRÁCTICO FUNCIONAL

DE VIAJES *On a Trip*

Some essential vocabulary if you travel in a Spanish speaking country are:

llegada	*arrival*	aerolínea	*airline*
salida	*departure*	salida	*exit*
entrada	*entrance*	vuelo	*flight*
primera clase	*first class*	ida y vuelta	*round trip*
horario	*schedule*	propina	*tip*
tarjeta	*card*	pasaje	*ticket*
aduana	*custom*	pasaporte	*passport*
maletas (*valijas*)	*luggage*		

14

CAPÍTULO CATORCE

Vocabulary preview
Expressing the idea of "*ago*" with *hacer*
The past participle
The present perfect tense
The past perfect tense

Hay un dicho que dice . . .

Ojos que no ven, corazón que no siente.
Out of sight, out of mind.

ECHEMOS UN VISTAZO AL VOCABULARIO   *Vocabulary Preview*

VERBOS

cambiar	*to change*	cubrir	*to cover*
llenar	*to fill*	romper	*to break*
usar	*to use*	descomponerse	*to break down (mechanical)*
arreglar	*to fix*		

SUBSTANTIVOS *Nouns*

la marca	*brand*	el aceite	*oil*
la gasolinera,	*gas station*	el acumulador, la	*battery*
la estación de servicio	*gas station*	batería	
la goma, la llanta,	*tire*	el mecánico	*mechanic*
el neumático		la pieza de repuesto	*spare part*
la goma pinchada	*flat tire*		
la grúa, el remolcador	*tow truck*	el motor	*engine*
la estación de servicio	*service station*	el freno	*brake*
la (el) empleada (o)	*clerk*	el taller mecánico	*auto repair shop*
el limpiaparabrisas	*windshield washer*	el parabrisas	*windshield*

Adjectives

sucio	*dirty*	limpio	*clean*	lleno	*full*
listo	*ready*	vacío	*empty*		

Additional Vocabulary

casi	*almost*	en seguida	*right away*	en un rato	*in a little while*
otra vez	*again*	en serio	*seriously*	además	*besides*
error	*mistake*	lo peor	*the worst*	carretera	*freeway*
¡cuídate!	*take care*	marido	*husband*	asignaturas	*school subjects*

COGNADOS

The Spanish suffix –**able** which means *capable of* or *able* is similar to its English counterpart. There are many cognates with this ending:

dudable	*doubtful*	inevitable	*inevitable*	navegable	*navigable*
durable	*durable*	vulnerable	*vulnerable*	probable	*probable*

Notice that the words above came from the Spanish –**ar** verbs: **dudar** – *dudable;* **durar** – *durable;* **navegar** – *navigable.*

USES OF THE VERB *"HACER"*

The third person of the verb *hacer* is used in two constructions to convey the time concept of ***ago*** in English.

1. **hace + length of time + que + verb in the preterit**

   Hace dos horas que lo llamé.   *I called him two hours **ago.***

2. **verb in the preterit + hace + length of time**

   Lo llamé hace dos horas.   *I called him two hours **ago.***

Example:

Rosa: ¿Cuánto tiempo hace que llegó mi marido?   *How long ago did my husband arrive?*
Nora: Hace dos horas, más o menos.   *About two hours ago.*

Toño: ¿Hace cuánto que lo compraste?   *How long ago did you buy it?*
Paco: Lo compré hace un año.   *I bought it a year ago.*

Actividad 1

  Answer the following questions:

1. ¿Cuánto tiempo hace que compraste tu coche?
2. ¿Cuánto tiempo hace que viniste aquí?
3. ¿Hace cuánto tiempo que fuiste a la iglesia?
4. ¿Hace cuánto que viste la última película?
5. ¿Cuánto tiempo hace que vino la profesora a la clase?

VOCABULARIO PRÁCTICO FUNCIONAL

Como Sostener una Conversación

When you are holding a conversation in Spanish you may use the following polite expressions to interact appropriately:

Perdón	*Excuse me; pardon me.*	¿Mande Ud.? (Méx.)	*How is that?/ What?*
¿Cómo?	*How is that?*	Con su (tu) permiso.	*With your permission*
Lo siento.	*I'm sorry.*	Disculpe.	*Forgive me. (Sorry)*
¡Qué bien!	*Good!*	Me alegro.	*I am glad.*
¿De veras?	*Really?*	¡No me digas!	*Don't say!*

THE PRESENT PERFECT TENSE

The present perfect in English is formed with the verb *to have* and the past participle:

*I **have** finished it.* The contexts in which the present perfect is used is similar in both languages. The present perfect is formed in Spanish with the auxiliary verb **haber** (*instead of **tener***) plus the **past participle** *–ado* and *–ido*.

Yo **he** visit**ado** ese museo.   *I have visited that museum.*

The Past Participle

The past participle is formed by dropping the ending of –**ar** verbs and then replacing it with -**ado**:

tom**ar** – tom**ado**	trabaj**ar** – trabaj**ado**	habl**ar** – habl**ado**
(*taken*)	(*worked*)	(*spoken*)

The past participle of –**er** and –**ir** verbs is formed by dropping the verb endings and then replacing them with –**ido**:

COM**ER** – com**ido**	BEB**ER** – beb**ido**	VIV**IR** – viv**ido**
(*eaten*)	(*drunk*)	(*lived*)

Actividad 2

✍ A   Change the following verbs into the past participle:

habl**ar**	_____	viv**ir**	_____	compr**ar**	_____
trabaj**ar**	_____	aprend**er**	_____	cambi**ar**	_____
entend**er**	_____	visit**ar**	_____	ten**er**	_____
comenz**ar**	_____	ser	_____	**ir**	_____

IRREGULAR PAST PARTICIPLE FORMS

A group of verbs has irregular formations in the past participle. Each case has a different form that must be learned:

escribir	**escrito**	decir	**dicho**	abrir	**abierto**
romper	**roto**	hacer	**hecho**	cubrir	**cubierto**
poner	**puesto**	morir	**muerto**	ver	**visto**
volver	**vuelto**	freír (fritar)	**frito**	reponer	**repuesto**
devolver	**devuelto**	descomponer	**descompuesto**		

THE PAST PARTICIPLE AS MODIFIERS

The past participles may be used as adjectives, as in ***closed** book –libro **cerrado.*** In such cases, the past participle must **agree** in **gender** and **number** with the noun it modifies:

la casa abier**ta**	*the open house*	**el** libro abierto	*the open book*
las casas abier**tas**	*the open houses*	**los** libros abiertos	*the open books*

✎ B   Change the verbs into the appropriate past participle form:

el libro/cerrar	_____	la ventana/abrir	_____
los libros/cerrar	_____	el gato/morir	_____
la goma/pinchar	_____	los gatos/morir	_____
la silla/romper	_____	la papa/freír	_____
los carros/usar	_____	el niño/dormir	_____

The past participle is frequently used with the verb **estar** to describe states or conditions:

La llanta está pinchada.	*The tire is flat.*
El mecánico está cansado.	*The mechanic is tired.*

Este hombre <u>está enojado</u> porque su coche <u>está descompuesto</u> y los mecánicos cobran mucho.

 C   Answer the following questions:

1. ¿Está tu libro abierto o cerrado?

2. ¿Está el profesor parado o sentado?

3. ¿Están los estudiantes despiertos (*awake*) o dormidos?

4. ¿Estás tú despierto o dormido?

5. ¿Estamos nosotros sentados o parados?

6. ¿Está la puerta del salón de clase abierta o cerrada?

7. ¿Está la biblioteca abierta o cerrada?

8. ¿Están las gasolineras abiertas o cerradas?

  D   Ask the following questions to a classmate:

 Vocabulary expansion: Freír—*to fry*   asar—*to roast*   sentado—*seated*   parado—*standing*   estéreo—*stereo*   oral—*oral, spoken*   hecho a mano—*hand made*

1. ¿Te gusta la papa frita o cocida al horno?
2. ¿Te gusta el examen oral o escrito?
3. ¿Prefieres el examen con el libro abierto o cerrado?
4. ¿Prefieres los productos hechos en los Estados Unidos o en Taiwán?
5. ¿Te gusta el té helado (*iced*) o caliente?
6. ¿Tienes un carro usado o nuevo?
7. ¿Usa tu mecánico piezas de repuesto usadas o nuevas?
8. ¿Lees más libros escritos en español o en inglés?
9. ¿Duermes con la ventana abierta o cerrada?
10. ¿Compras más productos hechos a mano o fabricados?
11. ¿Pasas más tiempo parado o sentado?
12. ¿Estudias más con el estéreo prendido o apagado?
13. ¿Duermes con la boca abierta o cerrada?

THE PRESENT PERFECT

The present perfect is formed by using the conjugation of the verb *haber,* in the present indicative, followed by the past participle:

yo	**he**		*I have eaten*	nosotros/as	**hemos**		*we have eaten*
tú	**has**		*you have eaten*	vosotros	**habéis**		*you (pl.) have eaten*
Ud.	**ha**	com**ido**	*you have eaten*	Uds.	**han**	com**ido**	*you (pl.) have eaten*
él	**ha**		*he has eaten*	ellos	**han**		*they have eaten*
ella	**ha**		*she has eaten*	ellas	**han**		*they have eaten*

Notice that the past participle is **invariable.** It always ends in **–o** when it is used with **haber** in the present and past perfect.

Example:

La madre:	¿Dónde has estado toda la noche?	*Where have you been all night?*
El hijo:	He estado en la biblioteca.	*I have been at the library.*
La madre:	La biblioteca está cerrada.	*The library is closed.*
El hijo:	No, no es verdad. Ahora hay una biblioteca abierta veinticuatro horas.	*No. It is not true. Now there is a library open 24 hours.*
La madre:	No te creo. Tú has estado bebiendo con tus amigos.	*I don't believe you. You have been drinking with your friends.*

Actividad 3

 A   Write a list of things you have done in the last six months:

Modelo: Este año he ido mucho al cine. *This year I have gone to the movies a lot.*

Este año . . .

1.

2.

3.

4.

5.

6.

 B   Ask a classmate the following questions:

1. ¿Qué has comprado este año?

2. ¿Has visto una buena película este año?

3. ¿Cuántos años has estudiado español?

4. ¿Qué asignaturas has tomado aquí?

5. ¿Has estado en clase todos los días?

6. ¿Cuántas buenas notas has recibido este año?

7. ¿Qué han hecho tus padres para ayudarte a completar tus estudios?

8. ¿Has cambiado el aceite de tu carro este año?

9. ¿Has comprado llantas nuevas este año?

Conversación Simulada

Miguel Tiene Problemas con un Carro Usado

Marcos:	Miguel, ¿como te va?
Miguel:	Bien, pero mi carro **está descompuesto.**
Marcos:	¿Otra vez? Lo siento. ¿Cuándo pasó eso?
Miguel:	Hace unas dos horas.
Marcos:	¿Va a costar mucho arreglarlo?
Miguel:	Pues, espero que no.
Marcos:	Yo conozco a un mecánico muy bueno.
Miguel:	Bueno, gracias. Ya **he llevado** mi carro al taller de mi cuñado.
Marcos:	¿Por qué no vendes tu carro? Ya **has tenido** muchos problemas con esa marca. No tiene un motor bueno. En serio, ¿**has pensado** en la posibilidad de venderlo?
Miguel:	Sí, **he tratado** de venderlo, pero es difícil. Nadie quiere pagar mucho por un **carro usado.** Además, mi coche me **ha costado** mucho dinero. **He tenido** que comprar llantas nuevas, un acumulador nuevo, limpiaparabrisas, etc.
Marcos:	¿Compraste tu coche nuevo o usado?
Miguel:	Lo compré usado. **Ha sido** un gran error.

Marcos: No, tuviste mala suerte nomás. Yo siempre **he comprado** carros usados y nunca **he tenido** problemas. Mi carro, después de dos años, sólo **se ha descompuesto** una vez.

Miguel: Lo peor en mi caso es que mi coche siempre se descompone en la carretera y siempre tengo que llamar una grúa.

Marcos: ¿Sabes qué? Mi hermano tenía un coche así, cambiaba el aceite casi cada mes. Tenía constante problemas con los frenos, gastaba mucho dinero en la gasolinera, y al final tuvo que venderlo por casi nada.

Miguel: Pues, que se puede hacer. Ahora tengo que tomar el autobús. Oye, te veo más tarde. ¡Cuídate!

Marcos: Adiós. Buena suerte con tu coche.

Conteste las siguientes preguntas sobre la conversación simulada:

1. ¿Quién tiene problemas con su carro?
2. ¿Ha tenido Miguel este problema antes?
3. ¿Cuánto hace que se le descompuso el carro?
4. ¿Quién conoce a un mecánico muy bueno?
5. ¿Adónde ya ha llevado Miguel su carro?
6. ¿Quién ha tenido muchos problemas con su coche?
7. ¿Qué ha tratado de hacer Miguel con su carro?
8. ¿Quién ha tenido mala suerte con su carro?
9. En dos años, ¿cuántas veces se ha descompuesto el carro de Marcos?
10. ¿Quién nunca ha tenido problemas con su carro?

EL PLUSCUAMPERFECTO *The Past Perfect Tense—The Pluperfect*

The past perfect is formed like the present perfect, with the auxiliary verb **haber** and the past participle. In this case, however, **haber** is conjugated in the **imperfect indicative tense:**

Yo ya **había** termin**ado** el trabajo.   *I **had** already **finished** the job.*

TO HAD EATEN

yo había		nosotros/as habíamos	
tú habías		vosotros habíais	
Ud. había	comido	Uds. habían	comido
él había		ellos habían	
ella había		ellas habían	

When to Use the Past Perfect

The past perfect is used in Spanish, as well as in English, to describe a completed event or action that preceded another past action, or as an action completed before a given time implied or expressed.

a. Cuando Miguel invitó a Nora al cine ella le dijo que ya **había ido** al cine.

   When Miguel invited Nora to the movies she told him that she had already gone to the movie.

b. Yo había planeado ir a una fiesta, pero ahora estoy enfermo.

   I had planned to go to a party, but now I am sick.

c. Nosotros ya le habíamos mandado unas cartas a nuestra abuela cuando llamó para quejarse de que nadie se había acordado de ella.

We had already sent letters to our grandmother when she called to complain that nobody had remembered her.

Observaciones

Object pronouns with the present and perfect tense:

a. The object pronouns normally precede the negative and affirmative form of the present and past perfect conjugation:

Yo **le** he hablado mucho.   *I have spoken to him a lot.*
Ella no **me** ha hablado todavía.   *She has not spoken to me yet.*
Ellos no las han hecho todavía.   *They have not made them yet.*

b. As with other compound forms, the object pronouns may be placed either **before** the auxiliary verb **haber** or **after** the second verb preceded by past participle. This second verb may be in the infinitive or progressive form.

Yo no he podido <u>hacer**lo.**</u>   *I have not been able to do it.*
Yo no **lo** he podido <u>hacer.</u>   *I have not been able to do it.*
Hemos estado <u>llamándo**lo.**</u>   *We have been calling him.*
Lo hemos estado <u>llamando.</u>   *We have been calling him.*

Actividad 4

El Nuevo Mundo

   A   Read the following statements and then answer the questions about them.

   VOCABULARY EXPANSION: historiadores—*historians* vikingos—*Vikings* adquirir—*to acquire* conocimiento—*knowledge* avanzado—*advanced* caballo—*horse* calcular—*to calculate* predecir—*predict* emperador—*emperor* observadores—*observers* enviar—*to send* barbudos—*bearded* dioses—*gods* invadir—*invade* conquistar—*to conquest* enemigo—*enemy* valle—*valley* hasta que—*up to the* alimentar (se)—*to feed*

1. Según (*according to*) algunos historiadores, cuando los españoles "descubrieron" América, los vikingos ya la habían visitado antes.
2. Cuando los españoles llegaron a las Américas, los mayas ya habían adquirido un conocimiento avanzado de la astronomía. Ya habían calculado el ciclo lunar y solar. Habían predicho los eclipses solares y lunares.
3. Las pirámides de América se habían construido mucho antes de la llegada de los españoles al continente americano.
4. Cuando los españoles llegaron a las costas de México el emperador azteca Moctezuma había enviado observadores para ver si estas personas barbudas eran hombres o dioses.
5. Cristóbal Colón y sus hombres no sabían que habían llegado a un nuevo continente. Ellos habían creído que habían llegado a la India.

6. Porque los aztecas habían invadido y conquistado muchos pueblos en el valle de México, tenían muchos enemigos. Hernán Cortés forjó alianzas (*forged alliances*) con estos enemigos de los aztecas y así pudo conquistarlos.

7. Hasta que los españoles llegaron a las Américas, los indios nunca habían visto un caballo. Los españoles nunca habían visto los tomates, ni el maíz ni la papa. Los incas del Perú ya usaban la papa para alimentarse.

B   Work with a classmate and take turns answering the following questions:

1. ¿Quiénes habían descubierto América antes de los españoles?

2. ¿Qué conocimientos habían adquirido los indios antes de la llegada de los españoles?

3. ¿Qué habían calculado los mayas?

4. ¿Cuándo se habían construido las pirámides?

5. ¿Qué había hecho el emperador azteca cuando los españoles llegaron a la costa de México?

6. ¿Qué no sabían Cristóbal Colón y sus hombres?

7. ¿Por qué tenían muchos enemigos los aztecas?

8. ¿Qué no habían visto los indios antes de la llegada de los españoles?

9. ¿Qué no habían visto los españoles antes de su llegada al continente americano?

10. ¿Quiénes ya habían usado la papa como alimento?

C   Change the words in bold into the past perfect form:

1. Cuando llegué a casa mi madre ya (**haber preparar**) _____ la cena.

2. Cuando invité a Nora a la fiesta, Miguel ya la (**haber invitar**) _____.

3. Cuando les mentí a mis padres acerca de mis notas en la escuela yo no sabía que ellos ya (**haber hablar**) _____ con mis maestros.

4. Miguel no quiso ir al cine con nosotros porque él ya (**haber ver**) _____ la película, *Guerra de las Estrellas.*

5. Los niños no quisieron más helado (*ice cream*) porque ya lo (**haber tomar**) _____ ese día.

Repaso del Vocabulario: Acerca de los Automóviles

1. Cuando uno necesita gas uno va:

   a. a la estación de servicio   **b.** a la tienda   **c.** a la biblioteca

2. Si uno no puede parar su coche, uno necesita:

   a. llantas nuevas   **b.** frenos nuevos   **c.** aceite

3. En la gasolinera venden:

   a. libros   **b.** carne   **c.** gasolina y aceite

4. el mecánico arregla:

   a. coches   **b.** televisores   **c.** muebles

5. Cuando un coche tiene una llanta ponchada uno necesita:

   a. la grúa o llanta de repuesto   **b.** el tanque   **c.** el acumulador

6. Si el carro no puede empezar, probablemente necesita:

   a. llantas   **b.** una batería nueva   **c.** parabrisas

7. El limpiaparabrisas limpia:

   a. las llantas   **b.** el parabrisas   **c.** las ventanas

8. Si el coche no puede empezar, a veces es porque:

   a. el acumulador está descargado   **b.** las llantas están. desinfladas   **c.** la carrocería está dañada

9. Cuando el tanque de gas está vacío:

   a. necesita aire en las llantas   **b.** los frenos necesitan reparación   **c.** necesita llenarlo

Actividad 5

Nombra 8 partes de este coche

LECTURA

La corrida de toros

La corrida de toros de asocia principalmente con España. Otros países, como México también tienen corridas de toro.

La corrida de toros es un deporte que muchos consideran muy brutal.

En España la corrida de toros tiene una rica tradición que se remonta al pasado lejano. La Fiesta de San Fermín que se festeja cada año atrae a personas de todo el mundo. Esta fiesta que se celebra en la ciudad de Pamplona es televisada cada año en todo el mundo.

El juego, o "pamplonada" consiste en dejar sueltos a varios toros en una calle estrecha donde docenas de jóvenes tratan de evitar ser heridos por los cuernos. Es un evento tumultuoso y a veces muy peligroso.

La toreada tiene varias etapas. Y las ceremonias y ritos que lo acompañan son complejos.
Hay tantos fanáticos como detractores de este deporte. Si algún día tuvieras la oportunidad de irte a una corrida de toros debes prepararte leyendo acerca del significado de muchos de los detalles de la corrida.

Busca en la lectura los cognados españoles de las siguientes palabras inglesas:

associate	principally	consider
brutal	rich	tradition
feast	attract	persons
celebrate	city	televised
consist	various	dozen
event	tumultuous	ceremony
rites	complex	fanatics
detractors	opportunity	prepare

15

CAPÍTULO QUINCE

Vocabulary preview
The future tense
Prepositions
The conditional tense
The prepositions <u>a</u>, <u>de</u> and <u>en</u>

Hay un dicho que dice . . .

Dime con quien andas y te diré quien eres.
Birds of a feather flock together.

ECHEMOS UN VISTAZO AL VOCABULARIO *Vocabulary Preview*

VERBOS

alquilar	*to rent*	manejar	*to drive (vehicle)*
depositar	*to deposit*	revisar	*to check over; to revise*
cobrar	*to charge, to cash*	chequear	*to check; verify*

SUBSTANTIVOS *Nouns*

el cajero	*cashier*	la cuenta	*account, bill*	la moto, motocicleta	*motorcycle*
el ahorro	*savings*	la plata	*silver, money*	la agencia de alquiler de automóviles	*car rental agency*
ruta	*road*	alto	*stop!*	peligro	*danger*

ADJETIVOS

hermoso, bello	*beautiful*	peligro	*danger*	peligroso	*dangerous*

Additional Expressions

cambiar un cheque	*to cash a check*	hasta	*until, up to*	sin falta	*without fail*
carro de cambio mecánico	*standard shift car*	después	*later, afterwards*		

COGNADOS

Do you recognize these cognates?

automático	examen	probablemente	veterinario/a
contrario	literario	coronario	lúcido
árido	cafetería	licorería	vacancia
vigilancia	infancia	tolerancia	mental
personal	elemental	central	notable
palpable	vulnerable	adorable	moribundo
decisión	fusión	invasión	precisión

EL TIEMPO FUTURO *The Future Tense*

The Spanish future tense is equivalent to the English future tense formed with the auxiliaries **will** and **shall.** In Spanish, the future tense is formed by adding the endings below to the infinitive form of the verb. The future tense endings are the same for -**ar**, -**er**, and -**ir** verbs.

Yo te **llamaré** mañana . .	*I will call you tomorrow.*
Tú **manejarás** el coche nuevo.	*You will drive the new car.*
Nosotros **abriremos** la puerta.	*We will open the door.*

Example:

	REPASAR: *to review, to mop*	COMER: *to eat*	ABRIR: to open
yo	repasar-**é**	comer-**é**	abrir-**é**
tú	repasar-**ás**	comer-**ás**	abrir-**ás**
Ud. **él** **ella**	repasar-**á**	comer-**á**	abrir-**á**
nosotros/as	repasar-**emos**	comer-**emos**	abrir-**emos**
vosotros	*repasar-éis*	*comer-éis*	*abrir-éis*
Uds. **ellos** **ellas**	repasar-**án**	comer-**án**	abrir-**án**

Note: Except for the **nosotros/as** form, all the future forms are accented on the last syllable.

A FEW VERBS USE IRREGULAR STEMS IN THE FUTURE FORM:

tener	**tendr-**é	haber	**habr-**é	decir	**dir-**é
poder	**podr-**é	saber	**sabr-**é	hacer	**har-**é
poner	**pondr-**é	caber	**cabr-**é	querer	**querr-**é
salir	**saldr-**é	venir	**vendr-**é	valer	**valdr-**é

TENER	tendré	*I will have*		tendremos	*we will have*
	tendrás	*you will have*		tendréis	*you (pl.) will have*
	tendrá	*you, he, she will have*		tendrán	*you (pl.) they will have*

Compound verbs formed with these verbs maintain these irregularities.

For example:

descomponerse - *to break down*	**deshacer** - *to undo*
mantener - *to maintain*	**obtener** - *to obtain*
retener - *to retain*	**componer** - *to fix*

Example: obtendré, obtendrás, obtendrá, obtendremos, obtendréis, obtendrán.

La profesora de español.

Hoy hablaremos de geografía. Uds. tendrán que encontrar en este globo los países dónde se habla español.

Observaciones

The future may also be expressed with the following forms:

a. IR + A + INF.

Yo **voy a salir** mañana   *I'm going to leave tomorrow*

b. THE SIMPLE PRESENT TENSE *(with a time expression showing futurity.)*

Yo **salgo mañana.**   *I'm leaving tomorrow.*

c. WITH *IR* + *HABER* *(But only with the third person **va**)*

Va a haber una fiesta.   *There is going to be a party.*

d. WITH THE PRESENT SUBJUNCTIVE USING "WHEN" TO EXPRESS AN INDEFINITE FUTURE.

Cuando vaya a Chile lo compraré.   *I'll buy it when I go to Chile.*

Actividad 1

Conjugate the following verbs in the *future* form:

	PENSAR	ARREGLAR	PONER	IR
yo				
tú				
Ud.,				
él, ella				
nosotros				
vosotros				
Uds.				

Uses of the Future Form

In addition to pointing to future events that are possible, probable, expected, etc., the future form is also used in Spanish as follows:

1. To express conjecture or probability:

¿Quién será ese hombre?   *Who do you suppose that man is?*
Será el nuevo profesor.   *Must be the new professor.*

¿Cuántos años tendrá ella?   *How old do you suppose she is?*
Tendrá unos 40 años.   *She is probably around 40.*

¿Dónde estará Irma?   *I wonder where Irma is?*
¿Se iría a la tienda?   *Do you suppose she went to the store?*

2. To express a command, normally in the second person:

Me obedecerás o te echaré de   *You shall obey me or I shall throw you out of*
la casa.   *the house.*

3. To describe certain types of concessions:

Será pobre, pero es muy generoso.   *He might be poor, but he is very generous.*
Tendrá sólo16 años, pero es muy   *She might only be sixteen, but she is very mature.*
madura.

Observación

Note that the English "*will you. . . ?*" form to ask for favors, doesn't require the future form in Spanish. The present tense of "**querer**" is used instead.

Will you pass me the salt?   *¿Quieres pasarme la sal?*

Also the simple present indicative, followed by *por favor,* may be used:

¿Me pasas la sal, por favor?   *Will you pass me the salt, please?*

Mañana cumpliré 18 años. Mi padre me comprará un coche nuevo. Podré ir a todas partes. No tendré que tomar el autobús. Venderé mi bicicleta y llevaré a mi novia al mejor restaurante lejos de aquí. Mañana será un día muy especial.

Actividad 2

✍   A   Write 5 sentences about what you will be doing this week. Use the future tense.

1.

2.

3.

4.

5.

✍   B   Write the two sentences below in the other forms to express the future:

   a. Yo no vendré a clase mañana.
   b. Habrá una fiesta mañana.

✍   C   Change the verbs in the sentences below into the future form. You may use more than one way to express the future.

UN VIAJE POR LATINOAMÉRICA

Miguel y Luisa escribieron *un bosquejo de todas las cosas que les gustaría hacer durante su viaje a Lati-noamérica.* Dividieron *la lista entre las cosas que harán solos o juntos. Luisa* presentó *la lista de las cosas que ella hará sola. Después Miguel* presentó *su lista de actividades favoritas. Luego* decidieron *las actividades que harán juntos.*

COMPLETE USING THE FUTURE TENSE:

Luisa: Yo . . .

   1. (*Ver*) _____ _____ el Machu Pichu.
   2. (*Visitar*) _____ las Islas Negras en Chile para ver la casa donde vivió Pablo Neruda.
   3. (*Ir*) _____ al teatro Colón en Buenos Aires.
   4. (*Caminar*) _____ en la Avenida 9 de Julio en Buenos Aires.
   5. (*Regatear*) _____ en los mercados en México.

Miguel: Yo . . .

   6. (*Montar*) _____ en una alpaca en La Paz, Bolivia.
   7. (*Escalar*) _____ las pirámides en México.
   8. (*Tomar*) _____ el tren en el Paraguay. Dicen que es muy pintoresco.
   9. (*Explorar*) _____ las ruinas de Palenque.
  10. (*Asistir a*) _____ _____ a un partido de fútbol entre Boca Juniors e Independiente en la Argentina.
  11. (*Beber*) _____ vino en una bodega en los viñedos de Mendoza.
  12. (*Jugar*) _____ polo en la Argentina.

Nosotros. . . .

13. (*Ir*) _____ a una función del Ballet Folklórico de México en la Ciudad de México.

14. (*Asistir*) _____ a una fiesta quinceañera en México.

15. (*Ir*) _____ a una corrida de toros.

16. (*Comer*) _____ un churrasco al estilo argentino. También comeremos empanadas.

17. (*Esquiar*) _____ en Bariloche.

18. (*Visitar*) _____ las cataratas del Iguazú en la frontera entre Argentina, Paraguay y Brasil.

✍ D   Change the verbs in parenthesis into the future conjugation form:

Nadie sabe como (ser) _____ *el mundo cien años de ahora. Muchas personas dicen que las computadoras* (hacer) _____ *todo. Dicen que los hombres* (tener) _____ *mucho tiempo libre. Otros dicen que ya no* (haber) _____ *enfermedades. Algunas personas predicen (predict) que los científicos* (hacer) _____ *copias de hombres y mujeres. También dicen que* (crecer) _____ *órganos humanos, como el corazón, para reemplazar los corazones enfermos.*

Otras personas dicen que cien años de ahora nos (visitar) _____ *seres de otros planetas. También se predice que el hombre* (navegar) _____ *el espacio y* (explorar) _____ *otros mundos.*

Hay otros que dicen que ya no (ser) _____ *necesario estudiar los idiomas extranjeros porque las computadoras* (traducir) _____ *por medio de transmisores instalados en nuestros cerebros.*

E   Work in a group of five students. Each student will write five predictions for the future and then he/she will read it to the group:

Example: En el futuro los coches no usarán gasolina sino electricidad para andar.

If your imagination is not helping, you can choose from the following suggestions:

la medicina	el viaje espacial	el transporte aéreo
las computadoras	los océanos	las enfermedades
las guerras	la paz	los extraterrestres

F   Interview a classmate asking the following questions:

1. ¿Cuántos años estudiarás español?

2. ¿Qué harás este fin de semana?

3. ¿Dónde irás después de la clase?

4. ¿Cuántas horas trabajarás esta semana?

5. ¿A qué hora te levantarás mañana?

6. ¿A qué hora te acostarás mañana?

7. ¿Comprarás algo nuevo este mes?

8. ¿Cuándo verás a tu padre?

9. ¿A qué hora saldrás de aquí?

10. ¿Vendrás aquí mañana?

THE CONDITIONAL

The conditional is formed by adding the following endings to the infinitive form of the verb: **-ía, -ías, -ía, -íamos, -íais, -ían.** All three verb conjugations, *-ar*, *-er* and *-ir*, use the same endings.

Example:

PAG**AR**	pagar**ía**	S**ER**	ser**ía**	ABR**IR**	abrir**ía**
	pagar**ías**		ser**ías**		abrir**ías**
	pagar**ía**		ser**ía**		abrir**ía**
	pagar**íamos**		ser**íamos**		abrir**íamos**
	pagar**íais**		ser**íais**		abrir**íais**
	pagar**ían**		ser**ían**		abrir**ían**

The same verbs that are irregular in the future form are also irregular in the conditional:

caber - **cabría**	saber - **sabría**	poder - **podría**	valer - **valdría**
querer - **querría**	hacer - **haría**	tener - **tendría**	venir - **vendría**
haber - **habría**	salir - **saldría**	poner- **pondría**	decir - **diría**

The conditional form in Spanish is equivalent to its English counterpart, except that Spanish doesn't use an auxiliary (*would*) verb.

Example:

1. Yo no haría eso.   *I would not do that.*
2. Yo viajaría por tren.   *I would travel by train.*
3. Yo no sabría que hacer.   *I wouldn't know what to do.*
4. Enrique compraría un coche nuevo.   *Enrique would buy a new car.*

When to Use the Conditional

   a. The conditional indicates what the future would be or wouldn't be like if certain conditions are met:

      Con un millón de dólares en mi cuenta yo compraría una casa en Acapulco.   *With a million dollars in my account I would buy a house in Acapulco.*

   b. When the English "would" is used to mean "used to", Spanish uses the imperfect indicative:

      I would come home every Christmas.   *Yo **venía** a casa cada Navidad.*

   c. The conditional is also used to express probability in the past:

      Serían las diez cuando finalmente mi hermano llegó.   *It must have been around ten when finally my brother arrived.*

   d. The conditional is also used to make polite requests:

      ¿Podrías pasarme la tijera, por favor?   *Would you hand me the scissors, please?*

Actividad 3

  A   You have a friend called Pinochio. He is always lying. Change the verb in parenthesis into the conditional form:

> **Vocabulary Expansion:** prometer—*to promise*   dejar de—*to stop doing something, to quit*
> anillo—*ring* diamante *diamond*   plata—*silver*   así—*like that*

1. Pinocho me dijo que me (*llamar*) _____ pero no me llamó.

2. Pinocho le prometió a su madre que (*dejar*) _____ de mentir, pero no lo hizo.

3. Él me prometió que (*ir*) _____ al cine, pero nunca vino.

4. Él me dijo: "¿(*poder*) _____ usar tu diccionario por diez minutos?" Me lo devolvió una semana después.

5. Pinocho le dijo a su novia que le (*comprar*) _____ un anillo de diamantes, pero sólo le compró un anillo de plata con diamantes falsos.

6. Él le dijo al profesor que (*preparar*) _____ la tarea, pero no lo hizo.

7. Pinocho me dijo que él (*estar*) _____ aquí a las once, pero ya son las dos y él no está aquí.

8. Él me dijo que (*venir*) _____ por mí para irnos a una fiesta, pero no vino.

9. Pinocho me dijo que su carro costó diez mil dólares, pero yo creo que un carro así (*costar*) _____ sólo cinco mil dólares.

B   Take turns asking and answering the following questions:

1. ¿Dónde te gustaría estar ahora mismo?

2. ¿Cuánto pagarías por un coche nuevo?

3. ¿A quién llamarías en caso de un accidente?

4. ¿Qué libro te gustaría leer esta noche?

5. ¿Con quién te gustaría ir al cine hoy?

6. ¿Qué clase de coche comprarías por cien mil dólares?

7. ¿Qué tipo de trabajo te gustaría tener?

8. ¿Cuánto crees que costaría un pasaje de ida y vuelta a Acapulco?

9. ¿Cuántos años crees que tendría la profesora (o el profesor)?

10. ¿Cuánto valdría una casa nueva de cuatro dormitorios en Nueva York?

11. ¿Podrías pasarme el borrador, por favor?

✍   C   What would you do in the following situations. Add your answers:

Model   **Situation:**   Recibes una mala nota en la clase.
             Reaction: Yo estudiaría más.

¿Qué harías en esta situaciones?

1. Recibes malas notas en la clase.

2. Tienes un accidente.

3. Tienes un millón de dólares en el banco.

4. Encuentras cien dólares en la calle.

5. Recibes pasajes gratis para ir a Paris.

6. Alguien roba tu coche.

7. Te dan una beca (*scholarship*) para estudiar en España.

8. Tu padre te regala un coche nuevo.

9. El maestro dice: "Hemos terminado la clase. Adiós."

10. Un policía te dice: "¡Levante las manos!"

Cultural Note

La Navidad en el Verano

En muchos países latinoamericanos la Navidad es durante el verano. No hay nieve, lluvia ni frío. En el Hemisferio Sur, el verano es en diciembre. Así que mientras los norteamericanos tienen frío los hispanoamericanos tienen calor. Este hecho afecta las celebraciones porque no hay muñecos de nieve ni árboles cubiertos de nieve. Mucha gente va de vacaciones en esta época para aprovecharse de los días de sol.

Otra diferencia consiste en que mucha gente, especialmente los niños, reciben regalos el 6 de enero en vez del 25 de diciembre. El seis de enero es el día de los Reyes Magos. Es el día en que según se dice tres reyes del oriente trajeron regalos al niño Jesús.

PREPOSITIONS AND THEIR FUNCTIONS

Prepositions, in general, are used to relate two grammatical units. The prepositions *a*, *en* and *de*, for example affect the meaning of a phrase in the following ways:

The Preposition "A" (*to, at, in order to*)

The preposition **a** is used:

a. To tell the hour of the day (*At what time*):

El examen es **a** las cuatro.   *The test is **at** four.*
La clase empieza **a** las dos.   *The class begins **at** two.*

b. To introduce the direct object when it is a person:

Quiero **a** María mucho.   *I love María a lot.*
Visito **a** mi abuela a menudo.   *I visit my grandmother often.*

c. After the verb **ir** to indicate destination, direction forward:

Ellos van **a** la tienda a mirar.   *They go **to** the store to look.*
Yo voy **a** la iglesia los domingos.   *I go to church on Sundays.*

d. With the verb **ir** plus a **verb** in the infinitive form to express the future:

Voy **a** comprar una casa nueva.   *I am going to buy a new house.*
Vamos **a** ir al cine.   *We are going to go to the movies.*

e. After certain verbs, such as:

aprender a	*to learn to*	empezar a	*to start to*
enseñar a	*to teach to*	llegar a	*to arrive at*
comenzar a	*to start to*		

Nora empezó a salir con Raúl después de su divorcio.   *Nora started to go out with Raul after her divorce.*
Él aprendió a hablar español en Texas.   *He learned to speak Spanish in Texas.*

f. Purpose of an action:

Vino **a** hablar con mi padre.   *He came to talk to my father.*

Observación

The preposition **a** also occurs in other cases and many idiomatic expressions.

The Preposition "de" (*of, from*)

The preposition **de** is used:

a. To relate the specific time of the day such as **AM** or **PM:**

Son las cinco **de** la tarde.   *It is five PM.*
Llegaron a las diez **de** la mañana.   *They arrived at ten AM.*

b. To express the idea of *more than* with numbers:

Rubén tiene **más de** diez lápices.   *Ruben has more than ten pencils.*

c. To show possession or ownership:

La casa es **de** Pedro.   *It is Pedro's house.*
El libro **del** profesor es nuevo.   *The professor's book is new.*

d. With the verb **ser** to tell what something is made of:

Nora tiene un reloj **de** plata.   *Nora has a silver watch.*

e. To show origin:

Fidel Castro es **de** Cuba.   *Fidel Castro is from Cuba.*
¿**De** dónde es Enrique?   *Where is Enrique **from**?*

f. With the superlative to show the relationship between one group to another:

Julio es el peor estudiante **de** su clase.   *Julio is the worst student in his class.*
Ana es la más inteligente **del** grupo.   *Ana is the most intelligent one in the group.*

The Preposition "en" (*in, on, over, at, inside*)

The preposition **en** is used:

a. To show location *(at, on)*

Julia está **en** la biblioteca.   *Julia is **in** (at) the library.*
Ellos no están **en** casa.   *They are not **at** home.*

Los libros están **en** la mesa.   *The books are **on** the table.*
Rubén se sentó en la silla verde.   *Ruben sat **on** the green chair.*

b. To show that something is contained or enclosed in other entities *(in)*:

El ratón está **en** la caja.   *The mouse is **in** the box.*
El lápiz está **en** la bolsa.   *The pencil is **in** the bag.*

c. To tell about the length of time:

Cristina va a regresar **en** dos horas.   *Cristina is going to return **in** two hours.*

The preposition **en** is also used in many other instances where English uses **in,** and in some expressions such as:

en serio	*seriously*	en broma	*in jest*	en vano	*in vain*
en paz	*in peace*	en inglés	*in English*	en realidad	*in reality*

  A   Fill the blanks with the appropriate preposition

> **Vocabulary Expansion:** eso es todo—*that's all*   fin—*end*   escuchar   *to listen to*
> ni sabemos—*we don't even know*   anillo de diamantes—*diamond ring*
> anillo de oro—*gold ring*   invertido—*invested*   sentirse culpable—*to feel guilty*

Mi madre vino (*in order to*) _____ hablarme (*about*) _____mi problema con mi padre. Ella me dijo:

—Tú padre está _____ el carro esperando. El va a entrar aquí (at) _____ las cuatro. Pero, antes de eso tú y yo tenemos que hablar.

—No necesitamos hablar, mamá. Voy _____ casarme con Julia. Eso es todo. Fin de la discusión.

—Tienes que escuchar _____ tu padre. Ni sabemos _____ dónde es Julia. ¿Es de Puerto Rico o es _____ los Estados Unidos?

—Voy a casarme _____ dos días. Eso es todo.

—¿Dónde está Julia ahora?

—Ella está _____ el baño.

—¿Aquí?

—Sí mamá. Julia está aquí. _____ quince minutos vamos _____ ir _____ la iglesia _____ hablar con el cura (*priest*). Ayer le di un anillo _____ diamantes. Ella me dio un anillo _____ oro.

—Tienes que hablar con tu padre. Nosotros hemos invertido mucho en ti.

—Mamá, no voy a sentirme culpable. Yo sé que tú y papá hicieron mucho por mí. Pero Julia es muy especial. Ella es la chica más bonita _____ mundo.

16

CAPÍTULO DIECISÉIS

Hay un dicho que dice . . .

Aunque la mona se vista de seda, mona se queda.
Dress doesn't make the person.

ECHEMOS UN VISTAZO AL VOCABULARIO Vocabulary Preview

VERBOS

aconsejar	*to advise*	recomendar (*e:ie*)	*to recommend*
buscar	*to look for*	rogar (*o:ue*)	*to beg*
esperar	*to hope; to wait for*	reservar	*to reserve*
negar (*e:ie*)	*to deny*	sugerir (*e:ie*)	*to suggest*
alegrarse	*to be glad*	esperar	*to hope*
firmar	*to sign*	temer	*to fear*
mostrar	*to show*	terminar	*to finish*
lamentar	*to lament*	tolerar	*to tolerate*
enojar	*to infuriate, to anger*	sentir (e:ie)	*to feel; to be sorry*
matricularse	*to register at school*		
necesario	*necessary*	urgente	*urgent*
conveniente	*advisable, convenient*	obvio	*obvious*
preferible	*preferable*	esencial	*essential*
recommendable	*to be recommended*	lástima	*pity*
suerte	*luck*	basta	*enough*
extraño	*strange, weird*	vergüenza	*shame*
evidente	*evident*	cierto	*true*
sobra	*enough; too much*	ojalá	*if only, God willing; I wish*

SUBSTANTIVOS

el asiento	*seat*	el tren	*train*
el boleto, el pasaje	*ticket*	el itinerario	*itinerary*
		el horario	*schedule*
el fin de semana	*weekend*	el feriado	*holiday*
la estación de trenes	*train station*	el expreso	*express (train, etc.)*
		la parada	*the stop (taxi, bus)*
el viaje	*trip*	el vuelo	*flight*

ADJETIVOS

rápido	*fast*	bello	*beautiful*	difícil	*difficult*	fácil	*easy*
largo	*long*	lento	*slow*	mareado	*dizzy*	corto	*short*

Additional Vocabulary

cuanto antes	*as soon as possible*	(*estar*) retrasado	*behind schedule*
(*estar*) adelantado	*ahead of schedule*	(*estar*) demorado	*held behind*

THE SUBJUNCTIVE MOOD (OR MODE)

Spanish uses the **subjunctive**, as opposed to the **indicative** mode or imperative mode, to describe certain type of experiences, emotions and reactions. The subjunctive construction is used in the following cases:

a. to denote uncertainty
b. to express doubt
c. to report emotions, reactions
d. to express wishes
e. to make contrary to fact statements
f. to give indirect, softened commands

g. to express certain subjective statements
h. in adjective clauses referring to unknown or nonexistent entities that can be people, places, or things
i. with certain time clauses and certain conjunctions introducing clauses denoting purpose

In general, the **indicative** mode is used to report statements of facts in the present, past or future. The subjunctive is used to express subjective elements such as fear, hopes, doubts, wishes, requests, contrary to fact statements, and to indicate the possibility that something may happen in the future. The subjunctive is triggered by the way the sentence is structured and the meaning conveyed. There are several conditions under which the subjunctive occurs. Each case must be considered individually.

There are four tenses in the subjunctive mood: the present, the imperfect, the past perfect, and the past pluperfect.

THE PRESENT SUBJUNCTIVE

The present subjunctive uses the same ending as the formal (*Ud.*) command form. Thus, to form the present subjunctive you must drop the *-o* from the *yo* form of the present indicative, and then add the endings shown in the frame below.

> **Notice** that if the first person singular of the present indicative tense is irregular, that irregularity also occurs throughout all the persons of the present **subjunctive.**

ENDINGS:

-AR VERBS	*-ER* VERBS	*-IR* VERBS
HABLAR	**COMER**	**ABRIR**
habl-**e**	com-**a**	abr-**a**
habl-**es**	com-**as**	abr-**as**
habl-**e**	com-**a**	abr-**a**
habl-**emos**	com-**amos**	abr-**amos**
habl-**éis**	com-**áis**	abr-**áis**
habl-**en**	com-**an**	abr-**an**

Sample of Irregular Verbs

Notice that the stems for these verbs come from the first person (*yo form*) in the present indicative:

Example:

tener	tengo	*tenga*	**salir**	salgo	*salga*	**venir**	vengo	*venga*
hacer	hago	**haga**	**decir**	digo	*diga*	**traer**	traigo	*traiga*
ver	veo	*vea*	**poner**	pongo	*ponga*	**caer**	caigo	*caiga*
valer	valgo	*valga*	**oír**	oigo	*oiga*			

The verb ***tener***, for example, would be conjugated as follows:

Mi madre no quiere **que**
{
yo **tenga** miedo de nada.
tú **tengas** miedo de nada.
Ud.(él, ella) **tenga** miedo de nada.
nosotros/as **tengamos** miedo de nada.
vosotros/as **tengáis** miedo de nada.
Uds. **tengan** miedo de nada.
ellos (ellas) **tengan** miedo de nada.

Actividad 1

✍ A Conjugate the following verbs in the present subjunctive:

yo	tú	Ud. él, ella	nosotros/as	vosotros	Uds. ellos, ellas

CAMINAR

ESTUDIAR

COMPRENDER

VENDER

ESCRIBIR

VIVIR

HACER

COMPONER

SOSTENER

STEM-CHANGING VERBS

a. *-ar* and *-er* verbs that undergo stem changes in the present indicative from *-e* to *-ie* and *-o* to *-ue* follow the same pattern in the present subjunctive.

Example:

PENSAR:	piens-e	piens-es	piens-e	pens-**emos**	pens-**éis**	piens-**en**
PODER:	pued-a	pued-as	pued-a	pod-**amos**	pod-**áis**	pued-**an**
RECORDAR:	recuerd-o	recuerd-es	recuerd-e	record-**emos**	record-**éis**	recuerd-**en**

    b. Stem-changing -**ir** verbs follow the same pattern as in the present indicative, that is, **e:ie** and **o:ue**, except in the *nosotros* and *vosotros* forms in which the **-o** changes to **-u** and the **-e** into **-i**.

Example:

| SENTIR | sient-a, | sient-as | sient-a | sint-**amos** | sint-**áis** | sient- **an** |
| DORMIR | duerm-a | duerm-as | duerm-a | durm-**amos** | durm-**áis** | duerm-**an** |

    c. In -**ir** stem changing verbs the **e** changes into **i**:

Example:

| PEDIR | pid-a | pid-as | pid-a | pid-**amos** | pi-**dáis** | pid-**an** |
| SEGUIR | sig-a | sig-as | sig-a | sig-**amos** | sig-**áis** | sig-**an** |

Additional Irregular Verbs in the Present Subjunctive

These verbs do not use the first person present indicative form as their stem:

IR	vaya, vayas, vaya, vayamos, vayáis, vayan
HABER	haya, hayas, haya, hayamos, hayáis, hayan
DAR	de, des, de, demos, deis, den
SABER	sepa, sepas, sepa, sepamos, sepáis, sepan
SER	sea, seas, sea, seamos, seáis, sean
ESTAR	esté, estés, esté, estemos, estéis, estén

    ✎ B   Conjugate the following stem-changing and irregular verbs in the present subjunctive:

	yo	tú	Ud. él, ella	nosotros nosotras	vosotros vosotras	Uds. ellos, ellas

PEDIR (e:i)

_____

MENTIR (e:ie)

_____

REPETIR (e:i)

_____

VESTIRSE (e:i)

_____

MORIR (o:ue)

_____

EMPEZAR (e:ie)

_____

PERDER (e:ie)

_____

VOLVER (o:ue)

_____

WHEN TO USE THE SUBJUNCTIVE

The subjunctive is used in a variety of cases. Each case follows a specific pattern. Notice that the subjunctive occurs in the subordinate clause. The main clause in the present subjunctive pattern is generally in the present indicative, but in some cases it may also be in the present perfect, the future, the conditional, or the imperative forms.

Main Clause:

in the present indicative:	Te digo que esperes.	_I'm telling you to wait._
in the present perfect:	Te he dicho que esperes.	_I've told you to wait._
in the future:	Le diré que venga.	_I'll tell him to come._
in the imperative:	Pídele que se calle.	_Ask him to be quiet._

How the Subjunctive is Formed

The subjunctive in **Caso 1** is formed by the presence of two subjects and two clauses connected with the relative pronoun **que**:

Yo	**no**	**quiero**	**que**	**tú**	**bebas**
↓		↓		↓	
subject 1		the relator **que**		subject 2	

Yo no quiero is the main clause. _**Tú bebas**_ is the subordinate clause, and _**que**_ connects them. The main clause must contain a verb of volition or influence to trigger the subjunctive.

The Subjunctive

Caso 1: Influence, Desire, Command, Request, Supplication, Imposition of Will (Volition)

The subjunctive is **used in the subordinate** clause of a sentence when the statement contains verbs of volition or influence. The subject in the main clause must try to influence the behavior of the subject of the second clause by means of commands, wishes, permissions, recommendations, advise, proposals, supplications, coercion, or any other form of influence.

Example:

    a. **María** quiere _que_ **Pedro** estudie.   _Mary wants Pedro to study._
    b. **Yo** quiero _que_ **tú** te calles, ahora.   _I want you to be quiet, now!_
    c. **Yo** le aconsejo _que_ **Ud**. estudie.   _I advise you to study._

In all the examples above, someone is trying to influence another person by expressing a wish or an indirect command.

Observación

The subjunctive doesn't occur when there is no change of subjects: _María quiere estudiar_ (Maria wants to study). María is not trying to influence another person. Also notice the absence of **que** to introduce the subordinate clause. In the following example María is trying to exert some influence over another (*not herself*) and thus the second verb is in the subjunctive: **María** *quiere que* **Miguel** *estudie*

Some of the most common verbs used to imply influence or wishes are:

desear	*to wish*	recomendar (e:ie)	*to recommend*	aconsejar	*to advise*
mandar	*to command*	pedir (e:i)	*to ask for*	sugerir (e:ie)	*to suggest*
demandar	*to demand*	prohibir	*to prohibit*	insistir en	*to insist on*
rogar (o:ue)	*to beg*	necesitar	*to need*	preferir (e:ie)	*to prefer*
decir (e:i)	*to say*	exigir	*to demand*	querer (e:ie)	*to want*
ordenar	*to order (to command)*				

> *The verbs* **sugerir, rogar, decir, ordenar, exigir, aconsejar,** *are used with the indirect object pronoun to trigger the subjunctive.*

Yo **te** sugiero que comas menos.	*I suggest (to you) that you eat less.*
Miguel **le** ruega a Nora que no se enoje.	*Miguel begs Nora not to get angry.*
El doctor **me** aconseja que yo fume menos.	*The doctor advises me to smoke less.*

Notice again that **que** is used to connect both clauses and separate the different subjects of each sentence.

1. Yo deseo *que* tú estudies.	*I want you to study.*
2. María le sugiere *que* él vaya a casa.	*Mary suggests to him to go home.*
3. El capitán le manda *que* él se levante.	*The captain orders him to get up.*
4. Mi madre me aconseja *que* estudie más.	*My mother advises me to study more.*
5. El doctor me sugiere *que* tome una aspirina.	*The doctor suggests that I take an aspirin.*
6. Mi padre insiste en *que* yo limpie mi cuarto.	*My father insists that I clean my room.*
7. El doctor le prohíbe *que* (él) fume.	*The doctor prohibits him to smoke.*

Actividad 2

✍ **A**   Complete the following sentences. Use the subjunctive when the main clause triggers it. To decide if you should use the subjunctive see if any of the verbs is a verb of influence and if there is a change of subject. Use your imagination:

1. María quiere que yo _____ al cine con ella.

2. Te ordeno que tú _____.

3. Yo le recomiendo a él que _____.

4. El médico no quiere _____ a México.

5. El médico me sugiere que _____.

6. Mi madre dice que mi hermana _____.

7. Mi padre siempre le pide a mi madre que _____ los platos.

8. Mi novio (a) prefiere que yo _____ .

9. Mi abuela me aconseja que yo _____.

10. Mi abuela necesita _____.

11. Nora quiere _____ una casa nueva.

In some cases an exclamation expressing a wish may be formed without the main clause. The wish, however, is expressed with a construction that begins with the relative pronoun "**que**" plus the subjunctive.

¡Que tengas un buen fin de semana!   *Have a good weekend!*
¡Que dios te bendiga!   *God bless you!*

The same construction may be used to express an indirect command addressed to a third person.

Have him call me!   Que me llame él.
Let Pedro do it!   Que lo haga Pedro.
Have them clean it!   Que ellos lo limpien.

VERBS OF COMMUNICATION

Some verbs classified as "verbs of communication" may be used to express indirect commands or to convey information. The most common verbs in this group are:

DECIR   *COMUNICAR*   *ESCRIBIR*   *AVISAR*

When these verbs are used in the main clause to convey information, the indicative mood is used. When they are used to express implied commands the subjunctive is used.

Information	**Command**
Él me dice que le escribo poco.	Él me dice que le escriba más.
He tells me that I write him infrequently.	*He tells me to write him more.*
Me escribe que ya me mandó el dinero.	Me escribe que le mande el dinero.
He writes to me saying that he has already sent me the money.	*He writes (to me) telling me to send him the money.*

Observación

In English the relative pronoun **that** (*que*) is often omitted:

She says (that) she is hungry.   Ella dice **que** tiene hambre.

✍ B   Change the following verbs into the subjunctive if required:

1. Mi madre (*querer*) _____ que yo (*estudiar*) _____ medicina.

2. Nora (*demandar*) _____ que le (*pagar*)_____ cien dólares.

3. Miguel le (*rogar*)_____ a Dios que él lo (*ayudar*) _____.

4. La madre le (*prohibir*)_____ a Enrique que (*fumar*) _____ dentro de la casa.

5. El profesor (*pensar*) _____ que nosotros (*hacer*)_____ la tarea en casa.

6. El médico me (*sugerir*) _____ que no (*beber*) _____ más de dos veces por día.

7. El cura (*priest*) me (*aconsejar*) _____ que (*respetar*)_____ a mis padres.

8. Yo no (*querer*)_____ que mis padres (*ser*)_____ tan estrictos.

9. Mi novia me (*decir*)_____ que yo (*hablar*)_____ mucho.

10. Yo (*preferir*) _____ que me (*llamar*) _____ Pancho en vez de (*instead of*) Francisco.

✍ C Change the verbs either in the present indicative or present subjunctive form according to what is required by the context and grammatical structure.

The Subjunctive

CASO 2: EXPRESSING CERTAIN EMOTIONS WITH THE SUBJUNCTIVE

The subjunctive occurs in the subordinate clause following several expressions of emotions and reactions that indicate likes, dislikes, fear, joy, pity, pleasure, surprise, etc.

The expressions below are very common. They trigger the use of the subjunctive when they occur in the main clause.

alegrarse de	*to be glad*	estar sorprendido de	*to be surprised*
esperar	*to hope*	sentir (e:ie)	*to be sorry, to regret, to feel bad*
temer	*to fear*	gustar	*to like*
lamentar	*to lament*	enojar	*to infuriate, to anger*

Ejemplos:

Me alegro de **que** tú **estés** aquí.	*It makes me happy that you are here.*
Espero **que** tú **regreses** pronto.	*I hope you'll come back soon.*
Temo que **tú** no **regreses.**	*I am afraid you won't come back.*

Notice that in each example there are two subjects: **yo** and then **tú** preceded by **que.** The subjunctive happens in the second part (*subordinate clause*) of the sentence where you see a second subject. In the example below the subjunctive doesn't occur because there is no subordinate clause with a new subject:

Me alegro de estar aquí.	*I am happy to be here.*

Actividad 3

✍ Conjugate the verbs in parentheses either in the present subjunctive or the present indicative according to the context and the structure of each sentence. The main clues to look for are:

a. A **subjective** statement in the main clause.
b. The presence of the relative pronoun **que** introducing a second clause with a verb.
c. The presence of a **second subject**, different from the one in the main clause.

1. Me alegro de (*estar*) _____ sano.
2. Me alegro de que tú (*estar*) _____ conmigo.
3. Me sorprende que tú *(estar)* _____ aquí.
4. Temo que no (*ir*) _____ a pasar el examen.
5. Siento que tú (*tener*) _____ que retomar el examen.
6. Me sorprende que el gobierno chileno (*tolerar*) _____ a Pinochet.
7. No me gusta que me (*llamar*) _____ estúpido.
8. No me gusta que la televisión (*mostrar*) _____ tanta violencia.

9. Siento que los médicos no (*poder*) _____ curar el cáncer.

10. Espero (*llegar*) _____ a tiempo a la reunión.

11. Espero que Julia (*llegar*) _____ a tiempo a nuestra cita.

The Subjunctive

Caso 3: IMPERSONAL EXPRESSIONS

In the first case (***Caso 1***), all the structures contained several forms of direct, indirect or implied commands. One may also try to influence the outcome of certain behaviors using expressions which give advice, express desirability, necessity, or urgency. Some of the most common forms used under this category are:

ser necesario	*to be necessary*	ser urgente	*to be urgent*
ser importante	*to be important*	ser preferible	*to be preferable*
ser mejor	*to be better*	ser bueno	*to be good*
ser conveniente	*to be best* or	ser esencial	*to be essential*
	to be advisable	ser recomendable	*to be advisable*

These forms are normally used as impersonal expressions beginning with **es** (*it is*):

Examples:

Es necesario **que** <u>tú</u> estudies.	*It's necessary that you study.*
Es urgente **que** <u>Ud</u>. venga.	*It's urgent that you come.*
Es mejor **que** <u>ella</u> se vaya.	*It's better that she leaves.*
Es conveniente **que** <u>tú</u> lo vendas.	*It's best to sell it.*

When the verb in the dependent clause does not have an expressed subject, the infinitive form is used. Notice the absence of the relative pronoun **que.**

Es necesario estudiar.	*It is necessary to study.*
Es preferible callarse.	*It is preferable to be quiet.*
Es importante hacerlo.	*It is important to do it.*

Observaciones

The subjunctive may also be triggered by other kinds of impersonal expressions.

1. These expressions do not imply volition nor desire. They imply pity, probability, doubt, uncertainty, strangeness, difficulty, etc. Some of the most common ones are:

ser una lástima que	*to be a pity that*	ser extraño que	*to be strange that*
ser difícil que	*to be difficult that*	ser posible que	*to be possible that*
ser una suerte que	*to be lucky that*	ser una vergüenza que	*to be a shame that*
ser imposible que	*to be impossible that*	ser increíble que	*to be incredible that*

Example:

Es una lástima que estés tan enfermo.	*It is a pity that you are so sick.*
Es difícil que él lo haga.	*It will be difficult for him to do it.*
Es extraño que él no nos llame.	*It is strange that he's not calling us.*

2. Impersonal expressions of **certainty** and statements of **facts** are followed by verbs in the indicative mode.

es verdad que	*it is true that*	es cierto que	*it is certain that*
es evidente que	*it is evident that*	es obvio que	*it is obvious that*

Example:

Es verdad que ella está en la cárcel.	*It is true that she is in prison.*
Es evidente que no sabe Ud. nada.	*It is evident that you don't know anything.*

3. Some impersonal expressions may be formed without the verb <u>ser.</u>

basta o sobra que	*It is enough (it's sufficient)*	puede ser que	*maybe, it might be*
conviene que	*It is fitting (advisable, etc.)*		

Example:

Basta (con) que vengas.	*It will be enough that you come.*
Conviene que estudies.	*It is advisable that you study.*

Actividad 4

A   Ponga los verbos en el modo subjuntivo o indicativo según sea necesario. Esta sección repasa los primero **tres casos:**

1. Es necesario (*estudiar*) _____ para los exámenes.

2. Es necesario que tú (*estudiar*) _____ para el examen.

3. Mario quiere que su hijo (*ir*) _____ a la universidad.

4. Yo te sugiero que (*consultar*) _____ un diccionario.

5. Es una lástima que Norma (*estar*) _____ enferma.

6. Basta con que él (*regresar*) _____ para que empiecen los problemas.

7. Conviene que tú le *(pagar)* _____ el dinero que le debes.

8. Es difícil (*estudiar*) _____ cuando hay mucho ruido (*noise*).

9. Es cierto que ella (*ser*) _____ la hija de ese famoso actor.

10. No es cierto que ella (*ser*) _____ la fugitiva (*fugitive*).

11. Es indudable que la economía (*ir a mejorar*) _____.

12. Es extraño que tú (*estar*) _____ aquí esta noche.

13. Te recomiendo que lo (*comprar*) _____ hoy.

14. Mi madre quiere (*regresar*) _____ a México pronto.

15. Mi madre quiere que yo (*regresar*) _____ con ella a México.

16. El policía le ordena que (*parar*) _____.

17. Ella insiste en que tú (*salir*) _____ de su casa ahora mismo (*right now*).

18. Prefiero que no le (*decir*) _____ la verdad porque él no entenderá.

19. Yo exijo que me (*decir*) _____ la verdad.

20. Necesito que me (*traer*) _____ la tijera (*scissors*) nueva.

21. Necesito que tú me (*explicar*) _____ todo ahora mismo.

22. Es mejor que tú (*salir*) _____ primero.

23. Es una vergüenza que Uds. todavía le (*pedir*) _____ dinero a su padre.

B   **Ask a classmate to choose who would make the following statements. The choices are:** *una madre, un policía, una novia, un maestro, un general, un piloto, un médico, un paciente, una enfermera, un estudiante, un padre.* **These choices may be used more than once.** The **teacher** may also ask these questions to the class calling upon students to guess who would make the statements below.

¿QUIÉN DIRÍA?

1. Quiero que limpies tu cuarto, ahora. _____

2. Te ruego que no me mientas más. _____

3. Es necesario obedecer al médico. _____

4. Necesito que terminen la tarea para mañana. _____

5. Es importante que Ud. descanse mucho. _____

6. Le ordeno que me salude. _____

7. Quiero que me dé una medicina para el dolor. _____

8. Me alegro de que se sienta mejor. _____

9. Es importante que tú estudies. Quiero que seas médico. _____

10. Es preferible que me dé una A. _____

11. Es necesario que me des un anillo de diamantes. _____

12. Te pido que no salgas de la casa después de la medianoche. _____

13. Es una lástima que Ud. no pueda pilotear el avión. Yo no puedo ahora. _____

14. Es evidente que Ud. está manejando borracho. _____

15. Es una lástima que mi hijo no tenga dinero para la matrícula. _____

16. Me alegra de que vengas a casa durante el verano. _____

Observación

Notice that the relative "**que**" is never omitted in Spanish when a clause is being introduced.

Es una lástima **que** él esté aquí.	*It is a pity (that) he is here.*
Te sugiero **que** vayas al doctor.	*I suggest (that) you go to a doctor.*

The relative "**que**" on the other hand, is frequently omitted in English. However, when "**que**" is functioning as a **relative pronoun,** that is, replacing a noun, it must be included, in Spanish as well as in English.

El necesita una secretaria **que** pueda traducir la carta al inglés.
*He needs a secretary **who** can translate the letter into English.*

A clause is not formed in Spanish when there is no change of subject, that is, the subject of the main verb and the second verb are the same.

INSISTO EN IR CONTIGO.   **a.** *I insist that I go with you.*
                      b. *I insist I go with you.*
                      c. *I insist on going with you.*

In English, in these cases, it is possible to form a clause even though there is no change of subject. When the second verb has a different subject (from the verb in the main clause), Spanish forms a clause introduced by "**que**".

Yo insisto en *que* **tú** vengas conmigo.   *I insist that you come with me.*
                                          I insist you come with me.

LECTURA

Los Niños en la Cultural Hispana

> **Vocabulary expansion:** crianza—*child rearing* deferir (e:ie)—*to defer* anglosajona—*anglosaxon* requerir (e:ie)—*to require* respetar—*to respect* mantener (e:ie)—*to keep, to maintain* tirano—*tyrant* estricto—*strict* centro de atención—*center of attention* prestar atención—*to pay attention* demandar—*to demand* tesoro—*treasure* obediencia—*obedience* mientras que—*while* controlar—*to control* romper—*to break* enseñar—*to teach* orgulloso—*proud* descuidado—*careless* por otra parte—*on the other hand* núcleo—*nucleous* valerse por sí mismos—*to take care of themselves*

La crianza de los niños en la cultura hispana difiere mucho de la crianza de los niños en la cultura anglosajona. En la cultura hispana los padres (*controlar*) _____ mucho a los niños. Los padres requieren que los niños los (*respetar*) _____ y que los (*mantener*) _____ informados de todas sus actividades. En comparación con los padres americanos los padres latinos a veces son estereotipados como tiranos y estrictos. Los padres hispanos, por otra parte, ven a los padres americanos como muy descuidados y demasiado tolerantes.

Los niños (*ser*) _____ el centro de atención en la familia hispana. Los padres prestan mucha atención a los niños, pero al mismo tiempo (*demandar*) _____ mucha obediencia y respeto hacia los adultos. Hay mucha dependencia emocional entre los niños y sus padres. Mientras que en la cultura anglosajona los padres tratan de enseñar a sus hijos a valerse por sí mismos, a romper su dependencia de la familia, los padres hispanos (*enseñar*) _____ a sus hijos a depender de la familia, a dar y recibir ayuda de los miembros de la familia.

Los niños hispanos (*recibir*) _____ muchas demostraciones de amor de sus padres y familiares. Los padres siempre (*estar*) _____ orgullosos de sus hijos. La niña o el niño es tratado como el "tesoro" de la familia. A los niños se les enseña a cooperar y no a competir. Se les enseña que la familia es el núcleo más importante de la sociedad.

LOS NIÑOS LA CULTURA HISPANA

✎   Basado en la lectura previa, ¿son las siguientes declaraciones **verdaderas** o **falsas?**

    1. La crianza los niños hispanos no difiere de la crianza de los niños americanos. ____

    2. En la cultura hispana los padres controlan mucho a sus hijos menores. ____

    3. En comparación a los padres americanos los padres hispanos parecen ser muy estrictos. ____

    4. Los niños son el centro de atención de la familia hispana. ____

    5. Los padres hispanos ven a los padres americanos como demasiado descuidados y tolerantes. ____

6. Los padres hispanos demandan mucha obediencia y respeto hacia los adultos. _____

7. Los padres americanos demandan que sus hijos dependan de la ayuda de la familia. _____

8. Los niños hispanos son los "tesoros" de su familia. _____

9. A los niños hispanos se les enseña a competir. _____

Answer the following questions in complete sentences (*in Spanish*). Use your imagination. Then ask these questions to another student

1. ¿Qué quieres que tus padres te digan cada día?

2. ¿Qué le dices a tu perro frecuentemente?

3. ¿Qué quieres que Papá Noel (o Los Tres Reyes Magos) te traigan por Navidad?

4. ¿Qué le dices a las personas que te molestan (*who bother you*)?

5. ¿Qué le ruegas a tu profesor/a?

6. ¿Qué le aconsejas a tus amigos que son flojos?

7. ¿Qué le gritas (*scream at*) a las personas que manejan demasiado rápido?

8. ¿Qué le recomiendas a los que están enfermos con la gripe (*flu*)?

9. ¿Qué te pide tu madre que tú hagas los domingos?

10. ¿Dónde te prohíben que fumes?

11. ¿A quién le pides que se bañe con más frecuencia?

12. ¿A quién le permites que te llame después de la doce de la noche?

17

CAPÍTULO DIECIOCHO

Vocabulary preview
The subjunctive to show doubt, uncertainty, denial
and disbelief
The subjunctive to indicate indefiniteness and nonexistence
Diminutive suffixes

Hay un dicho que dice . . .

El que mal anda mal acaba.
He who lives by the sword, dies by the sword

ECHEMOS UN VISTAZO AL VOCABULARIO *Vocabulary Preview*

VERBOS

cuidar	*to take care of*	dudar	*to doubt*
enyesar	*to put a cast on*	fracturarse,	*to break (a bone)*
negar (e:ie)	*to deny*	romperse	
lograr	*to achieve, to do*	sospechar	*to suspect*
buscar	*to look for*	cambiar	*to change*
avanzar	*to advance*	quedar	*to remain*
estar seguro/a	*to be sure*	poner una	*to give an injection*
		inyección	

SUBSTANTIVOS

la enfermedad	*illness*	el dolor	*pain*
sabio	*wise*	la sala de emergencia	*emergency room*
el consultorio	*doctor's office*	la radiografía	*X-ray*
la humanidad	*mankind*	la inyección	*injection, shot*
el antibiótico	*antibiotic*	la vacuna	*vaccination*
la salud	*health*	el/la paciente	*patient*
rayos X	*X-ray*		

EL CUERPO HUMANO *The Human Body*

la pierna	*leg*	el brazo	*arm*	el tobillo	*ankle*
la mano	*hand*	el pie	*foot*	la rodilla	*knee*
la cara	*face*	la nariz	*nose*	la espalda	*back*
el ojo	*eye*	el pecho	*chest*	la cabeza	*head*

COGNADOS

el hospital	*hospital*	la emergencia	*emergency*
la ambulancia	*ambulance*	el paramédico	*paramedic*
la clinica	*clinic*	el/la dentista	*dentist*

THE SUBJUNCTIVE

Caso 4: Doubt, Denial, Uncertainty, Conjecture

The subjunctive is used in certain subordinate clauses when the main clause indicates doubt, uncertainty, conjecture or denial with regards to the action of the second subject. The most common verbs in this case are:

dudar	*to doubt*	**negar (e:ie)**	*to deny*
no creer que	*not to believe that*	**no estar seguro de**	*not to be sure of*
no pensar que	*not to think that*	**no sospechar que**	*not to suspect that*
es dudoso que	*it is doubtful that*	**es improbable que**	*it is unlikely that*
es dificil que	*it is unlikely that*	**es raro que**	*it is strange that*
no es posible que	*it is not possible that*	**no es verdad que**	*it is not true that*

Example:

Ella **duda que** su esposo lo **arregle.**	*She doubts that her husband will fix it.*
Ella **duda que** el niño **regrese.**	*She doubts that the child will return.*
Niego que you lo **sepa.**	*I deny that I know it.*
No creo que él **sea** el culpable.	*I don't believe he is the guilty one.*
Es dudoso que él **quiera** hacer eso.	*It is doubtful that he would want to do that.*
No es posible que eso **esté** sucediendo.	*It is not possible that that is happening.*

Observaciones

a. When **creer, pensar,** or **considerar** are used in questions in which the speaker expresses doubt or conjecture, the subjunctive is used:

¿Crees que sea posible?	*Do you think it's possible? ("I doubt it," implies the speaker.)*
¿Piensas que pueda lograrlo?	*Do you think he can do it? (The speaker has doubts.)*

b. When the speaker asks a question in order to confirm what he believes to be a fact, the indicative is used:

¿Crees que ella está loca?	*Do you really believe that she is crazy?*
¿Piensas que lo hará?	*Do you think she'll do it?*

c. When the speaker has no doubts, and believes or considers that the events he/she is describing are facts, the verb in the subordinate clause is normally in the indicative mood.

Yo **no dudo** que ella **es** la mejor estudiante.	*I don't doubt that she is the best student.*
Creo que él **es** culpable.	*I believe he is guilty.*
No niego que lo **hice.**	*I don't deny I did it.*
Es verdad que Petra lo **sabía.**	*It is true that Petra knew it.*
Es evidente que no **confesará.**	*It is evident that he will not confess.*

✍ Put the verbs in parenthesis in the present indicative or present subjunctive according to the context.

1. Mi esposa duda que yo (*tener*) _____ el dinero.

2. Mi esposa no duda que yo (*tener*) _____ el dinero.

3. Dudo que él (*llamar*) _____ antes de mañana.

4. Estoy seguro que él (*llamar*) _____ antes de mañana.

5. No es verdad que ella (*ser*) _____ infeliz en su matrimonio.

6. Es verdad que ella (*ser*) _____ muy feliz en su matrimonio.

7. Es dificil que él (*pasar*) _____ el examen.

8. No creo que Enrique (*casarse*) _____ con Nora.

9. ¿Realmente crees que ella (*estar*) _____ loca?

10. ¿Crees que eso (*ser*) _____ posible? Yo lo dudo mucho.

11. Yo no dudo que tú me (*querer*) _____.

12. No niego que (*ser*) _____ un poco flojo.

Caso 5: Indefinite, Hypothetical or Nonexistent Entities

The subjunctive is used when the main clause introduces information in the subordinate clause that refers to something or someone that is **not** specific, or is indefinite, hypothetical or non-existent.

Example:

No conozco **a nadie** que **hable** diez idiomas.	*I don't know anyone who speaks ten languages.*
Busco **una casa** que **tenga** tres baños.	*I'm looking for a house that has three bathrooms.*
No hay casa que **tenga** tres baños.	*There is no house that has three bathrooms.*

When the subordinate clause mentions things or people that are definite or specific the indicative mood is used:

Example:

Conozco **a alguien** que **habla** diez idiomas.	*I know **someone** who speaks ten languages.*
Busco **la casa** que **tiene** tres baños.	*I'm looking for **the house** with three bathrooms.*
Hay una casa que **tiene** tres baños.	***There is a** house that has three bathrooms.*

The subordinate or dependent clauses in these sentences are called "*relative clauses.*" They function like adjectives which modify the nouns introduced by the relative pronoun "*que*" (*that, who or whom etc.*). For example, in "*Conozco a una secretaria que habla diez idiomas,*" (*I know a secretary who speaks ten languages*) the relative clause describes a real, existing entity, (*la secretaria*). And because that is a fact, the subjunctive doesn't occur. But if the relative or adjective clause describes an entity *mentioned in the main clause* that may not exist or is indefinite, the subjunctive is used.

No conozco (*unknown*) secretaries que puedan hablar diez idiomas.

CONVERSACIÓN SIMULADA

    A   Read the following **Conversación.**

🖎   B   Underline the fourteen cases of the subjunctive found in this dialog.

El accidente

Son las doce de la noche. El teléfono suena en la casa de los padres de Ricardo. Doña Mercedes, la madre de Ricardo responde. Está asustada porque nadie llama a medianoche si no es una emergencia.

Doña Mercedes:	¿Bueno? ¿Quién habla?
Pablo:	Habla Pablo, señora. Perdone que la moleste.
Doña Mercedes:	¿Todo está bien?
Pablo:	Él está bien. Está en el hospital.

Doña Mercedes:	¿Quién está en el hospital? Por Dios, Pablo, habla.
Pablo:	Ricardo. Tuvo un accidente, pero está bien.
Doña Mercedes:	¡Oh, Dios mío! Mi Ricardito. Oh, ¡Dios mío!
Pablo:	Señora, cálmese. Ricardo está bien. Van a enyesarle un brazo. Se fracturó el brazo izquierdo. Ahora están tomando radiografías de sus piernas. El médico no cree que estén rotas. Está en la sala de rayos-X.
Doña Mercedes:	¡Virgen, Maria Santísima! Y su padre está de viaje.
Pablo:	Ricardo está en el hospital Juárez. Si Ud. quiere que y la lleve puedo pasar por Ud. en quince minutos.
Doña Mercedes:	Sí, por favor, porque yo no tengo coche.

Doña Mercedes llama por teléfono a Nora, su hija, la hermana de Ricardo:

Doña Mercedes:	Nora, soy yo. Responde, por piedad. Tu hermano ha tenido un accidente y está muy mal. Está en el hospital Juárez.
Nora:	Mamá, ¿qué estás diciendo? ¿Ricardo? ¿Un accidente? Eso es imposible. No creo que haya un mejor conductor que él.
Doña Mercedes:	Ay, Nora. Vente al hospital ahora.
Nora:	Pero, mamá, no tengo quien me lleve. ¿Estás segura de que es Ricardo?
Doña Mercedes:	Nora, acaba de llamarme Pablo. No puedo creer que estés dudando.
Nora:	Mamá, yo no lo quiero creer.
Doña Mercedes:	Pues, tiene un brazo fracturado. Y quizás tenga una pierna fracturada también. Pablo no lo sabe.
Nora:	¿Dónde y cómo pasó? ¿Lo llevó una ambulancia?
Doña Mercedes:	No sé nada. Sólo sé lo que me dijo Pablo. Y estoy segura que él me ha mentido. Estoy segura de que tu hermano se ha fracturado las piernas, la nariz, quizás tenga la espalda fracturada también.
Nora:	Pero, mamá. No exageres. Estoy segura de que todo está bien.
Doña Mercedes:	Pobre Ricardo. No hay nadie que odie las inyecciones más que él. O, ¡Dios mío! Quizás ya no camine munca.
Nora:	Mamá, cálmate. Dudo que la situación sea tan mala como tú lo crees. Además, los médicos hacen milagros por ahora. Si está mal buscaremos los mejores médicos que existan por aquí.
Doña Mercedes:	¿Habrá estado bebiendo?
Nora:	No creo que él maneje borracho. Ricardo es muy listo. Es posible que haya sido la culpa de otro conductor.

✍ C   Complete las siguientes oraciones como una tarea fuera de la clase:

1. ¿Quién recibió una llamada a medianoche?

2. ¿Quién la llamó?

3. ¿Por qué estaba asustada doña Mercedes?

4. ¿Quién está en el hospital?

5. ¿Qué le van a enyesar a Ricardo?

6. ¿Qué se fracturó Ricardo?

7. ¿Qué no cree el médico?

8. ¿Por qué va a recoger Pablo a doña Mercedes?

9. ¿A quién llamó doña Mercedes?

10. ¿Por qué no cree Nora que Ricardo haya tenido un accidente?

11. ¿Por qué no va Nora al hospital immediatamente?

12. ¿Quién odia las inyecciones?

13. ¿De qué duda Nora?

14. ¿Qué buscará Nora si Ricardo está muy mal?

15. ¿Qué no cree Nora?

16. ¿Qué es posible según Nora?

  D   En clase haga las preguntas de arriba a un compañero/a. No permita que su compañero lea las respuestas de su libro. Esta es una actividad oral.

Caso 6: The Subjunctive in Adverbial Clauses

Adverbial clauses generally occur in the subordinate clause of a sentence. They are the part of the sentence that tells how, when, and where an event takes place. They are generally introduced by conjunctions of time or purpose.

CONJUNCTIONS

The subjunctive occurs in subordinate adverbial clauses introduced by certain conjunctions. Use the subjunctive if the main clause indicates the event has not yet occurred or it is not known whether the event has occurred.

These conjunctions may be divided in two groups.

Group 1:   *Conjunctions that are followed by the subjunctive, but only if the event mentioned has not occurred (it is in the future) or the main clause is in the imperative.*

aunque	although	**cuando**	when
despueés (de) que	after	**en cuanto**	as soon as
hasta que	until	**luego que**	as soon as
porque	because	**tan pronto como**	as soon as

Example:

Compraré un sombrero **cuando** vaya a México.   *I'll buy a hat when I go to Mexico.*
Te llamaré **tan pronto como** pueda.   *I'll call you as soon as I can.*

<u>but</u> (*the subjunctive is not used because the event took place*)

Compré un sombrero cuando fui a México.   *I bought a hat when I went to Mexico.*
Te llamé tan pronto como pude.   *I called you as soon as I could.*

Group 2:   *Conjunctions that are always followed by the subjunctive because by their meaning they imply purpose or conditions that are yet to be fulfilled.*

a menos que	unless	**a fin de que**	in order that, so that
antes (de) que	before	**con tal que**	provided that
como si	as if	**en caso de que**	in case
para que	so that	**sin que**	without

Example

Me iré **a menos que** me llames.	*I'll go unless you call me.*
Deme el dinero **en caso de** que lo necesite.	*Give me the money in case I need it.*
Vendrá **sin que** la llames.	*She'll come without you calling her.*
Te daré el dinero **para que** te	*I will give you the money so that you can*
compres una camisa nueva.	*buy yourself a new shirt.*

Actividad 1

✍ A Complete the following sentences using the subjunctive mood or the indicative mood as required by the context:

1. Te escribiré cuando yo (*tener*) _____ un poco de tiempo.

2. Ella me escribió tan pronto como (*llegar*) _____ allí.

3. No te daré el cheque a menos que té me (*dar*) _____ el dinero.

4. Limpia tu cuarto antes de que tu madre (*llegar*) _____.

5. Ella limpió su cuarto cuando su madre (*llegar*) _____.

6. No te hablaré hasta que me (*pagar*) _____ lo que me debes.

7. Cuando (*aprender*) _____ a hablar español viviré en España.

8. Llámame cuando (*regresar*) _____ de tus vacaciones.

9. El siempre se escapa sin que su madre lo (*ver*) _____.

10. Te esperaré hasta que tú (*volver*) _____.

11. Te esperé hasta que ella (*volver*) _____.

12. El doctor no nos dijo nada hasta que (*ver*) _____ la radiografía.

13. No lo haré aunque tú me (*dar*) _____ un millón de dólares.

14. Iré a una cantina cuando (*terminar*) _____ la clase.

✍ B Complete el siguiente texto. Ponga los verbos en paréntesis en la conjugación necesaria.

1. No me iré contigo aunque tú me (*pagar*) _____ miles de dólares.

2. Aunque yo (*necesitar*) _____ el dinero ahora, no voy a vender mi integridad.

3. Ahora no podré comprarlo, pero cuando (*volver*) _____ a México en el futuro, traeré más dinero y (*yo poder*) _____ comprar el bracelete de plata.

   Cuando yo (*ir*) _____ a México hace dos a ños yo (*comprar*) _____ una cadena de oro muy similar.

4. Yo no me casaré hasta que yo (*cumplir*) _____ los 35 años de edad. No voy a ser como mi hermano quien se casó tan pronto como él (*graduarse*) _____ de la universidad.

5. María se casó en cuanto (*cumplir*) _____ 18 años. Su madre dice que ella (*divorciarse*) _____ tan pronto como se (*dar*) cuenta de que su marido es un borracho.

6. Ella necesita un hombre que (*hablar*) _____ cinco idiomas. En su familia todos hablan diferentes idiomas. Ella dice que no le importa eso sino el amor, pero cuando ella (*casarse*) _____ y ella (*visitar*) _____ a sus padres en su país, ella (*darse cuenta*) _____ de la necesidad de un hombre que (*hablar*) _____ varias lenguas.

EL PRETÉRITO PERFECTO DEL SUBJUNTIVO *Present Perfect Subjunctive*

The present perfect subjunctive is formed with the present subjunctive of **haber** followed by a past participle.

Haber + past participle ending in "o".

yo	haya estudiado	nosotros	hayamos estudiado
tú	hayas estudiado	vosotros	hayáis estudiado
Ud.	haya estudiado	Uds.	hayan estudiado
él	haya estudiado	ellos	hayan estudiado
ella	haya estudiado	ellas	hayan estudiado

The present perfect subjunctive occurs normally in the subordinate clause of a sentence when the verb in the main clause is either in the present or future indicative. It is used mostly to describe events that have taken place recently, and in grammatical cases that trigger the subjunctive. It is not used in sentences where the main clause is in the past tense.

Dudo que **haya estado** aquí.	*I doubt that he had been here.*
Me iré cuando lo **haya terminado.**	*I'll leave after I've done it.* (I will leave after I have finished it).
Me molesta de que tú **hayas venido.**	*It bothers me that you came.* (It bothers me that you have come).

Actividad 2

✍ A   Complete the following sentences using the present perfect subjunctive when it is required:

1. Dudo que María _____ ido a la fiesta sola.

2. Me alegro de que tú _____ hecho eso.

3. Estoy seguro de que él lo _____ hecho.

4. Es posible que el profesor se _____ equivocado.

5. Es verdad que el profesor se _____ equivocado.

6. No creo que Pedro lo _____ dicho. El nunca miente.

7. Es una lástima que ellos no me _____ informado del problema.

8. Siento que Uds. _____ venido sin avisarme antes.

9. Estamos seguros de que Uds. lo _____ comido.

10. ¿Qué te _____ dicho él de mi?

✍ B   Complete the following with the verbs suggested in parenthesis. Use the present or present perfect subjunctive as required by the context and the verb tense in the main clause.

1. Siento que el no me _____ (*llamar*).

2. Dudo que ella _____ (*decir*) eso.

3. Yo tenia dudas de que ella _____ (*irse*) sin pagar.

4. Siento que ellos (*irse*) _____ sin comer.

5. No creo que ella te _____ (*decir*) la verdad.

6. Era verdad que ella _____ (*abandonar*) al niño.

7. Era verdad que ella _____ (*mentir*) para no ir a la cárcel.

8. No era verdad que ella _____ (*mentir*) para no ir a la cárcel.

9. Me preocupa que él te _____ (*insultar*) sin provocación.

10. No dudo que el policía te _____ (*dar*) la multa. Pero no creo que te _____ (*arrestar*) sólo por el color de tu pelo.

✎ C   Change the verbs in parentheses into the appropriate form of the subjunctive or other tenses:

El accidente de Ricardo

1. En cuanto llegaron al hospital, Nora y doña Mercedes se dieron cuenta de que el accidente de Ricardo (*ser*) _____ muy serio.

2. Las radiografías revelaron que Ricardo (*haberse fracturar*) _____ _____ la pierna.

3. El doctor Sánchez dijo:

    —Tan pronto como Ricardo (*salir*) _____ de la sala de operación Uds. podrán hablarle.

4. —Firme aquí—le dijo el médico a doña Mercedes—en caso de que (*necesitar*) _____ otra operación.

5. Hasta que el cirujano (*completar*) _____ la operación no sabremos si Ricardo podrá caminar otra vez.

6. En cuanto el doctor Sánchez nos (*decir*) _____ cómo salión la operación, llamaremos a tu padre.

7. Pablo esperará hasta que el médico (*salir*) _____ de la sala de operación para llamar a sus amigos.

8. El doctor salió de la sala de operación y dijo:

    —A menos que (*tener*) _____ una infección, su pierna se curará sin problemas.

9. El doctor dijo:

    —Cuando Ricardo (*salir*) _____ del hospital necesitará tres meses de recuperación.

10. Tan pronto como Ricardo (*ver*) _____ a su madre empezó a llorar.

11. —Cuando te (*sentir*) _____ mejor iremos a jugar fútbol—le dijo Pablo a Ricardo.

12. —Siento que (*haber tenido*) _____ un accidente tan horrible—le dijo Nora a su hermano y le dio un abrazo—En cuanto (*llegar*) _____ a casa te voy a preparar tu postre favorito.

LECTURA

✎ A   Lea la selección sobre *EN EL SIGLO 21: EL MUNDO CONTEMPORÁNEO* y marque todos los verbos que estén en el subjuntivo.

✎ B   Después de marcar los verbos que están en el subjuntivo <u>subraye</u> todos los cognados que pueda identificar.

El siglo 21: El mundo contemporáneo

No ha duda de que el mundo está cambiando. El mundo es cada vez más pequeño. En un día uno puede viajar grandes distancias de un continente a otro. A Cristóbal Colón le tomó tres meses llegar de España a América. Ahora toma menos de un día llegar del continente americano a España. Por medio de los teléfonos o el correo electrónico uno puede comunicarse instantáneamente con cualquier parte del mundo. Y con las computadoras portátiles no importa donde esté uno. Una persona puede estar en la ciudad o en el campo. En una casa o bajo un árbol. En un río o un avión. Sólo necesita unos segundos para romper las barreras del espacio. ¡Es increíble!

Además de los medios de transporte veloces, hay otros cambios. Es imposible que nadie ignore el impacto de las computadoras en nuestras vidas. No creo que haya personas en el mundo que no hayan sido afectadas por los avances tecnológicos directamente conectados con las computadoras. Yo conozco a alguien que ha instalado en su casa una computadora que abre la puerta del garaje, que pone música en cada cuarto en que el dueño entre y que determina cuando hace demasiado calor o demasiado frío en la casa. Esta computadora informa al dueño de casa si dejó la plancha prendida, si dejó la puerta sin llave, si alguien se ha acercado a la casa, si hay humo o fuego. Esta computadora también cambia el color de las paredes según el humor (*mood*) del dueño de casa. Además la computadora contesta el teléfono y decide si la llamada es de emergencia o no.

La medicina también ha avanzado muchísimo. Muchas enfermedades ahora son curables. Más y más personas viven más años. Muchos de estos adultos no sólo viven más años sino que también tienen más energía y pueden ser muy activos. En el pasado sí no morían, estos adultos vivían vidas muy limitadas por la mala salud. Pero ya no. He leído en el periódico de un señor que podía nadar varios días sin parar. Este señor tenía sesenta y dos años. ¡Increíble!

Y hay más. Con el programa "genoma" que está por completarse los científicos completarán la clasificación de los genes humano y podrán predecir y curar enfermedades como nunca.

Algunos eventos extraordinarios están tomando lugar en la exploración del espacio. Casi cada día hay noticias de nuevos descubrimientos. Los nuevos telescopios y las nuevas naves espaciales están yendo cada vez más y más profundamente en el espacio. Los fisicos están constantemente aumentando sus conocimientos de la composición fisica del universo.

Por todas estas razones debemos aprender como usar las computadoras. Las personas que no sepan usa las computadoras quedarán en el pasado. Yo no creo que haya nadie que no pueda usar una computadora hoy en día. Esa es la impresión que uno recibe en las ciudades grandes. Sabemos, sin embargo que cerca del 70 por ciento de la población mundial no tiene una computadora. Pero cuando las computadoras sean más y más baratas más gente las comprará.

La gran pregunta que ahora tendríamos que hacer es: ¿Crees que tú que la humanidad ha mejorado espiritualmente? ¿Crees que los hombres y mujeres contemporáneos somos mejores o peores como personas? ¿Somos menos violentos? ¿Somos más tolerantes? ¿Somos más sabios? ¿Hemos aprendido a amar más? ¿Somos menos egoístas? ¿Nos ayudamos más los unos a los otros? ¿Tenemos más compasión por los desafortunados? ¿Son estas preguntas nuevas o tan viejas como la humanidad? ¿Qué piensas tú?

    C   Forme un grup de tres a cinco estudiantes y discuta las siguientes preguntas basadas en la lectura anterior:

1. ¿Está cambiando el mundo rápida o lentamente?
2. ¿Es o parece el mundo cada vez más pequeño o más grande?
3. ¿Cuánto tiempo le tomó a Cristóbal Colón llegar a América?
4. ¿Qué medios de comunicación se usan hoy en día para facilitar la comunicación?
5. ¿Qué ha impactado nuestras vidas en forma dramática?
6. ¿Son los cambios de estilo de vida creados por las computadoras buenos o malos?
7. ¿Crees tú que existan personas que no hayan sido afectadas por las computadoras?

8. ¿Qué cosas puede hacer una computadora?

9. ¿Ha avanzado o retrocedido la medicina?

10. ¿Quiénes viven vidas más largas?

11. ¿Qué están por completar los cientificos?

12. ¿Qué sugiere el autor de este ensayo que aprendamos?

13. ¿Qué la pasarán a las personas que no aprendan a usar las computadoras?

14. ¿Qué pasará cuando las computadoras sean más y más baratas?

15. ¿Qué preguntas son relevantes para ver si la humanidad ha progresado realmente?

✎   D   Find the Spanish cognates for the following words (*from the reading selection above*).

distance _____   continent _____   American _____

electronic _____   communicate _____   space _____

incredible _____   impact _____   computer _____

technologic _____   installed _____   garage _____

music _____   color _____   decide _____

emergency _____   medicine _____   energy _____

adult _____   limited _____   predict _____

exploration _____   cure _____   universe _____

use _____   constantly _____   spiritually _____

contemporary _____ violent _____   tolerant _____

extraordinary _____ compassion _____   humanity _____

DIMINUTIVE SUFFIXES

The diminutive suffixes –**to/a, cito/a** (as in *poquito* or mujer**cita**) are used in Spanish to indicate small size. Additionally, some words are put in the diminutive form as terms of endearment or as a way of talking to small children. The diminutive is equivalent to the English *little* as in such cases as *little man – hombrecito; litttle car – carrito.*

The rules for forming the diminutive are not consistant but in general:

a. If a word ends in –**a** or –**o** or any consonant other than –**n** or –**r**, the endings are replaced by –**ito** or –**ita** depending on the grammatical gender:

Pedro	Pedrito	pequeño	pequeñito	casa	casita
carro	carrito	abuelo	abuelito	perro	perrito
árbol	arbolito	Miguel	Miguelito	Luis	Luisito

b. If the word ends in –**e**, –**n** or –**r** the ending –**cito** or –**cita** is added after the ending:

mujer	mujercita	amor	amorcito	coche	cochecito

✍ Put the following words in the diminutive form:

gato _____   gata _____   abuelo _____

caja _____   camión _____   papel _____

dolor _____   pastel _____   canción _____

Observación

The suffixes –**illo/a** and –**ucho/a** are also used frequently. Remember that the rules established previously have many exceptions. Some common cases in this category are:

ventana   ventan**illa**   *little window*   chico   chiqu**illo**   *little boy*
mamá   mama**cita**   *little mom*

Other diminutives suffixes are: **ica, ico, -uela, -zuelo, -zuela**

The diminutives -**ica,** -**ico** suggests physical smallness, but they can also be used to express endearment with names:

ventan**ica**   *little window*   Pilar**ica** *for* **Pilar,**   *to show endearment*
el pobrerc**ico**   *the poor little guy*   el villanc**ico**   *the little Christmas carol*

Conversación Sumulada

Carlitos Quiere el Helado más Grande del Mundo

Heriberto: Chuy, ¿quieres leche en tu café?
Chuy: Si, pero un poquititito* nomás.
Heriberto: Estará listo en un momentito. ¿Qué quiere tu hijito?
Chuy: Pregúntale a él.
Heriberto: Carlitos, ¿qué quieres que te sirva?
Carlitos: Un helado grande.
Heriberto: Pero tú eres muy pequeñito para nuestro helado grande.
                En esta casa servimos los helados más grandes del mundo.
Carlitos: No quiero un heladito. Quiero uno grandote.**
Chuy: Pero, mi hijito. No nos hagas pasar vergüenza. Ya comiste mucho en la casa.
Heriberto: ¡No le hace!*** En esta casa servimos los helados más grandes y más deliciosos del mundo. ¿Estás listo, Carlitos?

Observación

Notice that Chuy said **un poquititito*** – *a tiny little bit* intensifying the smallness of the portion by adding an additional **ti.** Carlitos added the augmentative suffix –**ote**** to *grande* to make it into very, big: grand**ote.**

hombre: *hombr**ote***   *big man*   un animal: *un animal**ote***   *a large animal*

***No le hace* is an idiomatic expression that means: *It's OK. Don't worry about it.*

AUGMENTATIVES

The augmentative suffixes are used mainly in everyday language to denote bigness. They are also used in derogatory remarks to imply ugliness, grotesqueness or some comic or exaggerated quality. Sometimes these suffixes may also imply how grandiose or impressive something is.

-ón   to imply that the object is large, or impressive:

Sancho Panza era un simplón.   *Sancho Panza was a simple man.*
No es una caja, es un cajón.   *It is not a box, it is a big box.*

-ote/a   to imply bigness generally in a derogatory way:

Es una casota fea y vieja.   *It is a big, old, ugly house.*

-azo   to imply big size, and connote impressiveness.

¿Viste el carrazo que Julio se compró?   *Did you see the great car that Julio bought?*